Hansrobert Kohler

Technisch-naturwissenschaftlicher Pascal-Trainer

Mit dem Angebot unterschiedlicher Programmiersprachen und zugehöriger Lehrbücher steigt auch der Bedarf nach geeigneter Übungsliteratur, die mit unterschiedlichem Schwierigkeitsgrad durch die jeweilige Sprache führt und so als stützende Lehr- und Lernhilfe einsetzbar ist.

Jeder Trainer-Band ist in seiner Kombination als Aufgaben- und Lösungsbuch einer einzigen Programmiersprache gewidmet und so in sich abgeschlossen.

Zusätzlich aber fördern die Trainer-Bände die Transparenz zwischen den einzelnen Sprachen dadurch, daß die Aufgaben zu etwa 70 Prozent gleich formuliert und demnach nur in ihren Lösungen unterschiedlich sind. Dies erleichtert wesentlich den Quereinstieg von einer Sprache zur anderen.

FORTRAN-Trainer
Technisch-naturwissenschaftlicher BASIC-Trainer
Technisch-naturwissenschaftlicher Pascal-Trainer

VIEWEG PROGRAMMOTHEK

hrsg. von Hansrobert Kohler

1 FORTRAN: Gleichungen – Systeme – Matrizen
   von R. Hefendehl, H. Lausmann, U. Tropp und J. Wickinger

2 FORTRAN: Spiele – Algorithmen – Grafiken
   von R. Hefendehl, H. Lausmann, U. Tropp und J. Wickinger

3 BASIC: Gleichungssysteme – Eigenwerte
   von P. Jacob und S. Jancar

4 BASIC: Interpolationen – Approximationen – Splines – FFT
   von P. Jacob und S. Jancar

5 BASIC: Bauingenieurwesen – Statik – Querschnittswerte
   von J. Happe und B. Kistner

6 BASIC: Statik im Holz- und Stahlbetonbau
   von D. Bernewasser

7 BASIC: Gewöhnliche Differentialgleichungen
   von S. Jancar

8 Pascal: Algebra – Numerik – Computergraphik
   von S. Fedtke

Hansrobert Kohler

Technisch-
naturwissenschaftlicher
Pascal-Trainer

2., überarbeitete Auflage

Springer Fachmedien Wiesbaden GmbH

1. Auflage 1985
2., überarbeitete Auflage 1988

Umschlaggestaltung: Peter Lenz, Wiesbaden

ISBN 978-3-528-14432-6   ISBN 978-3-663-13915-7 (eBook)
DOI 10.1007/978-3-663-13915-7

Vorwort zur 1. Auflage

Wer sich mit der Programmiersprache Pascal anzufreunden gedenkt, sollte sich vorgenommen haben, logisch sauberen Programmierstil in durchdachten Strukturblöcken konsequent durchzuführen. Gegenüber anderen Programmiersprachen besitzt diese 1971 von N. Wirth beschriebene und nach dem französischen Mathematiker und Philosophen Blaise Pascal benannte Sprache etliche strukturtypische Erweiterungen und Hilfsmittel, die dem Programmierer zwar viele Freiheiten bieten, ihn damit aber auch in besonderer Weise herausfordern. Dies macht die Sprache einerseits sehr attraktiv für die Übung und Anwendung streng logischer Techniken, andererseits jedoch ist gerade deshalb oft eine gewisse Hemmschwelle für die Studierenden zu überschreiten, die bereits eine andere Programmiersprache kennen und von dort weniger konsequenten Stil und doch auch richtige Rechenergebnisse gewöhnt sind.

Wie leistungsfähig die Sprache Pascal sein kann, wird — auch und gerade im Vergleich — nur der ermessen können, der sich intensiv mit ihr beschäftigt hat, und dazu soll dieses Buch ermuntern und ermutigen. Nicht ohne Grund ist Pascal im mathematischen wie im technischen Bereich beliebt, und die aus Einsicht gerade auf Pascal gestützten Dialekte beispielsweise in der Automatisierungstechnik geben deutlich Zeugnis davon.

Das vorliegende Buch umfaßt mit Übungsaufgaben und zugehörigen Lösungen den Pascal-Standard, wobei in der Folge der einzelnen Kapitel die Kenntnisse mehr und mehr vertieft werden. Die Programme wurden auf der Prime 550—II der FH Gießen-Friedberg erstellt.

Friedberg/Hs., im April 1985 — Hansrobert Kohler

Vorwort zur 2. Auflage

Die positive Aufnahme, die der Pascal-Trainer bei Lehrenden und Lernenden gefunden hat, ermöglichte nun rasch eine zweite Auflage. Hierzu wurden einige Verbesserungen und erklärende Zusätze eingebracht sowie Programme neu geschrieben in dem Bestreben, das Buch damit weiter zu optimieren. Insbesondere wurde es durch einen neuen Compiler möglich, in Anpassung an den Standard gepackte Zeichen-Arrays durch PACKED ARRAY zu deklarieren, wodurch auf Zukunft einige Irritationen vermieden sein dürften.

Mein Dank sei für alle Anregungen ausgesprochen, die mich nach Erscheinen der ersten Auflage erreichten. Allerdings wurde darauf verzichtet, von Kap. 5 an *alle* Programme derart umzuschreiben, daß das Hauptprogramm *nur* Aufrufe von Unterabläufen enthält. Manches Wesentliche in der gerade behandelten sprachlichen Eigenart würde dadurch verwischt werden; andererseits ist es sicher eine sinnvolle Übung für die Studienrenden, die Konzeption der Programme in der gewünschten Form abzuändern. Weiterhin bleibt Ziel des Buches das Üben der Sprache Pascal anhand geeigneter Grundaufgaben, nicht das Üben und Vergleichen der Effizienz von Algorithmen. Außerdem wurde auch, um das Buch in vernünftigen Grenzen zu halten, auf Struktogramme verzichtet, zumal die Kleinheit der Programme sowie die inhaltliche und optische Strukturierung eine leichte Durchschaubarkeit gewährleisten.

Friedberg/Hs., im Oktober 1987 — Hansrobert Kohler

Inhaltsverzeichnis

1   Einleitung

Man muß nicht Pascal-Fanatiker sein, um sich für diese Sprache zu begeistern. Aber sobald man das Programmieren als besonderen Anspruch an die logische Eigenleistung begreift, wird man dieser Programmiersprache wegen der durch sie bereitgestellten Sprachelemente und -möglichkeiten ihren eigenen bedeutsamen Platz einräumen. Ob es sich dabei um die eigene Art der Unterabläufe oder der Rekursionen, die Flexibilität der anpaßbaren Datentypen oder die sich fast von selbst ergebende weitreichende Verbannung von Sprüngen handelt... immer wieder findet man neue Kombinationsmöglichkeiten, die den eigenen konsequenten Standpunkt herausfordern. Natürlich kann dieses Buch nicht alles erfassen, was sich an Kombinationen und Strukturtiefen eröffnet, aber es bemüht sich, durch die Vielfalt an Beispielen Anstöße zur weiteren eigenen Entwicklung zu geben. Die Lösungen können nur problemangepaßte Vorschläge sein, für die Sie in der Regel auch neue und andersartige Realisierungen finden können.

Vor dem Einstieg in die Unterabläufe (Funktionen, Prozeduren) werden diverse Aufgaben behandelt, die — wie dies auch dort notwendig ist — in einem einzigen Block (Hauptprogramm) programmiert werden können. Wenn Sie dann die Unterabläufe kennengelernt haben, liegt es an Ihnen, auch derartige frühere Programme in Funktionen oder Prozeduren aufzugliedern.

Überhaupt sollten Sie zunächst versuchen, die Aufgaben ohne Zuhilfenahme des Lösungsteils zu bearbeiten. Andererseits sollten Sie sich durchaus auch mit den vorgegebenen Lösungen auseinandersetzen, sie verstehen, sie nach eigenen bereits vorhandenen Zusatzkenntnissen abändern und auch evtl. weitere Realisierungsperspektiven aus ihnen kennenlernen.

Da somit die Lösungsprogramme zunächst nur Hilfestellungen sein sollen, wenn man selbst an einer Stelle nicht mehr weiter weiß, wurden hin und wieder erklärende Zusätze, nicht aber ausführliche Programmbeschreibungen hinzugefügt: damit steigt zwar der Anspruch an die Lernenden, doch wird damit gleichzeitig die intensivere Auseinandersetzung mit der Sprache und den Lösungsvorschlägen gefordert. Bei der relativen Kürze der Programme und der leichten Überschaubarkeit durch logische und optische Strukturierung ist darin sicher kein Über-Anspruch zu sehen. Dennoch ist darauf hinzuweisen, daß für eine vollständige Problemlösung eine sorgfältige Programmbeschreibung unumgänglich ist. Mehr als Stütze für die hierzu auch notwendige grafische Dokumentation des Programmablaufs ist daher zu Anfang ein Kapitel Programmablaufpläne/Struktogramme mit der notwendigen Symbolik vorgeschaltet.

Vielleicht kennen Sie schon einen Trainer für eine andere Programmiersprache und zugehörige Lösungen für einige auch in den vorliegenden Band übernommene Aufgaben; zwar wird Ihnen dann insbesondere bei höherwertigen Aufgaben eine Problemlösung in Pascal wesentlich leichter fallen, doch empfiehlt es sich in diesem Fall, die Pascal-Lösung herauszufinden, die den Möglichkeiten gerade dieser Sprache am besten gerecht wird. Und achten Sie dann bewußt auch auf die sprachlichen Unterschiede, suchen Sie den Sprachenvergleich!

Üben Sie möglichst viel am Rechner, denn oft ist die Sprachen-Logik konsequenter als die eigene, dann werden Sie aus den Anfangserfolgen heraus auch reichliche Motivation für den tieferen Einstieg finden. Wohlan denn...!

2 Programmablaufpläne/Struktogramme

Nach DIN 66001 sind folgende Sinnbilder für Programmablaufpläne vorgesehen:

Allgemeine Operation

Spezielle Operationen:

Verzweigung

Unterablauf (UP)

Eingabe/Ausgabe

Programm-Modifikation

Ablauflinie (Vorzugsrichtungen:
von oben nach unten,
von links nach rechts,
Abweichungen durch Pfeilspitze)

Übergangsstelle (Konnektor)
(von mehreren Stellen aus erreichbar, aber nur
zu einer hin erfolgend; zusammengehörige
Übergangsstellen gleiche Bezeichnung)

Grenzstelle (z. B. Start, Stop)

Schleifenbegrenzung
(definieren Anfang und Ende einer Schleife,
ohne daß noch Ablauflinien notwendig sind;
Initialisierung, Fortschaltung, Endabfrage sind
sinngemäß am Anfang oder Ende anzugeben)

Bemerkung
(kann an jedes Sinnbild angefügt werden)

Für die nicht genormten, doch häufig verwendeten Struktogramme seien folgende Grund-
symbole erwähnt (Nassi-Shneiderman):

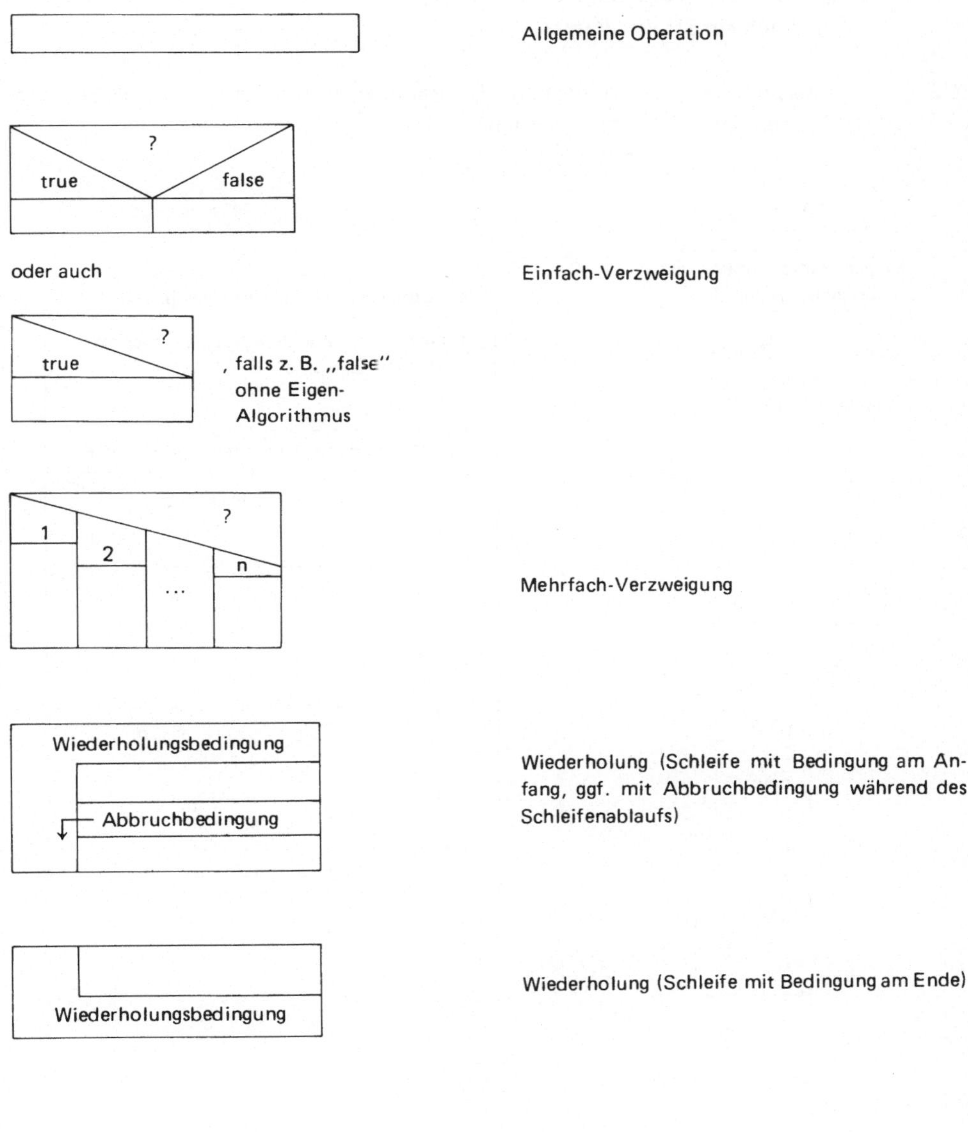

Allgemeine Operation

Einfach-Verzweigung

, falls z. B. „false"
ohne Eigen-
Algorithmus

Mehrfach-Verzweigung

Wiederholung (Schleife mit Bedingung am Anfang, ggf. mit Abbruchbedingung während des
Schleifenablaufs)

Wiederholung (Schleife mit Bedingung am Ende)

2/1   In Aufg. 4.1/14 wird die Erstellung einer Tabelle gefordert. Beschreiben Sie die Lösung des Problems

a) durch einen Programmablaufplan,
b) durch ein Struktogramm.

2/2   Interpretieren Sie den folgenden Programmablaufplan und das Struktogramm. Was soll damit berechnet werden?

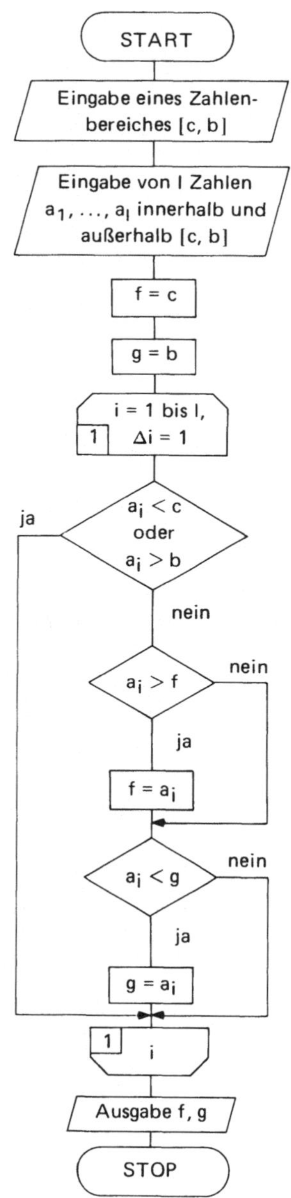

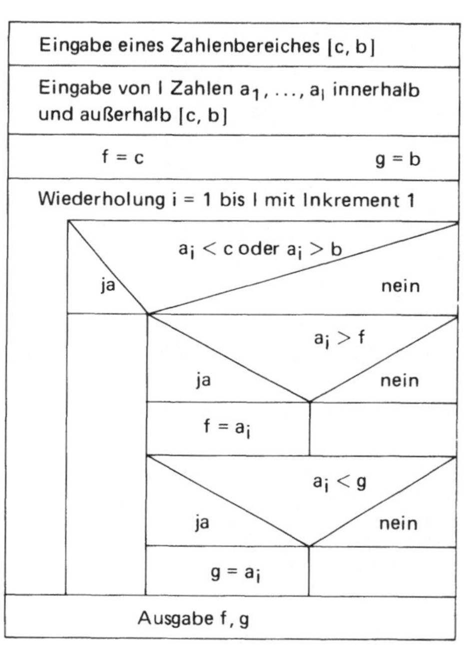

3 Verzweigungs- und schleifenfreie Programmierung

3.1 Wertzuweisungen

3.1/1 Welche der folgenden Ausdrücke sind gültige Konstanten? Geben Sie den jeweiligen Typ an!

	1	2	3	4
a)	SQR (35.7)	3.14	'AS'	47.36 E-1
b)	FALSE	99 E 8	4,53	BA
c)	E + 05	+ 007	MAXINT	.31
d)	WAHR	47.	4E6.5	+ 29.0

3.1/2 Welche der folgenden Ausdrücke sind gültige Variable?

	1	2	3	4
a)	KANU	F	HS	E 605
b)	8A	INGENIEUR	V.W.	P 5

3.1/3 Geben Sie Pascal-Schreibweisen für folgende Konstanten an:

	1	2	3	4
a)	$1013 \cdot 10^{-3}$	$0,000057$	$0,93 \cdot 10^{37}$	$-14,81$
b)	PASCAL	$1,38 \cdot 10^{-23}$	ST 37	47,0003

3.1/4 Schreiben Sie die folgenden Formelgleichungen als Pascal-Wertzuweisungen:

1

a) $k = \dfrac{a + b}{c + d}$

b) $F = \gamma \cdot \dfrac{m_1 m_2}{r^2}$

c) $Z = \sqrt{R^2 + \left(\omega L - \dfrac{1}{\omega C}\right)^2}$

d) $y = x^{(a+4)^k}$

2

a) $L = \dfrac{a + b}{c}$

b) $c = p + \rho g h + \dfrac{1}{2} \rho v^2$

c) $g = \dfrac{a + b}{c + \dfrac{d - 3e}{4} - f}$

d) $a = \dfrac{5}{b^2 + c^{\frac{3}{2}}}$

3.1/5   Welche Gleichung beschreiben jeweils die folgenden Wertzuweisungen? (e^x
läßt sich als EXP(X), $\sqrt{x}$ als SQRT(X) und x^2 als X * X oder SQR(X) schreiben.)

a) C: = SQRT (A * A − B * B); oder SQRT (SQR (A) − SQR (B));
b) Y: = (A − X) * EXP(− X * X/2);
c) G: = ((A + B) * C + D) * E + F;
d) A: = B/X/X;
e) P: = (B + C)/X/X * G − D/(2 * X − 1) + E − F/X;
f) F: = EXP(0.33333 * LN(X * X + 7)) − EXP(X);

3.1/6   Was ist falsch an folgenden Wertzuweisungen?

a) B: = SQR(SQR(F * F − 3)) − (G + 8) * 7);
b) F: = (A − B)/4 + − C;
c) A: = F + 37.1/C + EXP(1.5 * LN(− 9.));
d) G: = (A ** B ** C − (13/7 * A − (B + C));
e) H: = B * X/F − X(B − 4 ↑ F);

3.1/7   Schreiben Sie Programmzeilen, in denen Sie der Variablen PI die Konstante
3,141593 zuweisen und damit anschließend U = 2rπ und A = r$^2\pi$ berechnen;
der zu r gehörenden Variablen R können Sie vorläufig den festen Wert 7,5 zu-
ordnen.

3.1/8   Welchen Wert hat Z nach Durchlaufen folgender Anweisungen?

A: = 5;
B: = 2 + 4 * (A − 3);
C: = B + A/B − A;
D: = C − A;
E: = (B + A)/B − A;
F: = ((D + C) * 2 − A)/2;
Z: = F + B/D − E;

Alle Variablen seien vom REAL-Typ.

3.1/9   Schreiben Sie je eine Anweisung, die sinh x, cosh x und tanh x unter Verwendung der Exponentialfunktion berechnen. Es gilt:

sinh x = $(e^x − e^{-x})/2$
cosh x = $(e^x + e^{-x})/2$
tanh x = $(e^x − e^{-x})/(e^x + e^{-x})$

3.1/10   Was ist in folgendem Programmteil falsch? (Es bedeuten z.B. A1, A2, ... unterschiedliche Berechnungsarten von A.)

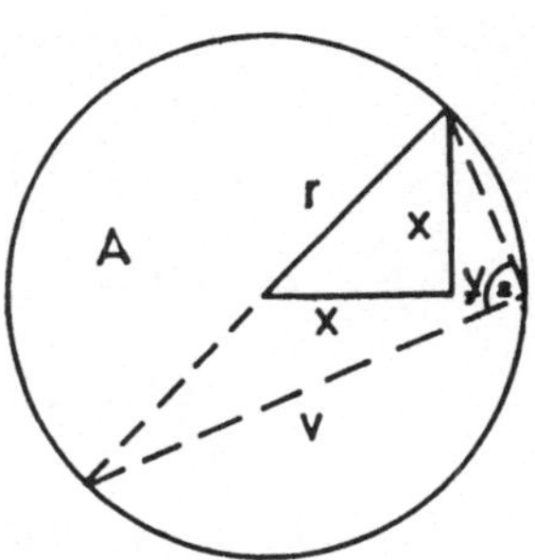


```
R  : = 8
PI : = 3,14;
D  : = R * 2;
U  : = 2 * R * PI: = D * PI;
A1: = (R * R) * PI;
A2: = D/SQR (2) * PI;
A3: = SQR (R) * PI;
X1: = SQRT (2)/2 * R
X2: = 0.5 * SQRT (2) * R;
2  : = D/R;
Y  : = R − X1;
V  : = SQR (D * D − (X1 * X1 + Y * Y));
```

3.1/11   Welcher Wert für LCESUNG ergibt sich aus folgendem Programmabschnitt? (Berücksichtigen Sie beide Versionen A und B getrennt!)

```
      :
      :
   VAR P, Q, R        :  REAL;
       K, L, LOESUNG:  INTEGER;
   BEGIN
     P: =1. 5;
     Q: =P*P*2;
     K: =ROUND(Q+7. 6);
     L: =ROUND(6*P−K+Q);
{A}  R: =4*L DIV K;           {B:        R: =4. 0*L/K; }
     LOESUNG: =TRUNC((3*(P−L)+0. 8+K−2*(Q+R*3))/2);
      :
      :
```

(Was zwischen { ... } oder (* ... *) steht — vgl. Lösungen 3.2/8 und 4.1/17 —, wird als reiner Kommentar ohne jeglichen Einfluß auf den Rechengang gewertet.)

3.2   Ein- und Ausgabe

3.2/1   Schreiben Sie ein Programm, das die Zahlen

315	0.3	− 12401	3.14	− 93749.83
A	B	C	D	E

intern definiert und in einfachster Form wiedergibt.

3.2/2   Erweitern Sie das Programm aus Aufg. 3.2/1 dahin, daß von der Summe aus den ersten drei Zahlen die Summe aus den letzten beiden subtrahiert wird. Die Zahlen A bis E sind einzulesen und wie das Ergebnis auszuschreiben bzw. auszudrucken.

3.2/3 Potenzieren Sie — im Rückgriff auf die beiden letzten Aufgaben — A mit B, multiplizieren Sie das Ergebnis mit C, addieren Sie D, und dividieren Sie das alles durch E. Ausgabe wie in Aufg. 3.2/2.

3.2/4 Die quadratische Gleichung $ax^2 + bx + c = 0$ hat die Lösungen

$$x_{1,2} = -\frac{b}{2a} \pm \sqrt{\left(\frac{b}{2a}\right)^2 - \frac{c}{a}}.$$

Es wird gesetzt:

$$\frac{b^2 - 4ac}{4a^2} = R.$$

Es ist die Wurzel des Betrags des Radikanden auf folgende beide Arten zu bestimmen:

a) Verwendung der Bibliotheksfunktion ABS.

b) $\sqrt{|R|} = \sqrt[4]{R^2}$.

Das Wurzelziehen soll jeweils durch Exponentiation sowie durch Verwendung von SQRT erfolgen. Die Eingaben und Ergebnisse sind mit Text auszugeben. Beispiel: $a = 5$, $b = -2$, $c = 1$.

3.2/5 Der Jahreseffektivzins eines Kredites berechnet sich bei monatlicher Teilrückzahlung konstanter Beträge aus folgender Formel:

$$\text{eff. Jahreszins} = \frac{\text{Gesamtkreditkosten} \cdot 2400}{\text{Nettokredit} \cdot (\text{Laufzeitmonate} + 1)}.$$

Man lese ein: Gesamtkreditkosten GK, Nettokredit NK, Laufzeitmonate LZ und berechne daraus den effektiven Jahreszins. Man schreibe mit Text die Eingaben und das Ergebnis aus. — Berechnen Sie den Jahreseffektivzins, wenn für ein aufgenommenes Darlehen (Nettokredit) von 5000,— DM bei einer Laufzeit von 4 Jahren insgesamt 7500,— DM zurückzuzahlen sind.

3.2/6 Schreiben Sie ein Programm, das die folgenden Wertzuweisungen berechnet:

$$W1 = (a + 1)\left(b + \frac{c}{a}\right)$$

$$W2 = \frac{x + 2y}{3x}\left(\frac{1}{x} - \frac{1}{y + 1}\right)\frac{y}{2x + y}.$$

Das Programm soll die Größen a, b, c, x und y einlesen und sie zusammen mit den berechneten Größen W1 und W2 in geeigneter Form ausgeben.
Testen Sie Ihr Programm mit folgenden Werten:

$a = 0{,}5$ $b = 7{,}5$ $c = -3$ $x = 4{,}1$ $y = 1{,}55$.

3.2/7   Die Strahlungsgesetze lauten in der Form der auf die Frequenz f bezogenen
Energiedichte u bei der Temperatur T:

Planck:

$$u_P = \frac{8\pi f^2}{c^3} \cdot \frac{hf}{e^{hf/(kT)} - 1}$$

Rayleigh-Jeans:

$$u_{RJ} = \frac{8\pi k}{c^3} \cdot f^2 \cdot T$$

Wien:

$$u_W = \frac{8\pi hf^3}{c^3} \cdot e^{-hf/(kT)}.$$

Das Rayleigh-Jeanssche und das Wiensche Gesetz sind Grenzfälle des Planck-
schen für kleine bzw. große f bei gegebenem T.

Definieren Sie im Programm (Verwendung von CONST)

$\pi = 3{,}14159;$ $k = 1{,}381 \cdot 10^{-23} \ NmK^{-1}$

$h = 6{,}625 \cdot 10^{-34} \ Js;$ $c = 2{,}9979 \cdot 10^8 \ ms^{-1}.$

Es ist $f = c/\lambda$ (λ = Wellenlänge). Das Programm soll berechnen u_P, u_{RJ} und u_W;
Eingaben und Ergebnisse sind auszudrucken (Beisp.: T = 600 K, λ = 1 μm).
(Vgl. Aufg. 4.1/21.)

3.2/8   Es ist eine Kopfzeile zu formulieren, die auf jedem Ausgabeblatt der Rechnung in der ersten Zeile ausgeschrieben wird. Sie soll enthalten:
PROGRAMM xxxxxxxx   DATUM yyyyyyyy   SEITE zzz.
Der Programm-Name und das Datum (max. je 8 Zeichen) sind in Zeichenform
vorher einzulesen, die Seitenzahl wird im Programm generiert.

4   Felder und Schleifen, Sprünge und Verzweigungen

4.1   Felder und Schleifen

4.1/1   Dimensionieren Sie ein Vektorfeld A mit 5 Elementen, lesen Sie die a_i $(i = 1, \ldots, 5)$ ein, und bilden Sie durch einfache Summation das arithmetische Mittel

$$m = \frac{1}{5}\sum_i a_i.$$

Es sind auszudrucken das Feld A und das Ergebnis. (Vgl. Aufg. 5.2/3.)

4.1/2   Dimensionieren Sie einen Vektor V mit maximal 21 Elementen; lesen Sie die Elemente v_i $(i = 0, 5, 10, 15, 20)$ ein, und bilden Sie die Summe davon.

4.1/3   Dimensionieren Sie ein Vektorfeld R (maximal 20 Zahlen), und lesen Sie Komponenten nach folgender Vorschrift ein: die erste Komponente wird durch den Anfangsindex IA beschrieben, die übrigen ergeben sich durch die Schrittweite IS bis zum Endindex IE. IA, IS und IE sind vorher Werte zuzuweisen.

4.1/4   Es soll die Tabelle für eine trigonometrische Funktion erstellt werden, wobei das Argument von $-\pi$ bis $+\pi$ in Schritten von π/n variiert. Für n soll ein Wert eingelesen sein. Geben Sie eine Schleife an, in der der jeweilige Funktionswert berechnet wird.

4.1/5   Es sei ein zweidimensionales Feld a_{ij} $(i = 1, \ldots, m; j = 1, \ldots, n)$ voll besetzt. Summieren Sie mit Schleifen alle Elemente.

4.1/6   Berechnen Sie $y = x^n$ für vorgegebenes x und n, n positiv ganzzahlig, mittels einer Schleife. (Vgl. Aufg. 4.2/6 und 5.2/5.)

4.1/7   Berechnen Sie $y = n!$ $(n! = 1 \cdot 2 \cdot \ldots \cdot n)$ für vorgegebenes $n > 1$ mittels einer Schleife. (Vgl. Aufg. 5.2/2.)

4.1/8   In einem zweidimensionalen Feld (Matrix) sind 2 Vektoren mit n Komponenten wegzuspeichern (Vektoren $\vec{a}$ und $\vec{b}$). Hieraus bilde man das Skalarprodukt und schreibe — außer den Eingaben — auch das Ergebnis aus!
Das Skalarprodukt ist definiert aus $\vec{a} \cdot \vec{b} = \sum_i a_i b_i.$

Zahlenwerte:
$\vec{a}$ = (2, 4, 6, 8, 10, 12, 14, 16, 18, 20)
$\vec{b}$ = (40, 39, 38, 37, 36, 35, 34, 33, 32, 31).

4.1/9 Für ein Polynom $y = \sum_{0}^{5} a_i x^i$ ist die Ableitung (Steigung) im Punkt x_0 aus dem Differenzenquotienten

$$\frac{\Delta y}{\Delta x} = \frac{f(x + \Delta x) - f(x)}{\Delta x} \quad (y' = \lim_{\Delta x \to 0} \frac{\Delta y}{\Delta x})$$

zu ermitteln, wobei Δx durch $\frac{1}{n}$ definiert ist (Eingaben x_0, n, a_i).

Zahlenbeispiel:
$a_0 = -2$, $a_1 = 5$, $a_2 = -4$, $a_3 = 3$, $a_4 = 2$, $a_5 = 1$, $x_0 = 1$.
Berechnung je für
n = 2, n = 5, n = 20, n = 250, n = 1000.
Man vergleiche mit dem exakten Wert aus der Ableitung!

4.1/10 Die monatliche Rückzahlungsrate eines Darlehens berechnet sich nach der Formel

$$P = \frac{A_0 \cdot R \cdot (1 + R)^N}{(1 + R)^N - 1}$$

mit P = monatliche Zahlung, A_0 = Darlehenssumme, N = Laufzeit des Darlehens in Monaten, R = monatlicher Zinssatz. — Der Zinsanteil der Rate des n-ten Monats berechnet sich aus $Z_n = R \cdot A_{n-1}$, worin A_{n-1} das aktuelle Darlehen, nämlich die Restschuld aus dem Vormonat, ist. Unter Berücksichtigung von Z_n ist die Restschuld aus dem n-ten Monat $A_n = A_{n-1} - P + Z_n$.
Erstellen Sie ein Programm zur Berechnung des Tilgungsplans eines Darlehens mit einer Laufzeit von N Monaten. Der Ausdruck soll — neben geeignetem Text — umfassen: Wiedergabe der Eingabewerte sowie tabellarisch für jeden Monat Zahlungsrate, Zinsanteil und Restschuld.
Zahlenbeispiel: $A_0 = 10000.-$ DM, R = 0,5 %, N = 24 Monate.

4.1/11 Schreiben Sie ein Programm, das eine Tabelle des Bremsweges eines Kraftfahrzeuges in Abhängigkeit von der Geschwindigkeit v und der Bremsbeschleunigung a berechnet und ausdruckt. Es soll folgende Vorschrift gelten:
Für die Geschwindigkeit werden ein Anfangswert v_a, eine Schrittweite v_s und ein Endwert v_e in m/s eingelesen; außerdem wird die Bremsbeschleunigung a in m/s^2 eingelesen. Außer den Eingaben ist eine Tabelle in der Form

$$v(m/s) \qquad v(km/h) \qquad s(m)$$

auszudrucken. Der Bremsweg berechnet sich aus $s = \frac{v^2}{2a}$.
Zahlenbeispiel: $v_a = 6$ m/s, $v_e = 50$ m/s, $v_s = 2$ m/s, a = 4 m/s^2.

4.1/12 Die Maxwell-Boltzmannsche Geschwindigkeitsverteilung läßt sich als Funktion

$$f(v) = a \cdot v^2 \cdot e^{-\frac{v^2}{b}}$$

qualitativ darstellen. Man wähle für eine einfach kontrollierbare Rechnung a = 5, b = 4. Es ist die Funktion von v = 0 bis v = 10 in Schritten $\Delta v = 0,25$ zu berechnen. Man drucke außer den Vorgaben die Koordinaten tabellarisch aus.

4.1/13   Horner-Schema: Zur Berechnung eines Polynoms $y = \sum_i a_i x^i$ kann man als einfachen und effektiven Algorithmus das sog. Horner-Schema verwenden. Es gilt:

$$\sum_i a_i x^i = (\ldots\ldots((a_n x + a_{n-1})\, x + a_{n-2})\, x + \ldots + a_1)\, x + a_0.$$

Man kann nun setzen:

$$z_{n+1} = 0$$
$$z_n = a_n \qquad\qquad\qquad\quad = z_{n+1} x + a_n$$
$$z_{n-1} = a_n x + a_{n-1} \qquad\qquad = z_n x \;+ a_{n-1}$$
$$z_{n-2} = (a_n x + a_{n-1})\, x + a_{n-2} = z_{n-1} x + a_{n-2}$$
$$\vdots$$
$$z_0 = \sum a_i x^i \qquad\qquad\qquad = z_1 x \;+ a_0.$$

z_0 ist also dem ursprünglichen Polynom gleich. Für die Teilsummen z_j erhält man demnach die Rekursionsformel

$$z_j = z_{j+1} x + a_j \quad (j = n,\, n-1,\, \ldots,\, 0).$$

Man braucht also zur Berechnung jeder nachfolgenden Komponente z_j nur den unmittelbar zuvor berechneten Wert z_{j+1}, kann also für alle z_j den gleichen Speicherplatz y verwenden, der am Ende gerade den Funktionswert enthält.

Das beispielhaft zu rechnende Polynom mit n = 10 habe folgende Koeffizienten $\neq 0$:

$$a_0 = -5,1; \qquad a_1 = 2,4; \qquad a_3 = 4,7; \qquad a_5 = -0,9;$$
$$a_8 = 1; \qquad\qquad a_{10} = -0,5.$$

Weiterhin sei $x_a = -1$, $x_e = 2$ und $\Delta x = 0,2$ (diese Vorgaben sind ebenfalls einzulesen). Drucken Sie — außer den Koeffizienten a_i — eine (x, y)-Tabelle aus. (Vgl. Aufg. 4.2/8 und 5.2/10.)

4.1/14   Eine Induktivität L und eine Kapazität C sind in Reihe geschaltet. Die Resonanzfrequenz des Kreises berechnet sich nach der Formel

$$f_0 = \frac{1}{2\pi\sqrt{LC}}.$$

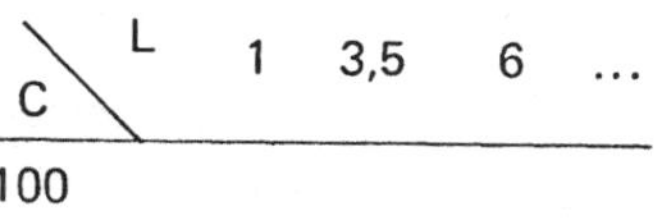

Lassen Sie eine Tabelle ausdrucken, aus der man für L = 1 μH bis L = 11 μH mit der Schrittweite 2,5 μH und für C = 100 pF bis C = 1000 pF mit der Schrittweite 100 pF die Resonanzfrequenz ablesen kann. (Diese Werte sind einzulesen.)

Tabellenform:

C \ L	1	3,5	6	...
100				
...				

4.1/15   Schreiben Sie ein Programm zum Transponieren einer Matrix (maximal 10 Zeilen und 10 Spalten). Hierbei werden die Zeilen und Spalten vertauscht.

4.1/16   Eine Matrix mit 10 Zeilen und 7 Spalten ist in allen Elementen auf 0 zu setzen. Formulieren Sie diesen Programmabschnitt.

4.1/17   Es gilt folgende Entwicklung für $m > 0$ und $|x| \leqslant 1$:

$$(1 + x)^m = 1 + mx + \frac{m(m-1)}{2!} x^2 + \frac{m(m-1)\,(m-2)}{3!} x^3 + \ldots$$

$$\ldots + \frac{m(m-1)\ldots (m-n+1)}{n!} x^n + \ldots$$

Schreiben Sie dazu einen Programmabschnitt.

Zahlenbeispiel: $m = 2{,}5$; $x = 0{,}7$.

Rechnen Sie nacheinander mit 2 Summanden ($n = 1$), 3 Summanden ($n = 2$) usw. bis zu $n = 9$.

4.1/18   Das Skalarprodukt zweier Vektoren $\vec{a}$ und $\vec{b}$ ist gegeben durch

$$\vec{a} \cdot \vec{b} = \sum_i a_i b_i .$$

Weiterhin ist

$$|\vec{a}| = a = \sqrt{\sum a_i^2} \quad \text{und} \quad |\vec{b}| = b = \sqrt{\sum b_i^2} .$$

Aus $\vec{a} \cdot \vec{b} = a \cdot b \; \cos(\vec{a}, \vec{b})$ erhält man für den Kosinus des Winkels zwischen den beiden Vektoren

$$\cos(\vec{a}, \vec{b}) = \frac{\vec{a} \cdot \vec{b}}{a \cdot b} .$$

Es sind 2 Vektoren mit je maximal 20 Komponenten in dafür vorgesehene Bereiche einzulesen. Damit ist der Kosinus des Winkels zwischen diesen beiden Vektoren zu berechnen.

Nach der Komponentenzahl sind die Komponenten jedes Vektors einzulesen. Auszudrucken sind (mit Kurztext) die beiden Vektoren sowie der berechnete Kosinus. Zur Beispielrechnung benutze man folgende Werte:

1. $\vec{a} = (3{,}6 \quad -1{,}8)$
   $\vec{b} = (1{,}4 \quad\quad 2{,}7)$.
   Dieses Beispiel läßt sich auch sehr gut grafisch überprüfen.

2. $\vec{a} = (\;2 \quad 1 \quad -0{,}2 \quad 0 \; -1 \quad 0 \quad\;\; 3 \quad 1{,}2 \; -0{,}3 \; -1{,}1)$
   $\vec{b} = (-1 \; -0{,}5 \quad 1{,}5 \quad 0 \; -0{,}4 \; 1{,}9 \; -2 \quad 2{,}5 \quad 0{,}4 \; -0{,}1)$.

(Vgl. auch Aufg. 8.1/2.)

4.1/19   Es ist die Quersumme von einer einzulesenden natürlichen Zahl ($\leqslant 32727$) zu berechnen. Testen Sie das Programm mit verschiedenen Eingabewerten. Eingegebene Zahl und Quersumme sind auszugeben.

4.1/20   Die Reihe

$$\frac{1}{1 \cdot 3} + \frac{1}{3 \cdot 5} + \frac{1}{5 \cdot 7} + \ldots + \frac{1}{(2n-1)\,(2n+1)} + \ldots$$

besitzt den Grenzwert $\frac{1}{2}$. Man überprüfe dies mit n = 5, n = 10, n = 30 und n = 100 Summanden. n ist einzulesen; die Berechnungen sollen beendet werden, sobald n = 0 eingelesen wird.

4.1/21   In Aufg. 3.2/7 wurden die Strahlungsgesetze angegeben und in einfacher Form programmiert. Nunmehr sind λ und T als Parameter einzulesen und die zugehörigen Funktionsverläufe aus den drei Gleichungen u_P, u_{RJ} und u_W tabellarisch auszudrucken. Bei Eingabe T = 0 soll die Berechnung beendet sein.

Man gebe sich ein erstes T vor und drucke die Tabelle aus für $\lambda_a \leqslant \lambda \leqslant \lambda_e$. Dann wähle man ein neues T und berechne die Tabelle für den gleichen Wellenlängenbereich. Am Ende gebe man T = 0 ein und beende damit die Rechnung.

Es müßte erkennbar werden, daß das Plancksche Strahlungsgesetz für große λ in das Rayleigh-Jeanssche, für kleine λ in das Wiensche Gesetz übergeht.

Als Beispiel rechne man mit folgenden Zahlen:

$\lambda_a = 1\ \mu m$; $\lambda_e = 50\ \mu m$; $\Delta\lambda = 1\ \mu m$;   Tabelle:

T = 600 K,   900 K,   1000 K.   Temperatur = ...

u_P	u_{RJ}	u_W	λ
.	.	.	.
.	.	.	.
.	.	.	.

4.1/22   Fibonacci-Zahlen. Im Jahre 1202 beschäftigte sich Leonardo Fibonacci mit folgendem Problem: Wieviel Paare von Kaninchen können von einem einzigen Paar in einem Jahr erzeugt werden, wenn folgende Voraussetzungen zutreffen:

a) Jedes Paar erzeugt jeden Monat ein neues Paar Nachkommen.
b) Jedes neue Paar wird im Alter von einem Monat fruchtbar.
c) Die Kaninchen sterben nie.

Es ist ein Programm zu erstellen, das Fibonacci-Zahlen aus den Anfangswerten 0 und 1 bis 20 errechnet. Die ermittelten Werte sind in ein Feld FZ abzulegen und auszudrucken; jede Zeile soll 4 Fibonacci-Zahlen enthalten.

Zur Berechnung gilt folgende Vorschrift:
FZ (1) = 0
FZ (2) = 1

.
.

FZ (I) = FZ (I − 1) + FZ (I − 2) für I $\geqslant$ 3.

(Vgl. Aufg. 5.2/4.)

4.1/23   Was ergibt sich bei den nachfolgenden Programmschritten für B, C und D?

```
PROGRAM PT4123;
   VAR   A       : PACKED ARRAY[1..12] OF CHAR;
         D       : PACKED ARRAY[1..7]  OF CHAR;
         B       : PACKED ARRAY[1..6]  OF CHAR;
         C       : PACKED ARRAY[1..5]  OF CHAR;
         B1,B2   : PACKED ARRAY[1..3]  OF CHAR;
         I       : INTEGER;
BEGIN
  A:='HEIMCOMPUTER ';
  FOR I:=1 TO 3 DO
    BEGIN
      B1[I]:=A[I];
      B2[I]:=A[I+9];
      B[I]:=B1[I];
      B[I+3]:=B2[I];
      C[I]:=A[I+1]
    END;
      D[3]:='S';
  FOR I:=1 TO 2 DO
    BEGIN
      C[I+3]:=B[I+4];
      D[I]:=C[I];
      D[I+3]:=C[I+2];
      D[I+5]:=C[I+3]
    END;
  WRITELN;
  WRITELN('B:    ',B); WRITELN('C:    ',C); WRITELN('D:    ',D)
END.
```

4.1/24   Es ist die Aufgabe gestellt, Längen in verschiedenen Maßeinheiten einzulesen,
in Meter umzurechnen und zu addieren. Die unterschiedlichen Maßeinheiten
sind durch zugeordnete Kennziffern zu deklarieren. Es sollen folgende Zuordnungen gelten:

Kennziffer	Maßeinheit	Umrechnungsfaktor in m
1	m	1,0000
2	cm	0,0100
3	inch	0,0254
4	fuss	0,3048
5	yard	0,9144
0	— — —	

Durch Kennziffer 0 ist das Einlesen zu beenden.

Die Ausgabe erfolgt in einer Tabelle:

Länge	Einheit	Meter
.		
.		
.		
Summe der Längen:	....	Meter

Es ist mit folgenden Eingaben als Beispiel zu rechnen:

Kennziffer	Zahlenwert
3	57,3
5	93,75
1	112,326
2	4221,9
2	983,2
3	88,7
2	1974,4
5	27,13
4	310,97
2	2841,5
4	1024,05
0	

4.2   Sprünge und Verzweigungen

4.2/1 Geben Sie an, wie Sie vom Programmende ohne Bedingung wieder zum Programmanfang springen.

4.2/2 Ein Wurzelausdruck $\sqrt{R}$ soll auf Reell- oder Imaginärwertigkeit getestet werden; in dem jeweiligen Fall ist „Wurzel reell" bzw. „Wurzel imaginär" auszudrucken. Wie könnte der Programmabschnitt lauten?

4.2/3 Die Zahl n der Durchläufe eines Programmes (mit jeweils neuen Daten) kann man dadurch steuern, daß man n einliest, das Programm n-mal rechnen läßt und dann die Berechnung beendet. Wie läßt sich das programmieren?

4.2/4 In Abänderung zu Aufg. 4.2/3 kann man die Zahl der Durchläufe ohne Vorgabe dadurch steuern, daß man vor jedem möglichen Durchlauf eine Kennziffer $K \geqslant 0$ einliest. Sobald $K = 0$ eingelesen wird, soll die Berechnung beendet werden. Vorteil: Man braucht sich nicht schon zu Anfang auf die Zahl der Durchläufe festzulegen und kann so die Entscheidung auf der Basis vorheriger Läufe ad hoc treffen (interaktiv). Wie lautet die Vergleichsfolge?

4.2/5 Ein größeres Programm enthält 4 Abschnitte, die alternativ durchlaufen werden können. Die Steuerung erfolgt über eine einzulesende Kennziffer KE (KE = 1, 2, 3 oder 4). Geben Sie Programmiermöglichkeiten an!

4.2/6 Eine Möglichkeit zur Berechnung von $y = x^n$ (n ganzzahlig, x beliebig) ist wie folgt gegeben:

$$x = 0: \quad y = 0$$
$$x \neq 0: \quad y = \left[1 - \left(1 - \frac{x}{|x|}\right)(n \bmod 2)\right] e^{n \ln|x|}.$$

Schreiben Sie hierzu ein Programm, und testen Sie es mit unterschiedlichen Zahlen aus.

4.2/7   Die quadratische Gleichung $x^2 + px + q = 0$ hat die Lösungen

$$x_{1,2} = -\frac{p}{2} \pm \sqrt{\left(\frac{p}{2}\right)^2 - q}.$$

p und q sind einzulesen. Wenn die Diskriminante negativ ist, soll der Text „x komplex" ausgedruckt und an das Programmende gesprungen werden. Im anderen Fall sind p, q, x_1 und x_2 für $x_1 \neq x_2$ bzw. p, q, x für $x_1 = x_2$ auszudrucken.

4.2/8   Es ist ein Programm zu schreiben, das den Funktionswert $y = \sum_i a_i x^i$ eines Polynoms berechnet ($n \leqslant 20$). n und die Koeffizienten sind einzulesen ($a_k = 0$, wenn der entsprechende Summand fehlt; $k < n$). Verwenden Sie einfach die Summenglieder, wie sie in der Formel stehen. Die a_i sind sinnvollerweise in ein Feld zu speichern.
Berechnen Sie die Funktionswerte mit den Eingaben der Aufg. 4.1/13, wo das Horner-Schema verwendet wurde; der Ausdruck erfolgt ebenfalls wie dort.

4.2/9   Folgenden vier logischen Wahrheitstafeln sind die Kennziffern 1 bis 4 zuzuordnen. Es ist ein Programm zu erstellen, das nach Eingabe einer Kennziffer 1, 2, 3 oder 4 die zugehörige Tafel in der angegebenen Form ausdruckt (senkrechte Striche sind durch Untereinandersetzen von Ausrufungszeichen zu bilden). Wird die Kennziffer 0 eingegeben, ist die Rechnung zu beenden. Für eine eingegebene Kennziffer ungleich 0 bis 4 ist auszudrucken: „Kennziffer ungültig" und wieder an den Programmanfang zu springen.

AND	1	0
1	1	0
0	0	0

OR	1	0
1	1	1
0	1	0

EQV	1	0
1	1	0
0	0	1

NEQV	1	0
1	0	1
0	1	0

Kennz. (1)   (2)   (3)   (4)
log. UND   log. ODER   Äquivalenz   Nicht-Äquivalenz

Programmierhinweis: Wie man erkennt, ändern sich lediglich das linke obere (Text-)Feld sowie die inneren Zahlenwerte, während das äußere Gerüst erhalten bleibt. Man kann dies gut so programmieren, daß man für die sich ändernden Felder Text- bzw. Zahlenvariable benutzt, denen man je nach Kennziffer die entsprechenden Werte zuweist. — Da die Horizontalstriche jeweils in gleicher Art dreifach vorhanden sind, genügt es, sie nur einmal zu programmieren und dann jedesmal aufzurufen, wenn die Unterstreichung notwendig wird.

4.2/10   Auf einem Bauernhof mit Kaninchen und Hühnern zählt man 20 Tiere mit insgesamt 64 Beinen. Um wieviel Kaninchen bzw. Hühner handelt es sich?
Lösen Sie die Aufgabe tabellarisch derart, daß Sie von der Gesamtzahl der Beine nacheinander die Beine von 1, 2, ... Kaninchen subtrahieren, die aus dem Rest folgende Hühnerzahl bestimmen und vergleichen, ob die resultie-

rende Gesamtzahl mit der Forderung übereinstimmt. Neben den Eingaben (Tierzahl und Beinzahl) ist folgende Tabelle auszuschreiben:

Kaninchen	Hühner	Tierzahl
1	30	31
2	...	
...		

Ergebnis: Es handelt sich um ... Kaninchen und ... Hühner.

4.2/11   Schreiben Sie ein Programm zur Berechnung der Summe

$$y = \sum_{k=-n}^{n} \frac{1}{k^2 - 1}, \quad k \neq \pm 1, \quad n > 0.$$

k und n sind ganzzahlig. Wie lautet die kürzeste Formulierung?

4.2/12   Wenn man annimmt, daß an allen Tagen des Jahres gleichviel Personen Geburtstag haben, ist die Wahrscheinlichkeit q(n), daß von n Personen keine zwei an demselben Tag Geburtstag haben, durch

$$q(n) = \prod_{k=1}^{n} \frac{366 - k}{365}$$

gegeben. Demnach ist die Wahrscheinlichkeit, daß von n Personen zwei an demselben Tag Geburtstag haben, durch $1 - q(n)$ auszudrücken.

Schreiben Sie ein Programm, das berechnet, ab wieviel Personen die Wahrscheinlichkeit, daß zwei von ihnen an demselben Tag Geburtstag haben, größer als 1/2 ist.

4.2/13   Die Abbildungsgleichung der Optik lautet:

$$\frac{1}{f} = \frac{1}{g} + \frac{1}{b},$$

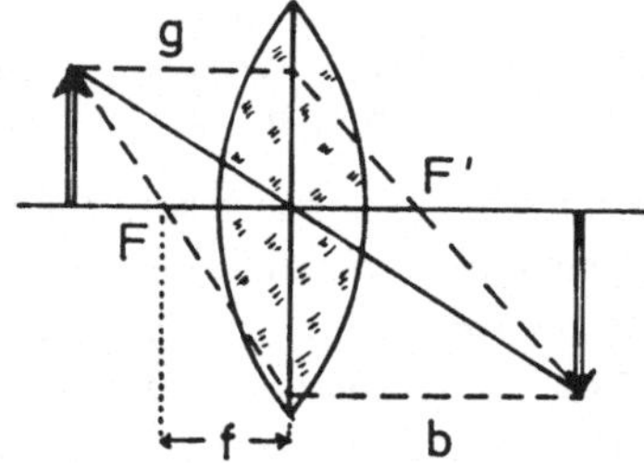

worin f die Brennweite der Linse, g die Gegenstandsweite und b die Bildweite bedeuten.

Man berechne — je nach vorgegebenen Parametern —

(1) f aus g, b oder (2) g aus f, b oder (3) b aus f, g.

Die Fallunterscheidungen steuere man durch eine vorher einzulesende Kennziffer (1) bis (3). Für Kennziffer = 0 soll die Rechnung beendet werden. (Für die Konvexlinse gilt $f > 0$, für die Konkavlinse $f < 0$.)

4.2/14 Schreiben Sie einen Programmabschnitt, der 3 unter den Variablennamen A, B und C eingelesene Zahlenwerte auf den größten untersucht. Falls zwei Zahlenwerte gleich sind und größer als der dritte, ist die zuerst eingelesene Zahl als größte zu werten.

4.2/15 Es gilt folgende Entwicklung ($|x| < 1$):

$$\arctan x = x - \frac{x^3}{3} + \frac{x^5}{5} - \frac{x^7}{7} + \ldots + (-1)^n \cdot \frac{x^{2n+1}}{2n+1} \pm \ldots$$

Außer dem eingegebenen x sind auszudrucken die Ergebnisse für 3, 6, 9 und 50 Summenglieder.

Führen Sie — unter Berücksichtigung von Aufg. 4.1/17 und ihrer Lösung — eine analoge Berechnung durch für ($|x| < \infty$):

$$\cos x = 1 - \frac{x^2}{2!} + \frac{x^4}{4!} - \frac{x^6}{6!} + \ldots + (-1)^n \cdot \frac{x^{2n}}{(2n!)} \pm \ldots$$

4.2/16 Für e gilt die Reihenentwicklung

$$e = \sum_{n=0}^{\infty} \frac{1}{n!} \qquad (n! = 1 \cdot 2 \cdot 3 \cdot \ldots \cdot n, \; 0! = 1).$$

Andere Darstellungen für e sind

$$e = \lim_{n \to \infty} \left(1 - \frac{1}{n}\right)^{-n} \qquad \text{und}$$

$$e = \lim_{n \to \infty} \left(1 + \frac{1}{n}\right)^{n}.$$

Mit diesen 3 Möglichkeiten ist e zu berechnen. Die Berechnung ist abzubrechen, sobald der jeweilige Näherungswert gegenüber dem Taschenrechnerwert eine Abweichung $< 10^{-3}$ aufweist. Um einen Konvergenzvergleich für die 3 Verfahren durchführen zu können, ist die Anzahl n_i der Iterationsschritte zu speichern und mit auszudrucken.

Ausdruck:

	Wert	n_i
Reihe	...	...
lim $(-n)$	...	...
lim (n)	...	...

4.2/17 Drei Seeleute kommen zu einem Haufen von Kokosnüssen. Der erste nimmt sich die Hälfte der Nüsse und eine halbe Nuß. Der zweite nimmt sich vom Rest die Hälfte und eine halbe Nuß, und ebenso verfährt der dritte mit dem verbleibenden Rest. Übrig bleiben r Kokosnüsse, und die erhält der Affe. Wieviel Nüsse waren im Haufen?

r ist einzulesen (Beispiel: r = 4). Lösen Sie das Problem derart, daß Sie — bei der Gesamtzahl 1 beginnend — die Gesamtzahl jeweils um 1 erhöhen, bis die gesuchte Zahl erreicht ist. Schreiben Sie die Ergebnisse in der Art nachstehender Tabelle aus:

```
,, N          Rest
   1          ....
   2          ....
   :
```

(bis richtiges r erreicht ist)

Die Gesamtzahl der Kokosnüsse ist ....''

Das Ergebnis läßt sich leicht überprüfen; wie Sie sich mathematisch herleiten können, ist $N_x = 8 \cdot r + 7$.

4.2/18   Primzahlen. Es sind alle Primzahlen < 1000 zu bestimmen. Hierzu prüfe man durch Division, ob die Zahl p $(2 < p < 1000)$ einen Teiler t mit $1 < t < p$ besitzt (vgl. auch Aufg. 4.2/19).

4.2/19   Primzahlen. Es sind alle Primzahlen < 1000 zu bestimmen. Hierzu benutze man das „Sieb des Eratosthenes'' (griechischer Mathematiker um 200 v. Chr.), das ohne Division auskommt: es werden zunächst alle zu untersuchenden Zahlen (2, 3, 4, 5, ...) aufgereiht. Anschließend werden alle Vielfachen der ersten Zahl (2) weggestrichen (4, 6, 8, 10, ...). Dann wird die nächste Zahl genommen, die nicht weggestrichen ist (3); ihre Vielfachen werden ebenfalls weggestrichen (6, 9, 12, 15, ...). Das Verfahren wird so lange fortgeführt, bis die größte zu untersuchende Zahl erreicht ist. — Die Zahlen, die nach Beendigung der Rechnung nicht weggestrichen sind, sind die gesuchten Primzahlen (vgl. auch Aufg. 4.2/18).

4.2/20   Die Masse m eines sich mit der Geschwindigkeit v gegenüber einem äußeren Beobachter bewegenden Körpers wird relativistisch beschrieben durch

$$m = \frac{m_0}{\sqrt{1-\beta^2}} \; ;$$

hierin ist m_0 die Ruhemasse des Körpers, d.h. die Masse bei der Geschwindigkeit Null. Weiterhin ist $\beta = \frac{v}{c}$ (c = 300.000 km/s).

Man betrachte Elektronen, denen die Ruhemasse $m_0 = 9,11 \cdot 10^{-31}$ kg und die Ladung $e = 1,602 \cdot 10^{-19}$ C zukommt. Zwischen der Geschwindigkeit v und der Beschleunigungsspannung U besteht der Zusammenhang

$$U = \frac{m_0 c^2}{e} \cdot \left(\frac{1}{\sqrt{1-\beta^2}} - 1 \right)$$

(c in m/s!).

Man berechne, um welchen Faktor $m/m_0 = 1/\sqrt{1-\beta^2}$ sich die Masse des Elektrons vergrößert, wenn man v, von 0 km/s beginnend, in Schritten von $\Delta v = 5000$ km/s vergrößert. Als letzten Wert nehme man nicht v = 300.000 km/s, sondern v = 299.999 km/s.

Außerdem schreibe man die jeweils zu v gehörende Beschleunigungsspannung U aus.

Man benutze zunächst die Reihenentwicklung für $|x| < 1$

$$\frac{1}{\sqrt{1-x}} = 1 + \frac{1}{2}x + \frac{1\cdot 3}{2\cdot 4}x^2 + \frac{1\cdot 3\cdot 5}{2\cdot 4\cdot 6}x^3 + \frac{1\cdot 3\cdot 5\cdot 7}{2\cdot 4\cdot 6\cdot 8}x^4 + \ldots$$

mit insgesamt 30 Summanden. Zum Vergleich verwende man für die Wurzel auch SQRT.

Die Ergebnisse liste man in einer Tabelle mit folgendem Kopf auf:

v (km/s) U (kV) m/m_0 (Reihe) m/m_0 (exakt).

4.2/21 Bei Veranstaltungen, wo es um Rangplätze geht (z.B. beim Sport), werden Punktelisten in Rangplätze umgerechnet. Auch in der Statistik werden für parameterfreie Tests Rangordnungen benötigt.

Das nachfolgende Programm soll die entsprechende Punkte-/Rangzuordnung treffen. Es gelten folgende Vereinbarungen:

1. Tritt eine Punktzahl einmalig auf, wird ihr der entsprechende Platz voll zugeordnet.

2. Tritt eine Punktzahl n-fach auf, werden dadurch die Plätze ab $m + 1$ bis $m + n$ belegt, doch erhalten alle n Leistungen die gleiche Rangbewertung

$$\frac{\sum_{i=1}^{n} (m+i)}{n} = m + \frac{n+1}{2}.$$

Es ist eine Punktfolge in einen Bereich einzulesen (maximal 20 Zahlen) und daraus die Rangliste zu erstellen. Der Ausdruck erfolgt tabellarisch mit Überschrift. Als Beispiel sei vorgegeben:

Punkteliste:

89   78   73   73   73   54   41   41   27   13   13   13   13   9.

Für den Ausdruck ergibt sich die Tabelle:

Punkte	Rang
89	1
78	2
73	4
73	4
73	4
54	6
41	7,5
41	7,5
27	9
13	11,5
13	11,5
13	11,5
13	11,5
9	14 .

4.2/22   Minimum und Maximum im Intervall einer Zahlenfolge. Zunächst ist eine bestimmte Anzahl von Zahlen einzulesen. Die Zahlen sind in ein Feld ($\leqslant 100$) zu speichern. Nun wird ein wertmäßiges Intervall innerhalb dieser Zahlenfolge vorgegeben, in dem das Minimum und das Maximum zu bestimmen sind. Alle Zahlen außerhalb des Intervalls werden nicht berücksichtigt. Neben der Zahlenfolge sind auch die Grenzen des Sortierbereichs sowie das darin gefundene Minimum bzw. Maximum auszudrucken.

Beispiel für die Eingabe:

6

Gmin, Gmax

$R_1, R_2, \ldots, R_6$.

Diese Angaben besagen, daß 6 Zahlen $R_1, \ldots, R_6$ einzulesen sind; die untere Grenze des (abgeschlossenen) Intervalles, in dem Minimum und Maximum zu bestimmen sind, wird mit Gmin, die obere mit Gmax bezeichnet.

Geben Sie sich 20 Zahlen $\gtreqless 0$ vor; als Intervallgrenzen nehmen Sie $[-3{,}5\ \ 7{,}5]$ an.

4.2/23   Ein Programm soll es ermöglichen, die Gültigkeit eines (x, y)-Wertepaares dadurch festzulegen, daß es innerhalb eines vorgegebenen Kreises liegt. Liegt der jeweilige Punkt (x, y) innerhalb des Kreises, ist „+" auszuschreiben, liegt er auf dem Rand oder außerhalb, ist „–" auszudrucken.

Im Programm ist ein Bereich für maximal 30 (x, y)-Paare zu definieren, in den die (x, y)-Werte zunächst eingelesen werden.

Rechnen Sie als Beispiel mit folgenden Werten:

Radius r = 1,5;

Wertepaare:

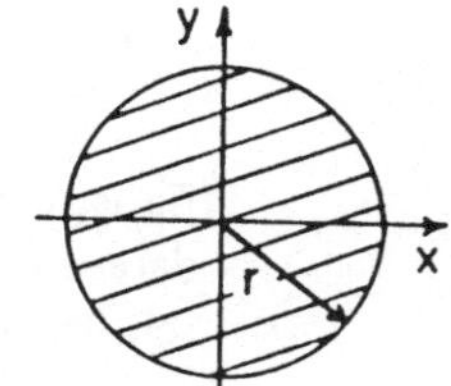


```
( 2     −1 )      ( 0       1,9)
( 1     −0,5)     ( 3      −2 )
(−0,2    1,5)     ( 1,2     2,5)
( 0      0 )      (−0,3     0,4)
(−1     −0,4)     (−1,1    −0,1)  .
```

Die Ausgabe soll in einer Tabelle folgendermaßen gestaltet werden:

Wertepaar	Gültigkeit	
....	+ oder –	(vgl. Aufg. 5.1/31)
: :	:	
:	:	

4.2/24   Analog zu Aufg. 4.2/23 soll die Gültigkeit eines Wertepaares dadurch definiert sein, daß es innerhalb des folgenden Dreiecks liegt:

$$0 < x < x_a \quad \text{und}$$
$$y < 2 \cdot x.$$

Programmieren Sie eine Entscheidungsfolge für das Feststellen der Gültigkeit.

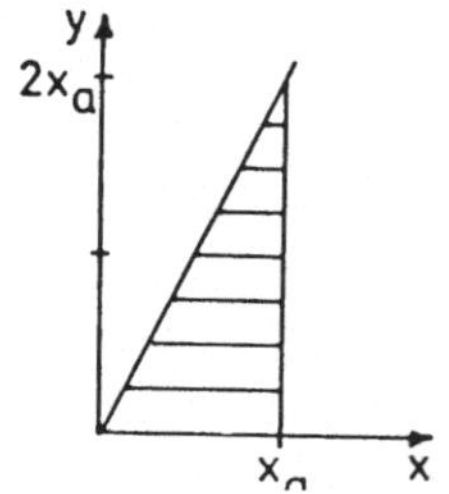

5 Unterabläufe

5.1 FUNCTION und PROCEDURE

Einzelne Bibliotheks-FUNCTIONs wurden für die bisherigen Lösungen bereits stillschweigend benutzt: hierzu gehören beispielsweise SQR(X), SQRT(X), X MOD N, EXP(X), LN(X) ... Ihnen ist zu eigen, daß aus evtl. mehreren übergebenen Werten (Parametern) nur ein einziger Funktionswert berechnet und an die aufrufende Stelle übergeben wird. Derartige FUNCTIONs lassen sich auch frei programmieren, wobei der FUNCTION-Name gleichzeitig die Variable für das Ergebnis ist. Im Gegensatz dazu geben die PROCEDUREs in der Regel mehrere Ergebniswerte zurück, und ihr Name hat keine Bedeutung als Variable.

5.1/1 In Aufg. 4.2/16 ist die e-Funktion in einer Reihenentwicklung angegeben worden. Formulieren Sie die Lösung dazu so, daß sich die Berechnung von n! für ein vorgegebenes n als Funktion aus einer FUNCTION ergibt.

5.1/2 Erweitern Sie Aufg. 5.1/1 dahin, daß auch die Berechnung von e in einer FUNCTION erfolgt.

5.1/3 Schreiben Sie eine PROCEDURE zur Berechnung von $\sum_{0}^{k} 1/x!$, und wenden Sie diese auf die Berechnung von $e = \sum_{0}^{l} 1/n!$ und $\cosh 1 = \sum_{0}^{m} 1/(2n)!$ an ($l, m \to \infty$). Die Fakultäten n! bzw. (2n)! werden durch je eine FUNCTION berechnet. An die PROCEDURE sollen beim Aufruf der exakte (Vergleichs-) Wert, die Genauigkeitsschranke sowie der Name der x! entsprechenden FUNCTION übergeben werden.

5.1/4 Worin unterscheiden sich aktuelle und formale Parameter?

5.1/5 Was versteht man unter globalen bzw. lokalen Variablen?

5.1/6 Ostersonntag. Es ist ein Programm zu schreiben, das zu einem gegebenen Jahr den Monat und den Tag des Ostersonntages ausdruckt. Bezeichnet man mit R(Z/N) den Rest aus der Division von Zähler Z durch Nenner N (also z.B. R(34/5) = 4 oder R(7/9) = 7) und mit G(Z/N) das Ergebnis der ganzzahligen Division von Z durch N (also z.B. G(34/5) = 6 oder G(7/9) = 0), so lautet die Berechnungsfolge (das betreffende Jahr wird mit J bezeichnet):

K	= G(J/100)	c	= R(J/19)
H	= G((13 + 8 · K)/25)	d	= R(J/4)
L	= G(K/4)	e	= R(J/7)
a	= R((15 − H + K − L)/30)	f	= R((19 · c + a)/30)
b	= R((4 + K − L)/7)	g	= R((2 · d + 4 · e + 6 · f + b)/7).

Für f + g $\leqslant$ 9 ist TAG = 22 + f + g und MONAT = 3.

Für f = 29 und g = 6 ist TAG = 19 und MONAT = 4.

Für f = 28, g = 6 und c $>$ 10 ist TAG = 18 und MONAT = 4.

In allen anderen Fällen ist TAG = f + g − 9 und MONAT = 4.

Außer der Jahreszahl sind Tag und Monat auszudrucken.

Schreiben Sie die Berechnung des Ostersonntags als PROCEDURE.

5.1/7 Stichprobenauswertung. Bei statistischer Meßwerterfassung werden Stichproben entnommen (hier: eine Stichprobe vom Umfang n) und daraus folgende Aussagen gewonnen:

der größte Wert   Zmax

der kleinste Wert   Zmin

die Spannweite   r = Zmax − Zmin

der Mittelwert $Zm = \dfrac{1}{n} \sum\limits_{i=1}^{n} Zi$

die Varianz $\mu = \dfrac{1}{n-1} \sum\limits_{i=1}^{n} (Zi - Zm)^2$

die Standardabweichung $s = \sqrt{\mu}$

der Variationskoeffizient $v = \dfrac{s}{Zm} \cdot 100$ in %

der Medianwert a:

Der Medianwert a ist der Wert, bei dem die Hälfte der Zahlen unterhalb und die Hälfte der Zahlen oberhalb liegt. Ist die Anzahl der Elemente ungerade, so ist der Medianwert ein Wert der Folge, bei gerader Anzahl der Elemente ist er der Mittelwert der beiden mittleren Elemente.

Für die n Stichprobenwerte (n $\leqslant$ 100) ist ein Feld ST vorzusehen. Es ist zu rechnen mit n = 30; geben Sie dazu Stichprobenzahlen nach Ihrer Wahl zwischen 21 und 23 ein.

5.1/8 Ausgleichs- (oder Regressions-) Gerade. Liegen aus einer Zufallsstichprobe mit zwei Variablen x und y (z.B. gemessene Spannung y in Abhängigkeit vom Strom x) n Wertepaare vor, kann man eine optimale Ausgleichsgerade oder -parabel durch die Meßpunkte legen (Bestkurve).

Es wird hier die Ausgleichsgerade betrachtet:

$y = a_0 + a_1 \cdot x$

mit

$$a_0 = \frac{\left(\sum\limits_{i=1}^{n} y_i\right)\left(\sum\limits_{i=1}^{n} x_i^2\right) - \left(\sum\limits_{i=1}^{n} x_i\right)\left(\sum\limits_{i=1}^{n} x_i y_i\right)}{n \cdot \left(\sum\limits_{i=1}^{n} x_i^2\right) - \left(\sum\limits_{i=1}^{n} x_i\right)^2}$$

und

$$a_1 = \frac{n \cdot \left(\sum_{i=1}^{n} x_i y_i\right) - \left(\sum_{i=1}^{n} x_i\right)\left(\sum_{i=1}^{n} y_i\right)}{n \cdot \left(\sum_{i=1}^{n} x_i^2\right) - \left(\sum_{i=1}^{n} x_i\right)^2} \; .$$

Es ist die Ausgleichsgerade für m Fälle zu berechnen. Für jeden Fall sind die Zahl n der Wertepaare (n $\leqslant$ 20) sowie die Wertepaare selbst einzulesen, letztere in dafür vorgesehene Bereiche. Auszudrucken sind für jedes m die Wertepaare sowie die Gleichung der Ausgleichsgeraden.

Man rechne mit folgenden Werten:

m = 2

1. Fall: x_i: 20 40 60   80 100
             y_i: 31 63 91 128 170

2. Fall: x_i: 10 20 30   40   50   70   90 120 150
             y_i: 27 54 80 100 128 180 230 295 380 .

5.1/9   Korrelationskoeffizient. Bei Zufallsexperimenten treten Zufallsvariable auf, deren Grad des Zusammenhangs man als Korrelation bezeichnet und durch den „empirischen Korrelationskoeffizienten" r beschreibt.

Für zwei Zufallsvariable x und y lautet r:

$$r = \frac{\sum_{i=1}^{n} x_i y_i - \frac{1}{n}\left(\sum_{i=1}^{n} x_i\right)\left(\sum_{i=1}^{n} y_i\right)}{\sqrt{\left[\sum_{i=1}^{n} x_i^2 - \frac{1}{n}\left(\sum_{i=1}^{n} x_i\right)^2\right]\left[\sum_{i=1}^{n} y_i^2 - \frac{1}{n}\left(\sum_{i=1}^{n} y_i\right)^2\right]}} \; .$$

x_i und y_i sind die aus einer Stichprobe vom Umfang n ermittelten Wertepaare (z.B. Abnutzung von Hinter- und Vorderreifen von Fahrzeugen). Es gilt stets $-1 \leqslant r \leqslant +1$, und es ist stets $r = \pm 1$ genau dann, wenn die Punkte x_i und y_i (i = 1, 2, .., n) auf einer Geraden liegen.

Es ist ein Programm zu schreiben, das r für m vorzugebende Fälle berechnet. Die Wertepaare (x_i, y_i) werden jeweils in einen zweidimensionalen Bereich (n $\leqslant$ 20) eingelesen. Es sind auszudrucken die Wertepaare und das zugehörige r.

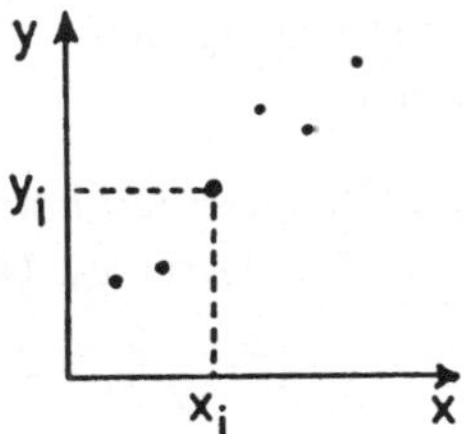

Man rechne mit folgenden Werten: m = 2:

1. Fall: x_i: 2   3   6   7

         y_i: 3   4   5   2

2. Fall: x_i: 860   1120   980   430   1380   1080   970   790   620   740

         y_i: 950   1460   1050   610   1480   1440   1100   810   930   810.

5.1/10   Quadratwurzel-Iteration. Zur Berechnung von $\sqrt{a}$ kann man folgendes Iterationsverfahren benutzen:

$$x_0 = \frac{a}{2}$$

$$x_{n+1} = \frac{3ax_n + x_n^3}{3x_n^2 + a} \quad (n = 0, 1, 2, \ldots).$$

Schreiben Sie die mit x_{n+1} angegebene Iterationsvorschrift als FUNCTION, und programmieren Sie die gesamte Iteration; sie ist zu beenden, sobald eine vorgegebene maximale Iterationszahl erreicht ist oder die relative Genauigkeit eine vorgegebene Grenze unterschreitet. Ist x_a der gerade iterierte Wert, so bestimmt sich hier die relative Genauigkeit aus dem Betrag des Quotienten $(x_a^2 - a)/a$.

Die einzelnen Iterationsschritte sind auszudrucken.

Wenden Sie das Programm auf folgende Eingaben an:

(1)   a = 193;   (2)   a = 5555;

in beiden Fällen:

relative Genauigkeit: 10^{-5},

maximale Iterationszahl: 20. (Vgl. Aufg. 5.1/11.)

5.1/11   Quadratwurzel-Iteration (Newton). Gegenüber Aufg. 5.1/10 besteht dieses Verfahren in folgender Iterationsvorschrift:

$$x_0 = \frac{1}{2}(1 + a)$$

$$x_{n+1} = x_n - \frac{x_n^2 - a}{2x_n} = \frac{1}{2} \cdot \left(x_n + \frac{a}{x_n}\right).$$

Hiernach ergibt sich also x_0 aus der allgemeinen Formulierung von x_{n+1}, wenn man $x_{-1} = 1$ setzt.

Bearbeiten Sie diese Aufgabe wie die Aufg. 5.1/10; falls Sie jene schon gelöst haben, genügt es also, nur die Funktion und den Anfangswert x_0 abzuändern. Vergleichen Sie die Konvergenz beider Verfahren!

5.1/12   Nullstelle einer Gleichung: Newton-Verfahren (höherer Ordnung). Gegeben ist eine Gleichung $f(x) = 0$. Eine geschätzte Nullstelle sei x_0. Nun läßt sich $f(x)$ durch eine Taylor-Entwicklung in x_0

$$f(x) = y_0 + y_0' \cdot \delta + y_0'' \cdot \frac{\delta^2}{2!} + \ldots$$

mit dem Schritt $x - x_0 = \delta$ darstellen. Abbrechen nach dem linearen Glied und Setzung $x = x_1$ liefern (unter der Voraussetzung $y'_0 \neq 0$) aus der Forderung $f(x) = 0$ die Newtonsche Verbesserungsformel 1. Ordnung

$$(X) \quad \delta = x_1 - x_0 = -\frac{y_0}{y'_0} .$$

Mitnahme des quadratischen Gliedes in der Entwicklung liefert

$$\delta = x_1 - x_0 = -\left(\frac{y_0}{y'_0} + \frac{y''_0}{2y'_0} \delta^2 \right) .$$

Setzt man rechtsseitig für δ den linearen Näherungswert aus (X) ein, erhält man als neue Lösungsnäherung

$$x_1 = x_0 - \frac{y_0}{y'_0} \left(1 + \frac{y_0 y''_0}{2 y'^2_0} \right) .$$

Ersetzt man nun die Entwicklung um x_0 durch die Entwicklung um x_1, erhält man als neue Näherung x_2 usw., insgesamt also die iterative Näherungsfolge $x_0, x_1, x_2, \ldots$

Es ist mit folgender Funktion zu rechnen:

$$f(x) = x^2 - \sqrt{x} - 2 \quad (= 0).$$

Diese Funktion sowie ihre benötigten Ableitungen sind im Programm durch je eine FUNCTION zu definieren.

Eine Nullstellennäherung erhalten Sie am besten aus einer Tabelle x, f(x). Die Iteration ist so oft durchzuführen, bis der Funktionswert $< 10^m$ ist ($m < 0$ ist einzulesen). Sehen Sie über eine Kennziffer-Steuerung vor, daß die Funktionstabelle für die Abschätzung der Näherungslösung auf Wunsch unterdrückt wird.

Rechnen Sie mit $m = -5$. Außer der u.U. gewünschten Funktionstabelle sind sämtliche Iterationen sowie das Ergebnis auszudrucken.

5.1/13 Nullstellenbestimmung durch die Regula falsi (linear).

Beispiel:

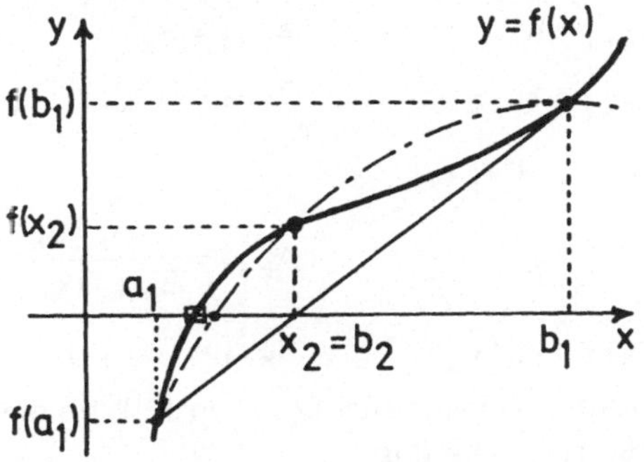

Gegeben ist eine Funktion $f(x)$ und ein a_1 mit dem Funktionswert $f(a_1) < 0$ sowie ein b_1 mit $f(b_1) > 0$.

Allgemeine Iterationsvorschrift für die $(k+1)$-te Näherung aus der k-ten Näherung:

$$x_{k+1} = b_k - f(b_k) \cdot \frac{b_k - a_k}{f(b_k) - f(a_k)} \, ,$$

also zunächst

$$x_2 = b_1 - f(b_1) \cdot \frac{b_1 - a_1}{f(b_1) - f(a_1)} \, .$$

Falls $f(x_2) \neq 0$, ist für $f(x_2) > 0$ der Wert b_1 durch $x_2 = b_2$ zu ersetzen; für $f(x_2) < 0$ ist a_1 durch $x_2 = a_2$ zu ersetzen... usw. Die Iteration erfolgt, bis eine vorgegebene Genauigkeit erreicht oder $f(x_{k+1}) = 0$ ist.

Die Rechnung ist für die Funktion

$$f(x) = x^x \cdot e^{-x} \cdot \sqrt{2\pi x} - 24$$

durchzuführen; es ist eine Tabelle auszugeben, die k, x_k und $f(x_k)$ enthält. Man beginne mit dem Intervall $a_1 = 2{,}5$ und $b_1 = 5$ und rechne, bis $f(x_k) \leqslant 10^{-4}$ ist.

5.1/14 Nullstellenbestimmung durch die verfeinerte Regula falsi (parabolisch). Man stütze sich dabei auf die vorhergehende Aufgabe und ihre Beispielskizze.

Der erste Schritt erfolgt wie dort. Damit hat man drei Zuordnungen a_1, $f(a_1)$ und b_1, $f(b_1)$ und x_2, $f(x_2)$. Entsprechend stehen ab sofort drei Punkte zur Verfügung, durch die man eine Parabel (strichpunktiert) legen kann und so bessere Konvergenz erhält. Dies führt zu folgender Rechenvorschrift:

(1) Man setze zunächst $A_1 = f(a_1)$, $B_1 = f(b_1)$

(2) Iteration: $x_{k+1} = b_k - B_k \cdot \dfrac{b_k - a_k}{B_k - A_k}$

(für $k = 1$ also gleiche Formel wie oben).

(3) Neue Setzung:

(a) für $B_k \cdot f(x_{k+1}) < 0$:

$$a_{k+1} = b_k \qquad\qquad A_{k+1} = B_k$$
$$b_{k+1} = x_{k+1} \qquad\qquad B_{k+1} = f(x_{k+1})$$

(b) für $B_k \cdot f(x_{k+1}) > 0$:

$$a_{k+1} = a_k \qquad\qquad A_{k+1} = \frac{A_k \cdot B_k}{B_k + f(x_{k+1})}$$
$$b_{k+1} = x_{k+1} \qquad\qquad B_{k+1} = f(x_{k+1}).$$

Damit berechne man ein neues x_{k+1} (ab (2)), bis die vorgegebene Genauigkeit erreicht oder $f(x_{k+1}) = 0$ ist.

Führen Sie die Rechnung mit der in Aufg. 5.1/13 angegebenen Funktion und den weiteren dortigen Angaben durch, und vergleichen Sie die beiden Verfahren.

5.1/15   Nullstellenbestimmung durch kontrahierende Iteration. Das Verfahren dient der Nullpunktsbestimmung von Funktionen unter bestimmten Bedingungen; es läßt sich dann anwenden, wenn es gelingt, die Aufgabe $F(x) = 0$ so in die Gestalt $x = f(x)$ zu bringen, daß die Iteration $x_{n+1} = f(x_n)$ konvergiert. Hierzu müssen folgende Bedingungen erfüllt sein:

für $x \in [a, b]$ gilt $f(x) \in [a, b]$

sowie

für $x \in [a, b]$ gilt $|f'(x)| < 1$.

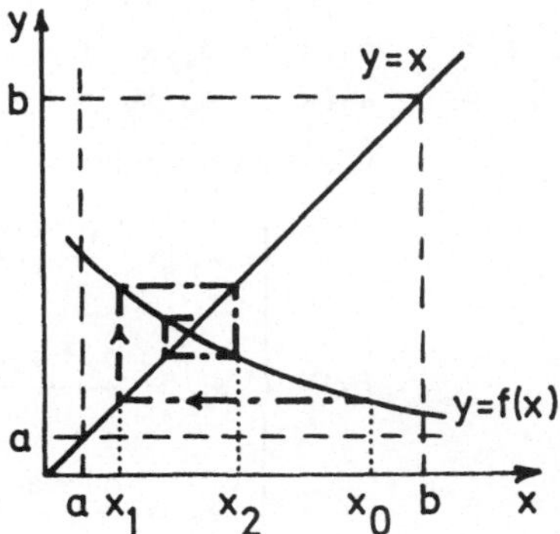

Man programmiere folgendes Beispiel und rechne es durch, bis der Differenzbetrag zweier aufeinanderfolgender Iterationswerte kleiner als 10^{-5} ist:

$$F(x) = x^3 - x^2 - x - 1.$$

Die Auflösung $x = x^3 - x^2 - 1$ für $F(x) = 0$ liefert jedoch keine konvergente Iteration, wie man sich leicht vergewissert. Formt man dies jedoch um in

$$x = 1 + \frac{1}{x} + \left(\frac{1}{x}\right)^2,$$

so ist die rechte Seite $f(x)$ jetzt kontrahierend, wie eine Untersuchung der obigen Ableitungsbedingung zeigt. Damit ist folgende Iterationsvorschrift für einen neuen Näherungswert x_{n+1} unter Benutzung des zuvor berechneten x_n gegeben:

$$x_{n+1} = f(x_n) = 1 + \frac{1}{x_n} + \left(\frac{1}{x_n}\right)^2.$$

x_0 ist eine einzulesende Iterationsvorgabe als Näherungswert der Nullstelle (hieraus berechnet sich dann x_1, damit x_2 usw.).

Geben Sie sich einen Näherungswert x_0 für die Nullstelle vor (z.B. $x_0 = 2$), und drucken Sie eine Tabelle folgender Art aus:

n	x	F(x)
1	(x_0)	....
....	....	....

5.1/16   Gauß-Seidel-Verfahren. Das Gauß-Seidel-Verfahren ermöglicht es, ein lineares Gleichungssystem $Ax = b$ iterativ zu lösen. Dazu wird vorausgesetzt, daß der Betrag jedes Diagonalelementes größer ist als die Summe der Beträge aller weiteren Zeilenelemente. Dann kann man die Gleichungen (hier beschränken wir uns auf 3 Gleichungen)

$$a_{11}x_1 + a_{12}x_2 + a_{13}x_3 = b_1$$
$$a_{21}x_1 + a_{22}x_2 + a_{23}x_3 = b_2$$
$$a_{31}x_1 + a_{32}x_2 + a_{33}x_3 = b_3$$

wie folgt umstellen:

$$(X) \quad \begin{cases} x_1 = \dfrac{b_1 - a_{12}x_2 - a_{13}x_3}{a_{11}} \\[2ex] x_2 = \dfrac{b_2 - a_{21}x_1 - a_{23}x_3}{a_{22}} \\[2ex] x_3 = \dfrac{b_3 - a_{31}x_1 - a_{32}x_2}{a_{33}} \end{cases}$$

Bei der ersten Näherung setzt man

$$x_1^1 = \frac{b_1}{a_{11}}$$

$$x_2^1 = \frac{b_2 - a_{21}x_1^1}{a_{22}}$$

$$x_3^1 = \frac{b_3 - a_{31}x_1^1 - a_{32}x_2^1}{a_{33}}$$

Der nächste Iterationsschritt besteht darin, diese Näherungswerte rechtsseitig in das System (X) einzusetzen, woraus man wieder neue — bessere — Näherungswerte bekommt, die man dann zur 3. Näherung in (X) benutzt usw.

Man gehe von obigem (3×3)-Gleichungssystem aus. Einzulesen sind die geforderte Genauigkeit sowie die maximale Zahl der Iterationen (sicherheitshalber), außerdem das System. Die Ausgabe soll beinhalten die eingelesenen Werte sowie die Ergebnisse aus allen Iterationen.

Rechnen Sie speziell folgendes Beispiel:

Genauigkeit: 10^{-6}; maximale Zahl: 100

$$A = \begin{pmatrix} 25 & -3 & 2 \\ -1 & 21 & -2 \\ -2 & 1 & -30 \end{pmatrix} \qquad b = \begin{pmatrix} 61 \\ -67 \\ -37 \end{pmatrix}$$

5.1/17   Determinante. Es ist die Determinante einer (nxn)-Matrix nach folgender Vorschrift zu bestimmen.

Durch Linearkombinationen — etwa der Zeilen — sind alle Elemente, die unterhalb der Hauptdiagonalen stehen, zu Null zu machen.

Sei $A = (a_{ik})$ (i, k = 1, ..., n) die gegebene quadratische Matrix. Dann läßt sie sich zunächst überführen in die Matrix A' mit folgender Gestalt:

$$A' = \begin{pmatrix} a_{11} & a_{12} & \cdots\cdots & a_{1n} \\ 0 & a'_{22} & \cdots & a'_{2n} \\ \vdots & \vdots & & \vdots \\ 0 & a'_{n2} & \cdots & a'_{nn} \end{pmatrix} \quad .$$

Aus dieser Matrix ergibt sich die neue Matrix

$$A'' = \begin{pmatrix} a_{11} & a_{12} & \cdots\cdots\cdots & a_{1n} \\ 0 & a'_{22} & \cdots\cdots\cdots & a'_{2n} \\ 0 & 0 & a''_{33} \cdots & a''_{3n} \\ \vdots & \vdots & \vdots & \vdots \\ 0 & 0 & a''_{n3} \cdots & a''_{nn} \end{pmatrix} \quad \text{usw.}$$

Vor der notwendigen Division durch ein Diagonalelement a_{11}, a'_{22}, a''_{33} usw. muß man sich vergewissern, daß es ungleich 0 ist. Ist es aber 0 und gleichzeitig ein Element dieser Spalte unter der Diagonalen ungleich 0, läßt sich dieses Element durch Zeilenvertauschung in die Diagonale bringen. Hieraus folgt nur eine Vorzeichenänderung der Determinante. Verschwinden aber alle Elemente der gerade betrachteten Spalte auf der Diagonale und darunter, nimmt die Determinante den Wert 0 an. Andernfalls bestimmt sich der Determinantenbetrag nach vollständiger Umformung aus dem Produkt der Diagonalglieder. Das Vorzeichen ist gesondert festzustellen.

Man deklariere eine maximal (5 $\times$ 5)-Matrix; die Speicherplätze lassen sich gleichzeitig für A', A'' usw. mitverwenden, so daß keine Neudimensionierung dafür erforderlich ist. (Betrachten Sie dazu die Struktur dieser Matrizen.)

Außer der Matrix-Ordnung sind die Matrix-Elemente a_{ik} einzulesen. Auszugeben sind die Matrix und der Determinantenwert. Berechnen Sie beispielhaft die Determinante folgender Matrix:

$$A = \begin{pmatrix} 3 & -1 & 2 & 4 & 0 \\ 2 & 3 & 1 & -2 & 1 \\ 1 & -2 & 2 & -1 & 0 \\ 4 & 3 & -2 & 1 & -1 \\ -1 & 3 & 2 & -1 & 1 \end{pmatrix}$$

5.1/18 Es ist eine (5 × 5)-Matrix A einzulesen; darin ist das kleinste Element derjenigen Zeile bzw. Spalte zu bestimmen, deren Elemente die größte Zeilensumme bzw. größte Spaltensumme bilden. Falls die maximale Summe bei mehreren Zeilen bzw. Spalten auftritt, ist die erste dieser Zeilen bzw. Spalten zu nehmen. Falls das kleinste Element mehrfach auftritt, soll das letzte davon genommen werden.

Testen Sie mit einer Matrix Ihrer Wahl. Geben Sie die Matrix aus, rechts daneben die Zeilensummen, unter der Matrix die Spaltensummen, außerdem die Ergebnisse.

5.1/19 Zwei (n x m)-Matrizen X und Y (n, m ≤ 10) sind auf Gleichheit ihrer Komponenten zu prüfen, und das Ergebnis ist in einer Matrix Z darzustellen: darin wird in der gleichen Matrix-Stelle, an der die momentane Prüfung stattfindet, eine 0 gesetzt für Gleichheit, eine 1 für Ungleichheit.

Die Matrizen X, Y und Z sind — mit Kurztext — untereinander auszugeben.

Man rechne folgendes Beispiel:

n = 5, m = 4:

$$X = \begin{pmatrix} -2,5 & 3 & 1,2 & 1,7 \\ 1,5 & -0,3 & -3,1 & 2,4 \\ 4,7 & 1,8 & 2,9 & -3,1 \\ 0 & 4,1 & -8,2 & 6,1 \\ 0,1 & -2,8 & -1,5 & 3,5 \end{pmatrix}$$

$$Y = \begin{pmatrix} -2,5 & 3 & 1,3 & 1,7 \\ 1,4 & -0,3 & -3,1 & 2,4 \\ 4,7 & 1,8 & 2,8 & -3,2 \\ 0 & 4 & -8,2 & 6,1 \\ 0,2 & 2,8 & -1,5 & 3,5 \end{pmatrix} .$$

Machen Sie auch einen Testlauf mit X = Y.

5.1/20 Kehrmatrix. Invertieren einer Matrix nach dem Stiefel-Verfahren. Es wird eine quadratische Matrix A mit maximal 5 Zeilen/Spalten eingelesen. Zur Berechnung der inversen Matrix gilt nun folgender Algorithmus:

(1) Die Matrix A wird um eine zusätzliche (Keller-)Zeile erweitert.

(2) In der ersten Zeile wird als Pivot-Element das betragsgrößte Zeilenelement ausgewählt. Ist dieses gleich Null, ist auch det A = 0 und eine Invertierung nicht möglich. Die Zeile, in der sich ein Pivot befindet, wird generell als Pivot-Zeile, die zugehörige Spalte als Pivot-Spalte bezeichnet.

(3) In der Kellerzeile werden (außer in der Pivot-Spalte) die durch den Pivot dividierten und im Vorzeichen geänderten Elemente der Pivot-Zeile eingetragen.

(4) Die Elemente (außer Pivot) in der Pivot-Spalte werden durch den Pivot dividiert, der Pivot selbst invertiert (reziproker Wert).

(5) Die übrigen Elemente der Pivot-Zeile werden aus der Kellerzeile übernommen.

(6) Zu den übrigen Elementen wird das Produkt aus dem (nach (3) vorhandenen) gleichzeiligen Element der Pivot-Spalte und dem gleichspaltigen Element der Kellerzeile addiert.

(7) Das Verfahren wird mit der nächsten Zeile ab (2) fortgesetzt, bis es auf alle Zeilen angewandt ist.

Es sei darauf hingewiesen, daß es hierzu einige Varianten in der Austauschfolge gibt. Im allgemeinen wird es notwendig sein, sich die Reihenfolge der Pivotisierung zu merken, um am Schluß die erhaltene Matrix richtig ordnen zu können.

Ein kleines Beispiel zum oben angegebenen Algorithmus:

$$A = \begin{pmatrix} 3 & 2 \\ 1 & -1 \end{pmatrix} .$$

Die einzelnen Schritte:

$$\begin{array}{cc} \boxed{3} & 2 \\ 1 & -1 \\ \hline \end{array}$$

Kellerzeile:

$$-\frac{2}{3}$$

Die Pivot-Elemente sind durch Einkreisung hervorgehoben.

$$\begin{array}{cc} \frac{1}{3} & -\frac{2}{3} \\ \frac{1}{3} & \left(-\frac{5}{3}\right) \end{array}$$

$$\frac{1}{5}$$

$$\begin{array}{cc} \frac{1}{5} & \frac{2}{5} \\ \frac{1}{5} & -\frac{3}{5} \end{array}$$

Damit ist

$$A^{-1} = \begin{pmatrix} \frac{1}{5} & \frac{2}{5} \\ \frac{1}{5} & -\frac{3}{5} \end{pmatrix} ,$$

wie man sich durch Bildung von $A \cdot A^{-1} = I$ (I = Einheitsmatrix) leicht vergewissert.

Man wende das Programm auf folgende Ausgangsmatrix an:

$$A = \begin{pmatrix} 17 & 21 & -18 & 3 \\ 0 & 10 & 3 & 15 \\ 33 & -14 & 17 & 0 \\ -14 & 25 & 21 & 10 \end{pmatrix} .$$

5.1/21 Matrizenmultiplikation. Man multipliziere zwei Rechteckmatrizen A_{mn} und B_{nm} ($m, n \leq 10$) miteinander. Hierzu lese man in einem Hauptprogramm die Rechteckdaten m, n sowie die Komponenten der Matrizen ein und schreibe die Eingaben sowie die Endmatrix aus. Für die Elemente der Produktmatrix C gilt:

$$c_{ik} = \sum_{j=1}^{n} a_{ij}b_{jk} \quad (i = 1, \ldots, m; \ k = 1, \ldots, m).$$

Man schreibe ein Programm zur Multiplikation der beiden Matrizen.

5.1/22 Lohnauszahlung. Für eine einzulesende Zahl von Lohnempfängern liegen paarweise Namen und Auszahlungsbetrag vor, die ebenfalls einzulesen sind (Namen sollen als String, Lohngelder als Zahlen eingelesen werden).

Zur Auszahlung stehen folgende Geldmittel zur Verfügung:

an Scheinen: 1000,   500,   100,   50,   20,   10 DM,
an Hartgeld: 5,   2,   1 DM;   50,   10,   5,   2,   1 Pf.

Die Auszahlung soll derart erfolgen, daß die Zahl an Geldscheinen und Hartgeld jeweils minimal ist.

Es sind zu jedem Lohnempfänger der Auszahlungsbetrag und die Geldverteilung auszudrucken. Außerdem ist am Ende die von jeder Geldeinheit benötigte Gesamtanzahl sowie die Gesamtsumme der Auszahlungsbeträge auszugeben.

Zur Eingabe verwende man folgende Daten:

Mozart, Wolfgang	1923,18 DM
Wagner, Richard	4357,77
Schubert, Franz	2905,23
Bach, Johann	1518,91
Windgassen, Wolfgang	3831,54
Beethoven, Ludwig	1719,10
Strauss, Johann	2843,41
Smetana, Friedrich	4124,39
Rigoletto	3001,02

5.1/23 Sortieren von Zahlen. In ein Feld sind 20 beliebige Zahlen einzulesen. Sie sollen in aufsteigender Folge sortiert und in Viergruppen wieder ausgegeben werden. Das Sortieren erfolgt durch Vertauschen in folgender Art: das erste Feldelement wird mit den Elementen zwei, drei ... zwanzig verglichen, bei erfülltem Vergleich werden die beiden Elemente vertauscht, und der Vergleich des jetzt ersten Elementes mit den übrigen wird fortgeführt. Nach diesem Durchlauf ist das erste Element des Feldes die kleinste Zahl. — Das Verfahren wird mit dem noch nicht sortierten Teil des Feldes fortgesetzt, bis das gesamte Feld sortiert ist. Die Anzahl der Vertauschungen ist zu zählen und mit auszugeben. Drucken Sie außerdem die eingegebene und die sortierte Zahlenfolge aus.

5.1/24   Sortieren durch Suchen („Bubblesort"). Eine ungeordnete Zahlenfolge ist vorgegeben. Zum Sortieren vergleicht man — von links nach rechts gehend — alle benachbarten Zahlenpaare und vertauscht sie, falls sie nicht aufsteigend geordnet sind. Damit wird im 1. Durchgang das Maximum an die letzte Stelle getauscht ... im zweiten Durchgang entsprechend das zweitgrößte Element an die vorletzte Stelle usw. Nach maximal $n-1$ Durchgängen steht somit das zweitkleinste Element an 2. Stelle, und das Feld ist vollständig geordnet.

Um nicht unnötig viele Durchläufe zu machen, setzt man sich zu Anfang eines Durchganges eine Kennziffer auf 0; sobald während dieses Durchganges ein Vertauschen erfolgt, wird diese Marke auf 1 gesetzt, so daß man am Ende des Durchganges erkennen kann, ob überhaupt noch ein Vertauschen notwendig war. Wenn dies nicht der Fall war (also die Kennziffer auf 0 geblieben ist), ist die Folge bereits geordnet, und weitere Rechnungen können unterbleiben.

Legen Sie maximal 20 Elemente für das Feld zugrunde, und rechnen Sie das Programm mit folgenden Werten:

n = 10 (einzulesen)

unsortierte Folge: 4   20   12   8   16   6   10   14   2   18.

Von der unsortierten bis zur sortierten Folge sind die einzelnen Durchläufe tabellarisch auszugeben (horizontal steht jeweils die Zahlenfolge, darunter die Folge aus dem nächsten Vergleichsgang).

Man bezeichnet dieses Verfahren auch als „Bubblesort", da die jeweiligen Größtwerte wie Gasblasen in einer Flüssigkeit nach „oben" (also ans rechte Ende) steigen.

5.1/25   Sortieren durch Auswahl. Ein Feld ist aufsteigend derart zu ordnen, daß beim ersten Durchgang alle Zahlen der Reihe nach (sequentiell) nach dem Minimum abgesucht werden, das dann die erste Stelle einnimmt. In einem zweiten Durchlauf wird nun die restliche Liste nach dem zweitkleinsten Element durchsucht, das an die zweite Stelle gesetzt wird usw. Nach $n-1$ Durchgängen ist das Sortieren beendet, da nach Einordnung des zweitgrößten Elementes auch das größte richtig steht.

Rechnen Sie ein Beispiel mit den Angaben aus Aufg. 5.1/24.

5.1/26   Geben Sie die Verknüpfung für folgende Schalteranordnung an (die Birne B soll brennen für B = logisch „wahr"). Die Schalterstellungen seien mit S1, ..., S7 vorgegeben;

S = TRUE bedeutet, daß der Schalter geschlossen ist (also S = FALSE heißt: Schalter offen). Schreiben Sie die Verknüpfung zunächst als Logik-Funktion, dann als Pascal-Anweisung.

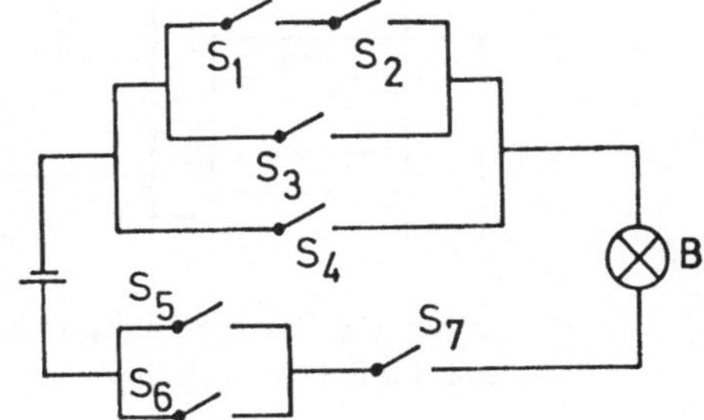

5.1/27   Welchen Wert hat ERGEB nach Durchlaufen folgender Anweisungen? Unterscheiden Sie Fall A und Fall B.

```
         :
      VAR ERGEB,K:  BOOLEAN;
          A,POT   :  REAL;
          F       :  INTEGER;
        BEGIN                    {2 UNTERSCHIEDLICHE VERSIONEN}
           A:=0.57;
     {A} F:=TRUNC(A+0.25);        { B:    F:=ROUND(A+0.25) }
           POT:=F*F*F;
           K:=F<>POT;
           ERGEB:=(F+1<A-2) OR (ABS(POT)>0) AND NOT K;
         :
```

5.1/28   Eine logische Funktion ist durch folgenden Logikplan gegeben. Programmieren Sie die Anweisung zur Berechnung von y:

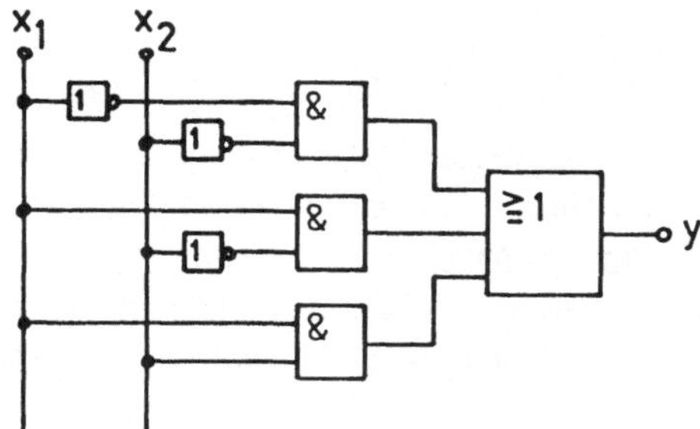

Die Bedeutung der Verknüpfungszeichen (von links nach rechts) ist:
— logisch NICHT (NOT)
— logisch UND (AND)
— logisch ODER (OR).

5.1/29   Ein Halbaddierer (zur Addition zweier Bits A und B mit Übertrag U und Rest R) läßt sich durch folgenden Logikplan darstellen (vgl. Aufg. 5.1/28):

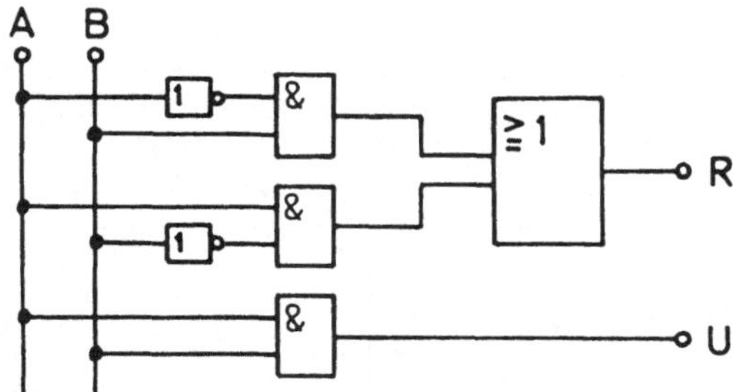

Geben Sie Pascal-Anweisungen zur Berechnung von R und U an, die Ausgabe soll mit 0 und 1 erfolgen.

5.1/30   Nachstehende Logikpläne erfüllen beide die gleiche logische Funktion. Dies ist dadurch nachzuweisen, daß man dem jeweiligen Logikplan die zugehörige Funktionaldarstellung entnimmt, diese programmiert und für alle möglichen Bitkombinationen aus den Eingängen für beide Funktionen parallel berechnet. Die Bitkombinationen sind im Programm zu generieren (Schleife). In Tabellenform sind auszudrucken

— die Bitkombinationen der Eingänge (x_i) sowie
— die beiden zugehörigen Ergebniswerte aus beiden Funktionen.

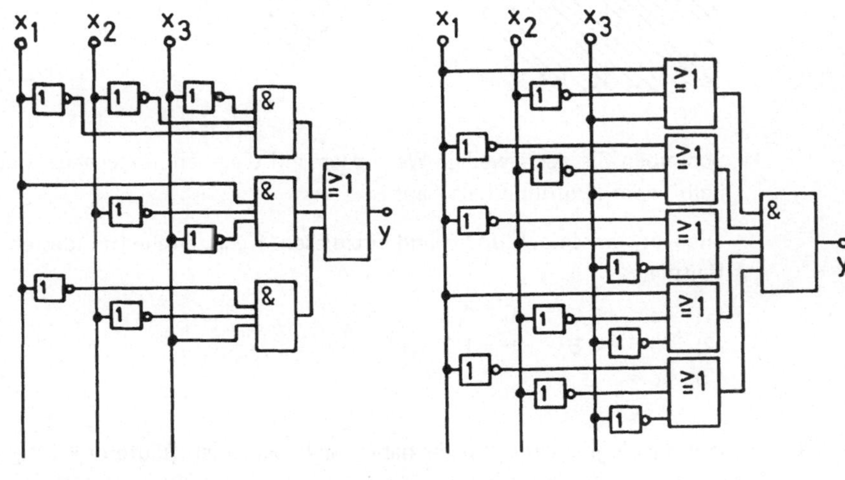

disjunktive Normalform   konjunktive Normalform

5.1/31   Ein Programm soll die Gültigkeit eines (x, y)-Wertes dadurch festlegen, daß er in dem schraffierten Bereich (einschließlich Rand) liegt. Im Programm ist ein Bereich für maximal 30 (x, y)-Paare zu definieren, in den die (x, y)-Werte zunächst eingelesen werden. Die Ausgabe soll wie in Aufg. 4.2/23 erfolgen, zur Beispielrechnung sind die dort angegebenen Wertepaare zu benutzen.

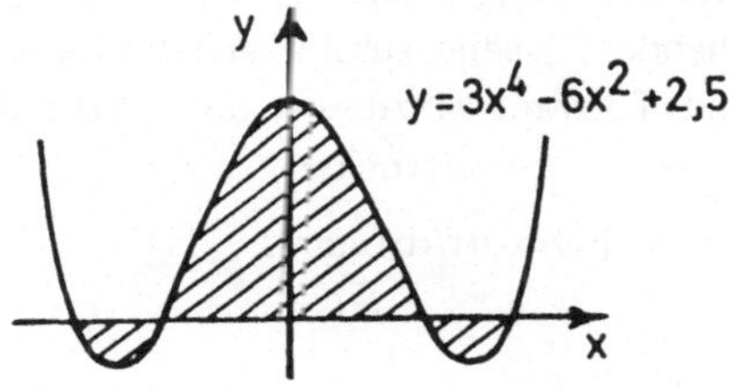

5.1/32 Erstellen Sie ein Programm, das es ermöglicht, die Gültigkeit eines (x, y)-Wertes dadurch festzulegen, daß er in dem schraffierten Bereich (einschließlich Rand) liegt, und testen Sie es durch Vorgabe von 10 vorher in einen Bereich einzulesender Wertepaare.

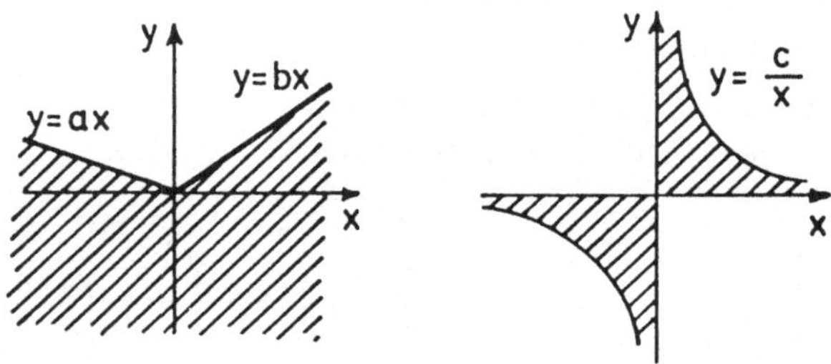

Schreiben Sie das jeweilige Wertepaar und daneben „innerhalb" oder „außerhalb" oder „Pol/innerhalb" aus.

Die Konstanten a, b und c sind einzulesen. Rechnen Sie (mindestens) folgende Beispiele:

(1) $a = 0,7$; $b = 0,3$
(2) $a = -0,5$; $b = 1,2$
(3) $c = 1.$

5.1/33 Aussagenlogik. Drei Jungen haben sich bei einer Rauferei kräftig geprügelt, doch will sie keiner begonnen haben:

Alex sagt, Björn lügt.
Björn sagt, Chris lügt.
Chris sagt, Alex und Björn lügen.

Wer von ihnen sagt nun wirklich die Wahrheit, wer lügt? Schreiben Sie ein Programm, das diese Frage klärt!

5.1/34 Internationaler Farbcode. In der Elektrizitätslehre werden elektrischen Widerständen und Kondensatoren farbige Ringe oder Punkte zugeordnet, wie sie auszugsweise in nachstehender Tabelle zusammengefaßt sind. Es ist jeweils ein Widerstandswert mit Toleranz einzulesen und zusammen mit der zugehörigen Farbkombination wieder auszudrucken.

Beispiel: 4,7 kOhm ± 5 %:   gelb/violett/rot/gold.

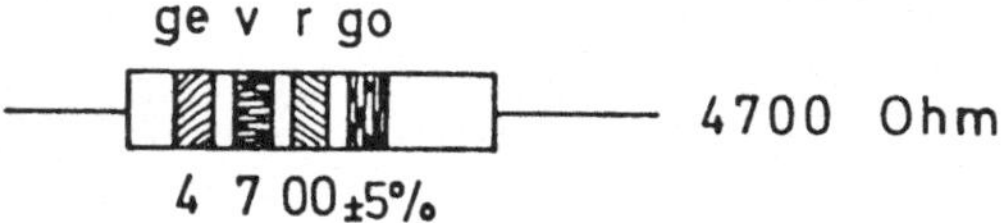

Farbe	1.	2.	3.	4. Ring/Punkt
schwarz	0	0	keine 0	± 0,5 %
braun	1	1	0	± 1 %
rot	2	2	00	± 2 %
orange	3	3	000	
gelb	4	4	0 000	
grün	5	5	00 000	
blau	6	6	000 000	
violett	7	7		± 30 %
grau	8	8		
weiß	9	9		
gold			x 0,1	± 5 %
silber			x 0,01	± 10 %

Folgende Beispiele sind zu rechnen:

2,2 kOhm	± 0,5 %	,	47 kOhm	± 10 %	,
1 MOhm	± 30 %	,	220 Ohm	± 5 %	,
4,7 kOhm	± 1 %	,	68 kOhm	± 5 %	,
330 kOhm	± 10 %	,	10 kOhm	± 2 %	.

Sobald der Widerstandswert 0 eingelesen wird, soll die Rechnung beendet werden.

5.1/35 Kurvenausdruck. Schreiben Sie eine Prozedur, die für eine aktuelle Abszisse die Ordinate einer Funktion wahlweise ohne Nullinie (Kennziffer 0), mit punktierter Nullinie (Kennziffer 1) bzw. als Sternchensäule (******) von der Nullinie bis zum Ordinatenwert (Kennziffer 2) ausdruckt. Es werden folgende Angaben zur Verfügung gestellt:

Kennziffer, Feldbreite des Kurvenausdrucks (in Druckpositionen), minimaler negativer Funktionswert „links", maximaler positiver Funktionswert „rechts", aktueller Funktionswert y. Bei der Kurven-Druckzeile sollen die beiden äußersten Punkte des Kurvenbereichs in jeder Zeile je durch ein „I" markiert werden, für den Kurvenverlauf selbst benutze man Sternchen (*).

Testen Sie die drei Kennziffervariationen für folgende Funktion:

$$y = x^3 - 2 \cdot x^2.$$

Lesen Sie ein: Kennziffer (0, 1, 2), Zahl N der Stützstellen (hier zu rechnen mit N = 26], Kurven-Feldbreite (hier 41 Druckpositionen), Minimalwert „links" (hier: − 1,2), Maximalwert „rechts" (hier: 3,2), $\Delta x = 0,1$ (beginnend bei x = 0).

5.2   Rekursive Unterabläufe

5.2/1   Was verstehen Sie vergleichend unter iterativer und rekursiver Programmierung?

5.2/2   Formulieren Sie die Lösung zu Aufg. 4.1/7 in Gegenüberstellung mittels einer
iterativen und einer rekursiven FUNCTION: iterativ: $n! = 1 \cdot 2 \cdot 3 \cdot \ldots \cdot n$,
rekursiv: $n! = n \cdot (n-1)!$ mit $0! = 1$. Berechnen Sie damit beispielsweise 7!.

5.2/3   Lösen Sie Aufg. 4.1/1 unter Verwendung einer rekursiven FUNCTION für die
Summe: für $y_n = \sum_{i=1}^{n} a_i$ gilt $y_n = y_{n-1} + a_n$ (für alle $n \geq 1$) mit der Initialisierung $y_0 = 0$. Rechnen Sie als Beispiel mit $a_i = i$, $n = 5$.

5.2/4   Schreiben Sie ein Programm zu Aufg. 4.1/22, wobei die Berechnung der Fibonacci-Zahlen mit einer rekursiven FUNCTION durchzuführen ist. Stellen
Sie grafisch dar („Aufruf-Baum", Rekursionsbaum), welche rekursiven Aufrufe schon für $n = 6$ notwendig sind.

5.2/5   Schreiben Sie für Aufg. 4.1/6 die Berechnung der Potenz als rekursive FUNC-
TION: $y_n = x \cdot y_{n-1}$ für $n \geq 1$, $y_0 = 0$ für $n = 0$. Beispiel: $(-1,5)^3$.

5.2/6   Pascalsches Dreieck. Das Pascalsche Dreieck beinhaltet die Binomialkoeffi-
zienten aus der Entwicklung

$$(a + b)^n = \sum_{\nu=0}^{n} \binom{n}{\nu} a^{n-\nu} b^{\nu} \quad (n \geq 0, \text{ganzzahlig}).$$

Formal ergeben sich die Koeffizienten für ein bestimmtes n als Summe der
beiden links und rechts darüber stehenden Koeffizienten, die Randelemente
sind 1.

Die ersten Zeilen lauten:

```
n              Koeffizienten
0                    1
1                 1     1
2              1     2     1
3           1     3     3     1
.
.
.
```

Das Programm soll das Pascalsche Dreieck mit einer rekursiven FUNCTION
berechnen und in obiger Form folgendermaßen ausdrucken:

Spalte n	Koeffizienten- dreieck	Spalte Summe der Koeffi- zienten

Als Kontrolle kann dienen, daß die Summe der Koeffizienten einer Zeile für n gleich 2^n ist.

Lassen Sie rechnen bis n = 10; für die Rekursion läßt sich folgender einfache Zusammenhang zwischen den Elementen der i-ten Zeile und denen der (i-1)-ten Zeile verwenden ($a_{i,j}$ sei das j-te Element der i-ten Zeile; i = 0, 1,..., n; j = 0, 1,..., i):

$$a_{i,j} = \begin{cases} 1 \text{ für } i = j \quad \text{oder} \quad j = 0 \\ a_{i-1,j-1} + a_{i-1,j} \text{ in den übrigen Fällen.} \end{cases}$$

5.2/7   Größter gemeinsamer Teiler. Es sind zwei natürliche Zahlen a und b einzulesen, von denen der größte gemeinsame Teiler (GGT) zu bestimmen ist. Diese drei Werte sind auch auszugeben.

Der Algorithmus (Euklid) ist wie folgt vorgegeben:

(1) a = b: a ist wie b GGT von a und b;

(2) a < b: a und b werden vertauscht, womit man Fall (3) erhält;

(3) a > b: 1. Man dividiert a durch b und erhält den Rest R_1.

           2. Division b durch R_1 ergibt Rest R_2.

           3. Division R_1 durch R_2 liefert Rest R_3.

           :

           n. Division R_{n-2} durch R_{n-1} ergibt Rest R_n.

           n + 1. Division R_{n-1} durch R_n ergibt Rest 0.

Der Algorithmus ist damit beendet, und R_n ist der GGT von a und b.

Beispiel: a = 3042, b = 2223

$$3042 = 1 \cdot 2223 + 819$$
$$2223 = 2 \cdot 819 + 585$$
$$819 = 1 \cdot 585 + 234$$
$$585 = 2 \cdot 234 + 117$$
$$234 = 2 \cdot 117 + \quad 0, \text{ also GGT ist 117.}$$

Schreiben Sie ein Programm, und testen Sie es mit folgenden Werten:

a	/	b
5		5
27		198
1271		527
5976		1224 .

Zur Berechnung des GGT ist eine FUNCTION zu verwenden.

5.2/8   Es ist eine FUNCTION INTEG 1 zu schreiben, die wahlweise den Integrations-Näherungswert aus einem der folgenden drei Verfahren liefert (Kennziffer 1 bis 3):

1) Sehnentrapezregel:

$$\int_a^b f(x)\,dx \approx R_n = h\left\{\frac{1}{2}\cdot f(a) + \sum_{j=1}^{n-1} f(a+jh) + \frac{1}{2}\cdot f(b)\right\}$$

2) Tangententrapezregel:

$$\int_a^b f(x)\,dx \approx T_n = 2h\sum_{j=1}^{n/2} f(a+(2j-1)\,h)$$

3) Simpsonformel:

$$\int_a^b f(x)\,dx \approx S_n = \frac{1}{3}(T_n + 2\cdot R_n),$$

wobei jeweils n gerade und h = (b − a)/n ist.

Zur Berechnung nach 3) lassen sich 1) und 2) wiederum als Unterabläufe verwenden.

Unter Verwendung von INTEG 1 ist nun noch folgende FUNCTION INTEG 2 zu schreiben (Rekursiv-Verfahren):

4) Romberg-Verfahren:

$$I_{n,0} = R_i \ (R_i \text{ aus INTEG 1}), \ i = 2^n$$

$$I_{n,k} = \frac{4^k I_{n,k-1} - I_{n-1,k-1}}{4^k - 1}\ ; k = 1, \ldots, n.$$

$I_{n,n}$ ist das zu berechnende Integral.

Die Namen INTEG 1/2 enthalten das Integrationsergebnis.

Die zu integrierende Funktion ist mittels einer FUNCTION zu definieren.

Berechnen Sie für alle angegebenen Verfahren die Näherungswerte für das Integral

$$\int_0^1 f(x)\,dx \text{ mit } f(x) = \sqrt{1-x^2}.$$

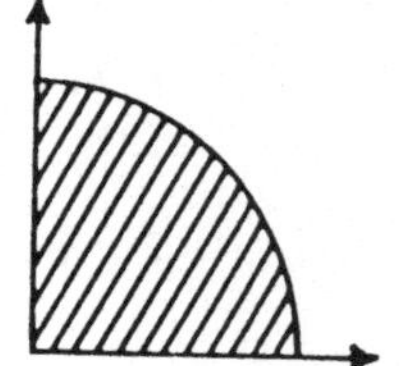

Die Näherungen führe man in den Fällen 1) bis 3) durch für n = 4, 8, 16, 32 und 100, im Fall 4) für n = 2 bis n = 7.

Genaues Ergebnis: $\frac{\pi}{4}$.

Man schreibe eine Tabelle aus, die außer der Angabe des Verfahrens auch n und den zugehörigen Integrationswert enthält.

5.2/9 Mit folgendem Programm wird zunächst der Text „REGEN." (bis zu einem abschließenden Punkt) eingelesen. Was geschieht weiter? Machen Sie sich die gesamte Abfolge schrittweise klar.

```
PROGRAM PARK31;
{}
  PROCEDURE LESSCHREIB;
    VAR ZEICHEN: CHAR;
    BEGIN
      READ(ZEICHEN);
      IF ZEICHEN<>'.' THEN LESSCHREIB;
      WRITE(ZEICHEN)
    END;
{}
BEGIN
  WRITELN; WRITELN;
  WRITELN('TEXTEINGABE: ');
  LESSCHREIB
END.
```

5.2/10 Es ist ein Programm zu schreiben, das die Gamma-Funktion

$$\Gamma(x) = \int\limits_0^\infty t^{x-1}\, e^{-t}\, dt \quad \text{für } x > 0$$

berechnet. Die Gamma-Funktion läßt eine Erweiterung der Fakultät (n!) einer nicht-negativen ganzen Zahl n auf beliebige reelle Zahlen x zu. Es gilt insbesondere für ganzzahlige positive $x = n + 1$: $n! = \Gamma(n + 1)$. Dies ermöglicht eine einfache Kontrolle für ganzzahlige x.

Zur Berechnung verwende man die Rekursionsformel

$$\Gamma(x) = (x - 1)\, \Gamma(x - 1).$$

Für $x \geqslant 2$ ist die Rekursionsformel r-mal anzuwenden, so daß für $y = x - r$ letztlich gilt: $1 \leqslant x - r = y < 2$.

Dann ist

$$\Gamma(x) = (x - 1)\, (x - 2) \cdot \ldots \cdot (x - r)\, \Gamma(y).$$

Für $1 \leqslant y < 2$ benutze man

$$\Gamma(y) = 1 + \sum_{j=1}^{7} a_j \cdot (y - 1)^j.$$

Die Summation ist nach dem Horner-Schema (s. Aufg. 4.1/13) mit folgenden Koeffizienten durchzuführen:

$$a_1 = -0{,}57710166$$
$$a_2 = 0{,}98585399$$
$$a_3 = -0{,}87642182$$
$$a_4 = 0{,}83282120$$
$$a_5 = -0{,}56847290$$
$$a_6 = 0{,}25482049$$
$$a_7 = -0{,}05149930 \quad .$$

Für $x < 1$ wende man die Rekursion in umgekehrter Richtung an. Für $y = x + r$ mit $1 \leqslant x + r < 2$ ist dann

$$\Gamma(x) = \Gamma(y)/(x \cdot (x + 1) \cdot \ldots \cdot (x + r - 1)).$$

Es ist jeweils ein x einzulesen und zusammen mit dem Ergebnis $\Gamma(x)$ auszudrucken.

Die Durchläufe sind zu beenden, sobald $x = 0$ eingelesen wird. Man rechne mit folgenden Werten:

$-1{,}5$ $0{,}5$ 1 $1{,}5$ $2{,}5$ 5 $7{,}5$ 10.

5.2/11   Binäres Suchen. Aus einer geordneten Liste ist durch binäres Suchen die Position eines Listenelementes festzustellen. Anstatt in der vorgegebenen Liste die Elemente nacheinander (sequentiell) abzufragen, wird das mittlere Element mit dem gesuchten verglichen. Hat man damit nicht schon auf Anhieb das richtige Element und seine Position gefunden, bestimmt man die Hälfte der Liste, in der sich das Element befindet (wohlgemerkt: es handelt sich hierbei um eine geordnete Liste!).

Auf diese Hälfte läßt sich der beschriebene Suchschritt erneut anwenden, bis man das Element als mittleren Wert gefunden und damit auch seine Position bestimmt hat — oder feststellen mußte, daß die durchsuchte Liste leer ist, das gesuchte Element also nicht enthält.

Man rechne mit folgender Liste ($n \leqslant 20$ festzulegen):

n = 10 (einzulesen)

$-27{,}5$ $-13{,}7$ $-11{,}3$ $-2{,}5$ $0{,}4$ $9{,}7$ $17{,}3$ $28{,}2$ $35{,}1$ $43{,}9$.

Es ist in zwei Läufen die Position zu suchen von $-2{,}5$ und $28{,}2$.

(Die Aufgabe läßt sich erweitern auf Listen von Zeichenketten — z.B. Namen — anstatt von Zahlen.)

5.2/12   Sortieren durch Aufspalten (,,Quicksort'': Hoare 1962). Hierzu werden zunächst zwei Zeiger j_1 und j_2 definiert, die auf das erste bzw. letzte Element des aufsteigend zu sortierenden Feldes zeigen. Zuerst wird j_1 festgehalten, während j_2 solange jeweils um 1 vermindert wird, bis ein Feldelement $G_{j_2} < G_{j_1}$ gefunden ist. Diese beiden Elemente werden nun vertauscht. Danach wird j_2 festgehalten und j_1 solange jeweils um 1 erhöht, bis ein Element $G_{j_1} > G_{j_2}$ gefunden ist. Nun erfolgt erneut ein Tausch der Elemente. Während jetzt wieder j_1 festgehalten wird, wird j_2 sukzessiv erniedrigt usw. Diese abwechselnden Schritte werden solange fortgeführt, bis $j_1 = j_2 = j$ ist. Nun stehen links von dem zugehörigen Feldelement G_j nur solche, die kleiner oder gleich G_j, rechts nur solche, die größer oder gleich G_j sind. Dies bedeutet, daß G_j seinen endgültigen Platz gefunden hat und die Folge in zwei Teilfolgen aufgespalten ist, die jede für sich nach der angegebenen Verfahrensvorschrift sortiert werden können, ohne daß G_j noch wandert. Aus jeder Teilfolge erhält man ein weiteres Element, das seinen endgültigen Platz einnimmt, und zwei weitere Teilfolgen ... usw.

Da beim Aufspalten immer zwei Teilfolgen entstehen, von denen nur eine sofort, die andere erst später bearbeitet werden kann, ist eine Buchhaltung über die Anfangs- und Endzeiger aller noch nicht bearbeiteten Teilfolgen notwendig. Hierzu verfährt man nach dem Kellerprinzip (Stack-Prinzip): der Stack ist eine Liste, in die nach und nach die Anfangs- und Endzeiger der noch nicht bearbeiteten Teilfolgen eingetragen werden. Sobald eine Teilfolge nicht mehr teilbar ist, also nur noch aus einem Element besteht, bedient man sich des letzten in den Keller eingetragenen Zeigerpaares, um den Aufspaltungsprozeß weiterführen zu können. Die Zahl der Stack-Eintragungen variiert also ständig, es liegt eine pulsierende Liste vor. Sobald die letzte Teilfolge nur noch aus einem Element besteht und der Keller leer ist, ist das Sortierverfahren beendet.

Wegen seiner Schnelligkeit gegenüber anderen Verfahren wird dieses auch als „Quicksort" bezeichnet.

Schreiben Sie Ihr Programm so, daß — außer der unsortierten Ausgangsfolge — auf Wunsch

1. sämtliche Sortiervorgänge ausgegeben werden bzw.
2. die Ergebnisausgabe sich beschränkt auf die sortierte Folge.

Es genügt, das Programm für maximal 20 INTEGERs auszulegen. Benutzen Sie zum Rechnen eines Beispiels die Angaben aus Aufg. 5.1/24.

Beispiel bis zur Aufspaltung in die ersten beiden Teilfolgen (der feste Zeiger ist durch ↓, der bewegliche durch ↳ bzw. ↴, das ermittelte Tauschelement durch o markiert):

```
↓                o ↴
18  14  16  19  17  15
↳                    ↓
15  14  16  19  17  18
            ↓   o ↴
15  14  16  18  17  19
            ↳  o↓
15  14  16  17  18  19.
```

Für das Element 18 gilt nunmehr $j_1 = j_2 = j$, es hat seinen endgültigen Platz gefunden. Die linke Teilfolge ist weiter zu sortieren, rechts steht nur noch ein Element (d.h. nach rechts ist das Sortieren beendet).

5.2/13   Türme von Hanoi. Das Ende der Welt ist noch nicht gekommen, das eine hinterindische Sage vorhersieht. Danach sind in einem verborgenen Dschungeltempel seit Beginn der Zeitrechnung Mönche damit beschäftigt, einen Stapel von 50 goldenen Scheiben mit nach oben hin abnehmendem Durchmesser, die auf einem durch ihre Mitte hindurchgehenden goldenen Pfeiler aufgereiht sind, durch sukzessive Bewegung jeweils einer einzigen Scheibe auf einen anderen goldenen Pfeiler umzuschichten. Ein dritter Pfeiler darf als Hilfspfeiler benutzt werden, doch gilt die Maßgabe, daß niemals eine Scheibe mit größerem Durchmesser auf eine mit kleinerem Durchmesser zu liegen kommen darf. Wenn die Mönche ihr Werk beendet haben, soll das Ende der Welt gekommen sein.

Simulieren Sie die Aufgabe für n Scheiben, die anfangs auf dem linken Pfeiler sitzen; die Umschichtung erfolgt auf den mittleren Pfeiler. Der rechte Pfeiler ist immer Hilfspfeiler. Beispielrechnung mit n = 3, 4, 5 und 7.

Ablaufskizze für n = 3 (die Abfolge ist spaltenweise dargestellt):

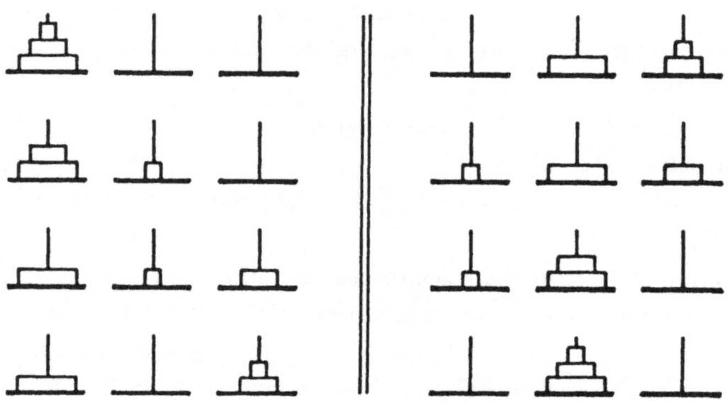

6   Aufzähl- und Mengen-Typ (SET)

6/1   In einem Programm sind die Noten NOTE 1, ... , NOTE 4, MANGELHAFT als Aufzähltypen zu definieren. Dann ist einzulesen, wieviel Studierende die jeweilige Notenzahl erreicht haben (Beispiel: in der Reihenfolge „sehr gut" bis „mangelhaft": 4, 16, 39, 35, 51). Es ist auszugeben, wieviel Studierende insgesamt teilgenommen und wieviel mindestens befriedigend erreicht haben.

6/2   Lesen Sie eine Zeichenfolge unbekannter Länge ein; testen Sie mit Ihrem Programm, ob Buchstaben darin enthalten sind, und schreiben Sie sie ggf. aus.

6/3   Definieren Sie jeweils alle Buchstaben und alle Ziffern als Mengen. Es ist nun ein Zeichen einzulesen und zunächst zu testen, ob es sich um einen Buchstaben, eine Ziffer oder ein anderes Zeichen handelt. Falls es sich um eine Ziffer handelt, soll weiterhin festgestellt werden, ob sie gerade oder ungerade ist. Schreiben Sie die Ergebnisse aus.

6/4   Es ist eine Zeichenkette bis EOF einzulesen. Die einzelnen Zeichen sind darauf zu testen, ob sie Buchstaben sind, und ggf. in eine Menge der enthaltenen Buchstaben einzuspeisen. Anschließend ist auszuschreiben, welche Buchstaben in dem Text enthalten waren (nur Einfachnennung). Vgl. Aufg. 6/5.

6/5   Entwickeln Sie aus Aufg. 6/4 ein Programm, das zu einer einzulesenden Zeichenkette die darin enthaltenen Buchstaben und ihre Häufigkeit bestimmt und tabellarisch ausgibt. Textbeispiel:

Als Albert Einstein im Jahre 1905 u.a. die spezielle Relativitaetstheorie veroeffentlichte, war er gerade 26 Jahre alt.

6/6   Definieren Sie in Ihrem Programm folgende Menge M:

Buchstaben   A bis F, R bis V
Ziffern   4 bis 8
Zeichen   + − . ,

Lesen Sie nun eine Zeichenkette Z ein, und ermitteln Sie zur Bestimmung der Mengenzugehörigkeit durch Verknüpfung den Durchschnitt ($M \cap Z$), die Vereinigung ($M \cup Z$) und die Differenz ($M \setminus Z$) der beiden Mengen. Schreiben Sie die Ergebnisse aus.

Beispiele: DIE 7 SCHWABEN
              4 + 6 = 10
              HOEHER, WEITER, SCHNELLER.

6/7   Definieren Sie analog zur vorigen Aufgabe folgende Menge M:

Buchstaben   A bis Z
Zeichen   + − . ,

Lesen Sie eine Zeichenkette Z ein, und prüfen Sie, ob Z = M, Z ≠ M, Z ⊇ M
und/oder Z ⊆ M ist. Schreiben Sie die Ergebnisse aus. Verwenden Sie obige
Beispiele (ohne das Zahlenbeispiel).

6/8   Gegeben ist folgender Graph mit 5 Knoten und den Verbindungslinien (,,Kan-
ten'') zu direkt erreichbaren Nachbarknoten. Die Kantenlängen (Wegstrecken,
Fahrzeiten) sind als Zahlenwerte angegeben. Die Knoten sowie ihre gegensei-
tigen Verbindungen und Kantenlängen sind als Mengen mit den Aufzählposi-
tionen K1 bis K5 derart im Programm zu erfassen, daß bei Vorgabe eines
Knotens die von ihm direkt erreichbaren Nachbarknoten sowie die zugehörigen Kantenlängen zur Verfügung gestellt (und beispielsweise ausgedruckt)
werden.

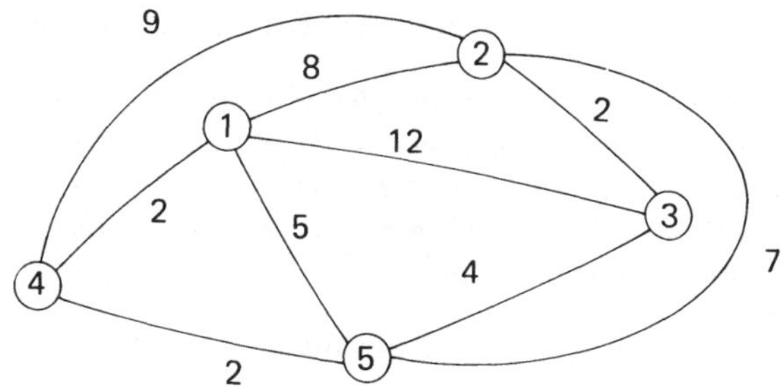

6/9   Aufg. 6/8 ist derart zu erweitern, daß eine beliebig große Knotenmenge innerhalb einer Maximalzahl von Knoten bearbeitet werden kann.

7 Verbund-Typ (RECORD)

7/1 Der Typ COMPLEX einer Variablen ZAHL ist durch einen Verbund von Real- und Imaginärteil zu bilden. Wie lautet die Deklaration? (Vgl. nachfolgende Aufgabe.)

7/2 Berechnen Sie unter Verwendung der vorigen Aufgabe Betrag R und Winkel φ für die komplexen Zahlenbeispiele K = (3,2) und K = $(-2, -3)$.

7/3 Geben Sie sich den Verbund DATUM vor, der eine variable Jahreszahl sowie die Aufzählung der Wochentage, der Monate und der Tagesdaten (1 bis 31) enthalten soll. Außerdem wird eine Aufzählung engster Familienmitglieder deklariert (Vater, Mutter, Schwester, Bruder), deren Geburtstag festzulegen ist. Geben Sie vor, daß der 1. Juli 1986 ein Dienstag und die Schwester am Sonntag, 19.03.1967, geboren ist, und schreiben Sie diese Daten zur Kontrolle wieder aus.

7/4 In einem RECORD sind als Daten für Leistungsnachweise folgende Angaben zu definieren: Fach (CHARACTER-Array von 15 Zeichen), Name (CHARACTER-Array von 15 Zeichen), Matrikel-Nummer (INTEGER), Ausstellungsdatum und Ergebnis (bestanden/nicht bestanden in BOOLEAN). Das Ausstellungsdatum umfaßt die Angaben Monat (alle aufgezählt), Tagesdatum (1 bis 31) und Jahr (1985 bis 2000).
Geben Sie im Programm an, daß die Studentin Petra Waterkant mit der Matrikel-Nummer 18295 am 12. November 1988 ihren Leistungsnachweis im Fach Mathematik bestanden hat. Machen Sie einen Kontrollausdruck. (Vgl. folgende Aufgabe.)

7/5 Ergänzen Sie Aufg. 7/4 derart, daß die Leistungsnachweise für maximal 150 Studierende zu erfassen sind. Außerdem soll in einem RECORD erfaßt werden können, ob es sich bei einzelnen Studierenden um männliche oder weibliche Teilnehmer handelt. Als Beispiel werde Petra Waterkant als die Studierende Nr. 143 erfaßt. (Vgl. Aufg. 7/8.)

7/6 RECORD mit Varianten. TAG-Feld. Es ist eine Aufzählung Punkt, Gerade und Kreis zu deklarieren. Der Punkt ist durch seine beiden Koordinaten, die Gerade durch Steigung und Achsenabschnitt, der Kreis durch seinen Mittelpunkt und Radius definiert. Es ist in einem Verbund vorzusehen, daß in Abhängigkeit von dem angesprochenen Element (Punkt, Gerade oder Kreis) die zugehörigen Angaben eingelesen werden. Berechnen Sie als Beispiel die Ordinate für x = -6 bezüglich der Geraden, die durch die Steigung -3 und den Achsenabschnitt 1,5 gegeben ist.

7/7   RECORD mit Varianten. Fehlendes TAG-Feld. Es ist x^n (n ganzzahlig) zu berechnen. Das Ergebnis soll als INTEGER- bzw. REAL-Zahl berechnet und ausgegeben werden in Abhängigkeit davon, ob die Basis ganzzahlig oder reell ist. (Für $n < 0$ und ganzzahlige Basis ist ,,1/Ganzzahl'' statt einer gebrochenen Zahl auszudrucken.)

Beispiele: $(-3{,}5)^3$; $4{,}2^{-2}$; 2^3; 3^{-2}; $(-3)^{-3}$.

7/8   RECORD mit Varianten. Ergänzend zur Aufg. 7/5 soll im Falle weiblicher Studierender noch unterschieden werden, ob sie verheiratet sind oder nicht. Im ersten Fall ist dann noch die Erfassung des Mädchennamens vorzusehen. Wenden Sie das Programm auf das dortige Beispiel mit der Erweiterung Petra Waterkant, geb. v. Emden, an.

8 Dateien und Texte

8.1 Numerische Files

8.1/1 Die Zahlen 1 bis 20 sind zum Vergleich sowohl in einen Bereich B als auch in ein File F abzulegen. Anschließend sind die jeweils 1. und 15. Komponente auszuschreiben.

8.1/2 Bearbeiten Sie Aufg. 4.1/18 derart, daß Sie die beiden Vektoren $\vec{a}$ und $\vec{b}$ bis zur jeweiligen EOF-Marke einlesen und in je ein File ablegen. Vom Programm her sind folgende Prozeduren vorzusehen:

— Einlesen eines Vektors und Ablegen in ein File,
— Auslesen der beiden Files und Berechnung des Kosinus,
— Ausgabe der Vektorkomponenten und des Ergebnisses.

8.1/3 Zwei aufsteigend sortierte Folgen von Elementen, die jede als File dargestellt sein sollen, sind derart zu verschmelzen, daß wieder eine aufsteigend sortierte Folge entsteht. Die Elemente sind zunächst einzulesen und in je ein File abzulegen, dann ist der Mischvorgang durchzuführen und die entstehende neue Folge in ein drittes File abzulegen. Das Ergebnis ist anschließend auszuschreiben. — Rechnen Sie beispielsweise mit den Komponenten der beiden Vektorpaare aus Aufg. 5.1/8.

8.2 Texte und Text-Files

Vor dem Einstieg in die nachfolgenden Aufgaben sollten Sie sich zunächst mit 3.2/8, 4.1/23 und 5.1/34 befaßt haben.

8.2/1 Textanalyse. Gestalten Sie dazu folgendes Programm:

Eine einzulesende Zeichenkette (string) ist darauf zu untersuchen,

— an welchen Stellen eine ebenfalls einzulesende Zeichengruppe (substring) auftritt (vgl. nachstehendes Beispiel),
— wieviel Ziffern die Zeichenkette enthält,
— wie oft ein einzulesendes Zeichen in der Zeichenkette auftritt und
— wieviel Wörter mit einem einzulesenden Zeichen beginnen.

Für einen Wortanfang ist festzulegen, daß ihm eine Leerstelle (Blank) vorausgeht.

Der Vergleich der Zeichenkette mit der Zeichengruppe soll zu folgender Ausgabe führen: wo die Zeichengruppe vorkommt, bleibt sie bestehen, die restlichen Zeichen werden mit Punkten besetzt. Ausgabeform am Beispiel LESE-BRILLE mit der Zeichengruppe LE:

ZEICHENVERGLEICH BZGL. LE:

LESEBRILLE
LE. . . . . . LE

Wenden Sie das Programm auf folgendes Beispiel an:
EIN TAG HAT 24 STUNDEN BZW. 1440 MINUTEN
BZW. 86400 SEKUNDEN.

Untersuchen Sie auf die Zeichengruppe UNDE, die Anzahl der Ziffern, die Anzahl des Zeichens N und die Zahl der Wortanfänge mit S.

8.2/2   Codierung/Decodierung. Schreiben Sie ein Programm für eine einfache Codierung und Decodierung. Hierzu wird zunächst die zu bearbeitende Zeichenkette eingelesen. Codierung bzw. Decodierung haben in folgender Weise zu erfolgen:

— Codierung: Sie erfolgt in zwei Schritten:
  a) Aufeinanderfolgende Zeichenpaare werden in sich vertauscht; bei ungerader Zeichenzahl bleibt das letzte Zeichen an seiner Stelle.
  b) Das erste Zeichen wird mit dem letzten vertauscht (bei geradzahliger Zeichenzahl, sonst bleibt es an seiner Stelle), dann werden 2./3. Zeichen, 4./5. Zeichen usw. in sich vertauscht.

Beispiele:
1. ES GRUENT SO GRUEN
  a) SEG URNE TOSG URNE
  b) EGEU NR EOTGSU NRS   (codierte Form)
2. DISKOTHEKENFETZER   wird   IKDTSEOEHFKTNEERZ

— Decodierung: Hierzu wird nur der Ablauf umgekehrt.

Codieren Sie obige Beispiele und weitere nach eigenem Ermessen, und decodieren Sie insbesondere die beiden Beispiele

EAKERITGSREA

und

ILVEEF LR OEGTWRIIENH

Die zu bearbeitende Zeichenkette ist einzulesen, die einzelnen Schritte sind auszudrucken.

8.2/3 Kalenderausdruck. Schreiben Sie ein Programm, das für jedes vorgegebene Jahr ab 1583 (Gregorianischer Kalender) einen Kalender in folgender Form ausdruckt:

	JANUAR			FEBRUAR			MÄRZ		
Montag		5 12 19 26		2	9 16 23		2	9 16 23 30	
Dienstag		6 13 20 27		3	10 17 24		3	10 17 24 31	
Mittwoch		7 14 21 28		4	11 18 25		4	11 18 25	
Donnerstag	1	8 15 22 29		5	12 19 26		5	12 19 26	
Freitag	2	9 16 23 30		6	13 20 27		6	13 20 27	
Samst./Sonn.	3	10 17 24 31		7 14					
Sonntag									

	[illegible]		...NOVEMBER		DEZEMBER	
...tag	5 12 19 26		2 9 16 23 30			7 14 21 28
Dienstag	6 13 20 27		3 10 17 24		1	8 15 22 29
Mittwoch	7 14 21 28		4 11 18 25		2	9 16 23 30
Donnerstag	1 8 15 22 29		5 12 19 26		3	10 17 24 31
Freitag	2 9 16 23 30		6 13 20 27		4	11 18 25
Samst./Sonn.	3 10 17 24 31		7 14 21 28		5	12 19 26
Sonntag	4 11 18 25		1 8 15 22 29		6	13 20 27

Februar: Im Februar mit in der Regel 28 Tagen wird in allen durch 4 teilbaren Jahren im allgemeinen zusätzlich ein Schalttag eingeschoben (29. Februar). Die Schaltung unterbleibt im letzten Jahr jedes Jahrhunderts, außer wenn die Zahl der nach Ablauf des Jahres verflossenen Jahrhunderte durch 4 teilbar ist.

Das Programm läßt sich erstellen unter Verwendung eines einzigen Tagesdatums mit Wochentagszuordnung (z.B. 1.1.1983: Samstag), womit alle anderen vorherigen und späteren Zuordnungen festliegen.

Führen Sie die Berechnungen in einem HP durch, und schreiben Sie für den gesamten Ausdruck nach obigem Schema ein UP. Testen Sie das Programm mit für Sie überprüfbaren Jahren.

8.2/4 Text-Files. Schreiben Sie ein Programm, das einen einzeiligen Text bis zur Endmarke EOF einliest und in ein File schreibt, und geben Sie zur Kontrolle den File-Inhalt wieder aus. Textbeispiel: HOEHER, WEITER, SCHNELLER.

8.2/5 Text-Files. Ein beliebig langer Text ist zunächst in ein File zu schreiben; anschließend ist der Text durch Rücklesen des Files wieder auszugeben. Verwenden Sie beispielsweise folgenden Text:

Es gibt für jeden Grad des Wissens gangbare Sätze, von denen man nicht merkt, daß sie über dem Unbegreiflichen, ohne weitere Unterstützung, auf bloßem Glauben schweben. Man hat sie — ohne zu wissen, woher die Sicherheit kommt, mit der man ihnen traut. Der Philosoph hat dergleichen so gut wie der Mann, der da glaubt, das Wasser fließe deswegen immer bergab, weil es unmöglich wäre, daß es bergauf fließen könne.

Georg Christoph Lichtenberg

8.2/6 In einer Firma mit maximal 25 Lohnempfängern seien diese je in einer Zeichenkette mit Name und Vorname erfaßt. Die Lohnempfänger sind mit diesen Angaben aus einem Bereich in ein File abzuspeichern, von dem sie anschließend abgerufen werden können. Als Beispiel verwende man die Namen aus Aufg. 5.1/22 und suche als Auswertung des File-Inhaltes mit dem Programm alle die Lohnempfänger heraus, die den Vornamen Johann tragen. (Vgl. Aufg. 9/16.)

9 Pointer-Variable (Zeiger-Typ)

9/1 Was wird bei folgendem Programm an den Stellen { * 1 *} bis { * 4 *} ausgeschrieben? (Statt des Zeichens ^ wird oft auch z. B. der Pfeil ↑ verwendet.)

```
PROGRAM PAPOI1;
{}
  TYPE ZEIGER = ^INTEGER;              {AUCH KUERZER:          }
  VAR A,B: ZEIGER;                     {VAR A,B: ^INTEGER;  }
{}
BEGIN
  NEW(A);
  A^:=5;
  WRITELN('1:      ',A^:6);                               {*1*}
{}
  NEW(B);
  B^:=-7;
  WRITELN('2:      ',A^:6,B^:6);                          {*2*}
{}
  NEW(A);
  A^:=-1;
  WRITELN('3:      ',A^:6,B^:6);                          {*3*}
{}
  DISPOSE(A);
  NEW(A);
  A^:=9;
  B^:=A^+B^;
  WRITELN('4:      ',A^:6,B^:6)                           {*4*}
END.
```

9/2 Was geschieht in der vorherigen Aufgabe mit den Zeigern und dynamischen
Variablen in den einzelnen Abschnitten → { * 1 *} → { * 2 *} → { * 3 *} → { * 4 *}
durch die jeweilige Verwendung von NEW und DISPOSE?

9/3   Was wird bei folgendem Programm an den Stellen {* 1 *} bis {* 5 *} ausgeschrieben?

```
PROGRAM PAPOI3;
{}
  VAR C,D:  ^INTEGER;
{}
BEGIN
  NEW(C);
  NEW(D);
  C^:=5;
  D^:=-2;
  WRITELN('1:      ',C^:6,D^:6);                              {*1*}
  D^:=C^;
  WRITELN('2:      ',C^:6,D^:6);                              {*2*}
  IF C=D THEN WRITELN('3:           C=D     JA')
         ELSE WRITELN('3:           C=D   NEIN');             {*3*}
  C^:=-10;
  D:=C;
  WRITELN('4:      ',C^:6,D^:6);                              {*4*}
  IF C=D THEN WRITELN('5:           C=D     JA')
         ELSE WRITELN('5:           C=D   NEIN')              {*5*}
END.
```

9/4   Was wird bei nachstehendem Programm an den Stellen {* 1 *} und {* 2 *} ausgeschrieben?

```
PROGRAM PAPOI4;
{}
  VAR E,F:  ^INTEGER;
{}
BEGIN
  NEW(E);  NEW(F);
  E^:=-10;
  F^:=5;
  E:=F;
  WRITELN('1:      ',E^:6,F^:6);                              {*1*}
  E^:=-2;
  F^:=1;
  WRITELN('2:      ',E^:6,F^:6)                               {*2*}
END.
```

9/5   Was bewirken folgende Deklarationen?

```
(A)    TYPE ZEIGERVAR  =  ^ELEMENT;
            ELEMENT     =  RECORD
                             WERT:    INTEGER;
                             VORWEIS: ZEIGERVAR
                           END;

(B)    TYPE ELEMENT     =  RECORD
                             WERT:    INTEGER;
                             VORWEIS: ^ELEMENT
                           END;
```

9/6   Verkettete Liste (gerichteter, endlicher, zusammenhängender Graph, bei dem
jeder Knoten Ausgangsknoten höchstens einer Kante ist). Es sind (über eine
Schleife) die Zahlen 1 bis 10 derart dynamischen Variablen zuzuordnen, daß
sie eine verkettete Liste darstellen; dabei sind also einem Zahlenelement der
jeweilige Zahlenwert und der fortführende Zeiger zuzuordnen. (Hinweis: Die
Zahlen sind bildlich nacheinander durch ein ihnen entgegenkommendes
Knoten-„Tor" hindurchzuschieben, wobei sie dort gleichzeitig über Zeiger
aneinandergekoppelt — verkettet — werden. Stack-Prinzip.) Lesen und schreiben Sie anschließend die Zahlen rückwärts wieder aus.

9/7   Schreiben Sie eine Prozedur, die — unter Verwendung von Pointer-Variablen —
eine Zeichenkette (bis EOLN) derart einliest, daß sie in richtiger Reihenfolge
wieder ausgegeben werden kann. In einer FUNCTION ist die Zeichenzahl zu
bestimmen, eine weitere Prozedur ist für die Ausgabe (Zeichenkette und Zeichenzahl) zu erstellen. Testbeispiel: Ihr vollständiger Name.

9/8   Es sind eine nichtleere Liste der Form

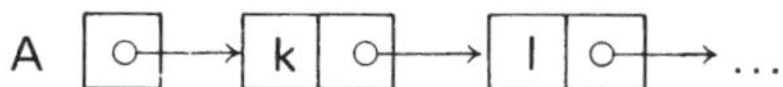

und ein neues Element

B

gegeben. Was bewirkt folgende Anweisungsfolge?

{1}   B^.VORWEIS: = A^.VORWEIS;
{2}   A^.VORWEIS: = B;

(vgl. auch Aufg. 9/9).

9/9   Wie läßt sich ein neuer Knoten *vor* ein Element einer nichtleeren Liste einfügen? Schreiben Sie dazu — unter Benutzung der Skizze zur vorigen Aufgabe —
eine Prozedur.

9/10   Was bedeuten die Ausdrücke

a) X^.VORWEIS^.VORWEIS   und
b) X^.VORWEIS^.WERT   ?

9/11   Einfügen in geordnete Listen. Schreiben Sie eine Prozedur, die mittels eines
Zeigers zunächst vom TOR an die Liste durchsucht, bis der unmittelbare Vorgänger gefunden ist (bei aufsteigender Ordnung also das Listenelement, das
eben noch kleiner als das einzufügende Element ist). Nach Aufruf der Prozedur soll der aktuelle Zeigerparameter für A auf den Vorgängerknoten des neu
einzufügenden Elements B weisen.

9/12   Löschen von Listenelementen. Wie lautet die Formulierung der Löschung
eines Listenelementes, sobald ein Zeiger bekannt ist, der auf den unmittelba-
ren Vorgänger in der Liste verweist?

9/13 Suchen von Listenelementen. Beispielsweise zum Löschen von Listenelementen benötigt man den Zeiger, der auf den Knoten des entsprechenden Wertes verweist. Schreiben Sie eine FUNCTION, die bezüglich einer Zahlenliste bei Vorgabe einer Zahl Z den Zeiger für den ersten Knoten gleichen Wertes vom Startelement TOR aus angibt. Wenn kein solcher Knoten existiert, soll der Zeiger den Wert NIL besitzen (s. auch Aufg. 9/14).

9/14 Mit der in der vorigen Aufgabe benutzten FUNCTION wurde ein erster Knoten mit dem Zahlenwert Z gefunden. Wie lautet der Aufruf der FUNCTION, um den Zeiger auf einen zweiten Knoten dieses Wertes zu finden, wenn der erste noch nicht gelöscht ist? Benutzen Sie dazu ggf. die Lösungsangabe zur vorigen Aufgabe!

9/15 Sei LZEIGER ein Zeiger, der auf das zu löschende Listenelement verweist (vgl. die letzten Aufgaben). Wie lautet eine Prozedur zum Löschen dieses Knotens, wenn auch die leere Liste zu berücksichtigen ist?

9/16 Modifizieren Sie Aufg. 8.2/6 derart, daß Nachname und Vorname zunächst in je ein File abgelegt werden; für die Namen sind maximal je 11 Zeichen vorzusehen. Beim Einlesen wird die Trennung von Nach- bzw. Vorname durch ein Komma bzw. ein Blank gekennzeichnet (den Rest übernimmt das Programm), das Ende des Einlesens wird durch ein EOF markiert. — Anschließend sind die Files auszulesen und in Pointer-Form auszuwerten; dabei ist jedes Listenelement durch Nachname, Vorname und Folgezeiger charakterisiert.

10   Die Aufgabe „ohne Netz"

Sicher kennen Sie den „Rösselsprung", ein Rätsel, bei dem man — ausgehend von einem vorgegebenen Anfangsfeld — mit Zügen, wie sie dem Springer beim Schach erlaubt sind, derart alle Felder erfaßt, daß sich bei richtiger Durchführung am Ende ein sinnvoller Lösungsspruch ergibt:

Beispiel:

CHER	SPRICHT.	DEN,	SE	NÜTZ	DEN,
DER	PAS	LI	FÜR	WAHR	FÄHRT,
AUS	FÜR	BLAI	ER	DER	IST
CAL.	SIE	SIE	HEIT	ALS	DIE *

Der richtige Weg ergibt sich aus folgendem Zahlenschema:

7	20	9	22	5	16
10	23	6	15	2	13
19	8	21	12	17	4
24	11	18	3	14	1

Die Aufgabe besteht nun darin, bei Vorgabe eines Anfangsfeldes alle Möglichkeiten ausfindig zu machen, wie man nach Springer-Art sämtliche Felder eines (n, m)-Brettes erfassen kann, ohne jemals eines doppelt zu belegen.

Wenn Sie diese Aufgabe gelöst haben, ist es keine Schwierigkeit, durch Nacheinander-Vorgabe des Anfangsfeldes vom ersten bis zum letzten Feld überhaupt alle derartigen Möglichkeiten für ein (n, m)-Brett berechnen und ausdrucken zu lassen.

Die Aufgabe läßt sich nun dahingehend erweitern, daß bei dem vorgegebenen (n, m)-Brett nicht mehr alle Felder angesprungen werden dürfen. Ihr Programm soll sämtliche Möglichkeiten ausdrucken, wie alle verbleibenden Felder nach Springer-Art erfaßt werden können.

Beispiel:

17		3	8		14
4	9	16	13	2	7
	18	11	6	15	
10	5			12	1

Zu dieser Aufgabe wird kein Lösungsvorschlag angeboten.

Lösungen

2/1

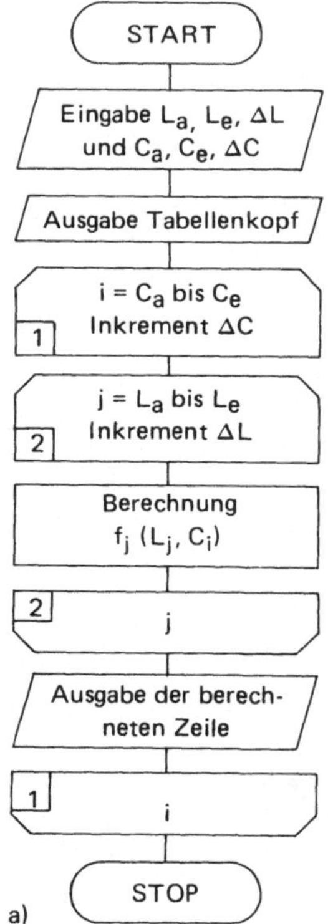

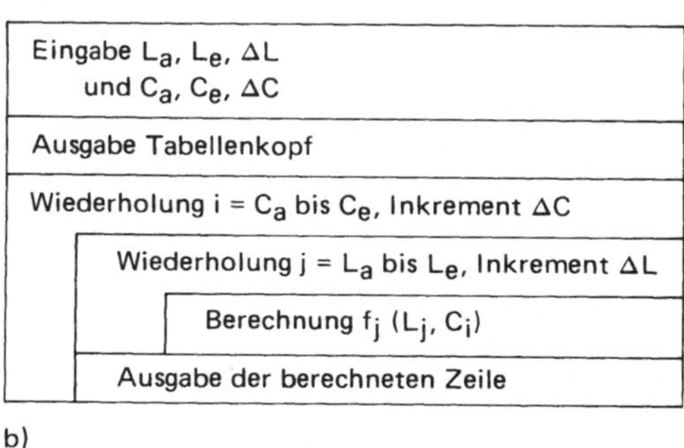

2/2 Nach dem Programmablaufplan und dem Struktogramm werden Minimum (g) und Maximum (f) im Intervall [c, b] einer Zahlenfolge $a_1, \ldots, a_l$ bestimmt. Zur Programmierung selbst vgl. Aufg. 4.2/22.

3.1/1 Nachfolgend bedeutet „u" ungültig, „I" INTEGER, „R" REAL, „B" BOOLEAN, „Z" Zeichen.

	1	2	3	4
a)	u	R	Z	R
b)	B	R	u	u
c)	u	I	I	u
d)	u	u	u	R

3.1/2

	1	2	3	4	
a)	g	g	g	g	(„g": gültig,
b)	u	g	u	g	„u": ungültig)

3.1/3 Es können hier nur Beispiele der vielfältigen Darstellungsmöglichkeiten angegeben werden:

a1:   1.013 oder   1013E−3

a2:   0.000057   oder   5.7E−05

a3:   0.93E37

a4:   − 14.81   oder   − 1.481E1

b1:   'PASCAL'

b2:   1.38E−23

b3:   'ST37'(eine derartige Konstante ist nur als Zeichenfolge möglich)

b4:   47.0003   falls eine Zahl gemeint ist

'47.0003'   falls etwa eine Zeichenfolge gemeint ist (die allerdings nicht dem Zahlenwert 47.0003 entspricht)

3.1/4 a1:   K: = (A + B)/(C + D);

a2:   L: = (A + B)/C;

b1:   F: = GAMMA * M1 * M2/R/R;

b2:   C: = P + RHO * G * H + RHO * V * V/2;

c1:   Z: = SQRT(R * R + SQR(OM * L − 1/(OM * C)));

c2:   G: = (A + B)/(C + (D−3 * E)/4 − F);

d1:   Y: = EXP(EXP(K * LN(A + 4)) * LN(X));

d2:   A: = 5/(B * B + SQRT(C * C * C));

Es wurden hier überall REAL-Operationen angenommen; bei einer INTEGER-Division wäre der Divisionsoperator / durch DIV zu ersetzen.

3.1/5

a: $c = \sqrt{a^2 - b^2}$

b: $y = (a - x) \cdot e^{-\frac{x^2}{2}}$

c: $g = ((a + b) \cdot c + d) \cdot e + f$

d: $a = \dfrac{b}{x^2}$

e: $p = \dfrac{(b + c) \cdot g}{x^2} - \dfrac{d}{2x - 1} + e - \dfrac{f}{x}$

f: $f = \sqrt[3]{x^2 + 7} - e^x$

3.1/6 a: Es sind weniger Klammern geöffnet als geschlossen.

b: + − Es dürfen nicht zwei Operatoren direkt hintereinander stehen (richtig wäre, wenn so gewollt: ... +(− C)).

c: Letzter Summand: negatives Argument des Logarithmus; außerdem müßte es 9.0 heißen.

d: Es sind mehr Klammern geöffnet als geschlossen; außerdem kennt Pascal nicht die Exponentiation mit **.

e: X(B Zwischen X und (fehlt der Operator; außerdem kennt Pascal nicht die Exponentiation mit ↑ oder ^.

3.1/7   CONST PI = 3.141593;
              VAR R, U, A: REAL;
              BEGIN
                  R: = 7.5;
                  U: = 2 ∗ R ∗ PI;
                  A: = R ∗ R ∗ PI;   (R ∗ R ist günstiger als SQR (R))
                  :
              END.

3.1/8   Z = 27

3.1/9   SINH: = (EXP(X) − EXP(− X))/2;
              COSH: = (EXP(X) + EXP(− X))/2;
              TANH: = (EXP(X) − EXP(− X))/(EXP(X) + EXP(− X));
                          oder besser in drei Wertzuweisungen:
                          EP: = EXP(X); EN: = 1/EP; TANH: = (EP−EN)/(EP + EN);

Dabei ist jeweils vorausgesetzt, daß X vorher definiert wurde.

3.1/10   R   Es fehlt am Schluß das Semikolon.
              PI   Es müßte 3.14 statt 3, 14 heißen.
              U   Es dürfen nicht zwei berechnende Gleichsetzungen in einer Wertzuwei-
                    sung stehen.
              A1   ist richtig, doch dürften die beiden Klammern entfallen.
              A2   ist kein Syntax-(„Sprach-")Fehler, sondern ein logischer („Denk-")Feh-
                    ler: es müßte auf der rechten Seite richtig lauten: SQR(D/2) ∗ PI.
              2   Linksseitig müßte eine Variable stehen.
              V   Logischer Fehler: In der Anweisung müßte richtig SQRT statt SQR ste-
                    hen.

3.1/11   A: LOESUNG = 1,   B: LOESUNG = 0

3.2/1   VAR A, B, C, D, E: REAL;
              BEGIN
                  A: = 315;
                  B: = 0.8;
                  C: = − 12401;
                  D: = 3.14;
                  E: = − 93749.83;
                  WRITE (A:6:2, B:12:2, C:12:2, D:12:2, E:12:2);
                  WRITELN
              END.

Die beiden Anweisungen WRITE (...) und WRITELN lassen sich zusammen-
ziehen zu der Anweisung WRITELN (...). Die Ausgabe erfolgt in einer Zeile.

Man könnte die Ausgabe auch mit Text „anreichern"; für den Ausdruck in einer Zeile kann man beispielsweise schreiben:

```
WRITELN ('A =', A:6:2, ',   B =', B:12:2, ',   C =', C:12:2, ', D =', D:12:2,
           ',   E =', E:12:2);
```

Schreibt man nur WRITELN; ohne vorherige Ausgabe-Information durch WRITE (...), wird eine Leer-Information ausgeschrieben, d.h. ein reiner Zeilenvorschub durchgeführt (Leerzeile).

3.2/2
```
VAR A, B, C, D, E, ERGEBNIS: REAL;
BEGIN
    WRITELN ('EINGABE A, B, C, D, E: ');
    READLN (A,B,C,D,E);
    ERGEBNIS: = A + B + C -- (D + E);
    WRITELN;
    WRITELN ('EINGEGEBENE WERTE A,B,C,D,E: ');
    WRITELN (... wie in Lösung 3.2/1...);
    WRITELN; WRITELN ('ERGEBNIS:', ERGEBNIS: 12:2)
END.
```

3.2/3   In Lösung 3.2/2 ist die Berechnung von ERGEBNIS wie folgt zu ersetzen:

```
ERGEBNIS: = (EXP(B * LN(A)) * C + D)/E;
```

3.2/4   Das Ergebnis aus nachstehendem Programm ist für W1 bis W4 jeweils 0.400.

```
PROGRAM PA324Z;
    VAR
        A, B, C, R, W1, W2, W3, W4  :  REAL;
BEGIN
    WRITELN;
    WRITELN( 'EINGABE A,  B,  C: ');
    READLN(A, B, C);
    R: =(B*B-4*A*C)/(4*A*A);
    W1: =EXP(0. 5*LN(ABS(R)));
    W3: =SQRT(ABS(R));
    W2: =EXP(0. 25*LN(R*R));
    W4: =SQRT(SQRT(ABS(R*R)));
    WRITELN;
    WRITELN( 'ERGEBNIS: ');
    WRITELN( 'W1=', W1: 7: 3, '      W2=', W2: 7: 3);
    WRITELN( 'W3=', W3: 7: 3, '      W4=', W4: 7: 3)
END.
```

Üblicherweise ist der Programmkopf mit Angabe der Eingabedatei INPUT und der Ausgabedatei OUTPUT zu versehen:

```
PROGRAM PA324Z (INPUT, OUTPUT);
```

Bei dem benutzten Rechner sind diese Angaben überflüssig, da er die Belegung von selbst vornimmt; daher wird auch später auf diese Angaben verzichtet.

3.2/5
```
PROGRAM PA325;
    VAR
         GK,NK,LZ,JZ  :  REAL;
BEGIN
   WRITELN;
   WRITELN('GESAMTKREDITKOSTEN IN DM:  ');
   READ(GK);
   WRITELN('NETTOKREDIT IN DM:  ');
   READ(NK);
   WRITELN('LAUFZEITMONATE:  ');
   READ(LZ);
   JZ:=GK*2400/NK/(LZ+1);
   WRITELN;
   WRITELN('EFF. JAHRESZINS =',JZ:8:3,' %')
END.
```

Für das Beispiel ergibt sich ein Jahreseffektivzins von 24.29 %.

3.2/6
```
PROGRAM PA326;
    VAR
         A,B,C,W1,X,Y,W2  :  REAL;
BEGIN
   WRITELN;
   WRITELN('A=  ');
   READ(A);
   WRITELN('B=  ');
   READ(B);
   WRITELN('C=  ');
   READ(C);
   W1:=(A+1)*(B+C/A);
   WRITELN;
   WRITELN('W1=  ',W1:10:4);
   WRITELN;
   WRITELN('X=  ');
   READ(X);
   WRITELN('Y=  ');
   READ(Y);
   W2:=(X+2*Y)/(3*X)*(1/X-1/(Y+1))*Y/(2*X+Y);
   WRITELN;
   WRITELN('W2=  ',W2:10:6)
END.
```

Mit den angegebenen Daten erhält man folgende Ergebnisse:

W1 = 2.25 und W2 = − 0.013796.

3.2/7

```
PROGRAM PA327;
   CONST
      K = 1.381E-23;
      H = 6.625E-34;
      C = 2.9979E8;
      PI= 3.14159;
   VAR
      T,LA,F,EX,PI8,UP,URJ,UW,L : REAL;
BEGIN
   WRITELN;
   WRITELN('EING. TEMPERATUR (K); T= ');
   READLN(T);
   WRITELN;
   WRITE('      U PLANCK      U RAYL.-J.          U WIEN   LAMBDA(E-06)');
   WRITELN;
   WRITELN;
   LA:=1E-6;
   F:=C/LA;
   EX:=EXP(H*F/(K*T));
   PI8:=PI*8*SQR(1/LA)/C;
   UP:=PI8*H*F/(EX-1);
   URJ:=PI8*K*T;
   UW:=PI8*H*F/EX;
   L:=LA*1E6;
   WRITELN(UP:11,'    ',URJ:11,'    ',UW:11,L:14:2)
END.
```

Da Pascal es erlaubt, mehrere Anweisungen in eine Zeile zu schreiben, lassen sich die Konstanten auch folgendermaßen zusammenfassen, um das Programm nicht unnötig aufzublähen:

```
PROGRAM PA327N;
   CONST
      K = 1.381E-23; H = 6.625E-34; C = 2.9979E8; PI = 3.14159;
   VAR
      T,LA,F,EX,PI8,UP,URJ,UW,L : REAL;
BEGIN
   WRITELN;
   WRITELN('EING. TEMPERATUR (K); T= ');
   READLN(T);
```

Die Ergebnisse können der Lösung 4.1/21 entnommen werden.

```
3.2/8     PROGRAM PA328;
              VAR
                  P1, P2, P3, P4, P5, P6, P7, P8:  CHAR;
                  D1, D2, D3, D4, D5, D6, D7, D8:  CHAR;
                  SN                            :  INTEGER;
          BEGIN
              WRITELN;
              WRITELN('EINGABE PROGRAMM-NAME: ');
              READLN(P1, P2, P3, P4, P5, P6, P7, P8);
              WRITELN;
              WRITELN('EINGABE DATUM: ');
              READLN(D1, D2, D3, D4, D5, D6, D7, D8);
              WRITELN;
              SN: =1;
          (* SN=SEITENNUMMER;
              NACH STELLUNG AUF SEITENANFANG:         *)
              WRITELN('PROGRAMM ', P1, P2, P3, P4, P5, P6, P7, P8,
                      '        DATUM ', D1, D2, D3, D4, D5, D6, D7, D8,
                      '        SEITE ', SN: 3);
              SN: = SN+1;
          (* DIES BEDEUTET ERHOEHUNG NUMMER FUER NAECHSTE
              SEITE;
              :
              :    PROGRAMM-FORTSETZUNG, SPAETER RUECKSPRUNG
                   NACH WRITELN('PROGRAMM...)....
              :
              :                    *)
          END.
```

Ausdruckbeispiel:

```
PROGRAMM ALPH-NUM        DATUM 09. 11. 86        SEITE   1
```

Das Programm ist in dieser Form recht mühsam, da es jedes einzelne Zeichen
mit einer anderen nichtindizierten Variablen belegt; damit wird jedoch gleichzeitig ein Beispiel für die Anwendungsform von Einzel-CHARACTERs gegeben.

Geschickter wäre es, P und D jeweils mit einer Feldvariablen zu belegen, in
der jedes einzelne Zeichen durch Indizierung definiert wäre (vgl. Aufg. 4.1/23):
VAR P, D: PACKED ARRAY[1 ... 8] OF CHAR; usw.

```
4.1/1     TYPE VEKT  =  ARRAY[1..5] OF REAL;
          VAR      A :  VEKT;
                   M :  REAL;

          BEGIN
              WRITELN; WRITELN('EINGABE DER A[I]:');
              READLN(A[1], A[2], A[3], A[4], A[5]);
              M: = (A[1] + A[2] + A[3] + A[4] + A[5])/5;   (vgl. Aufg. 4.1/3 und 4.1/5)
              WRITELN; WRITELN('EINGEGEBENE WERTE:');
              WRITELN(A[1]:9:3, A[2]:9:3, A[3]:9:3, A[4]:9:3, A[5]:9:3);
              WRITELN; WRITELN('ERGEBNIS M =', M:9:3)
          END.
```

Die beiden ersten Zeilen kann man auch zusammenfassen zu

VAR A: ARRAY[1..5] OF REAL;

(Statt [ ] ist auch (..) gebräuchlich, z.B. (.5.) statt [5].)

4.1/2

```
VAR SUMME: REAL;
          V: ARRAY[0 .. 20] OF REAL;
BEGIN
   WRITELN; WRITELN ('EINGABE DER WERTE:');
   READLN (V[0], V[5], V[10], V[15], V[20]);
   SUMME: = V[0] + V[5] + V[10] + V[15] + V[20];
   :
```

(vgl. Aufg. 4.1/3 und 4.1/5)

4.1/3

```
VAR R: ARRAY[1 .. 20] OF REAL;
    I, IA, IE, IS: INTEGER;

:

BEGIN
   :
   I: = IA;
   REPEAT
      READ(R[I]);
      I: = I + IS
   UNTIL I > IE;
   :
```

Wie läßt sich dies mit einer WHILE-Schleife programmieren (vgl. Aufg. 4.1/4)?

4.1/4

```
CONST PI = 3.14159;
VAR I, IS, ... : REAL;
    N, ...  : INTEGER;
BEGIN
   :
   IS: = PI/N;
   I: = − PI;
   WHILE I < = PI DO
      BEGIN
         :      (Berechnung von f(x))
         :
         WRITELN (x, f(x));
         I: = I + IS
      END;
   :
```

Wie lautet dieser Abschnitt mit einer REPEAT-Schleife (vgl. Aufg. 4.1/3)?

4.1/5   Die Summationsformulierung lautet

```
AS: = 0;
FOR I: = 1 TO M DO
    FOR J: = 1 TO N DO AS: = AS + A[I, J];
```

wobei vorher die Matrix A als zweidimensionales Feld deklariert worden sein muß (vgl. Aufg. 4.1/8).
AS enthält das Ergebnis.

4.1/6
```
Y: = 1;
FOR I: = 1 TO N DO Y: = Y * X;
```

4.1/7
```
NF: = 1;
FOR I: = 2 TO N DO NF: = NF * I;
```
Man beachte, daß bei der Berechnung der Fakultät mit INTEGERs sehr schnell die im Rechner maximal darstellbare INTEGER (MAXINT) überschritten werden kann und die Berechnung unbrauchbar wird.

4.1/8
```
PROGRAM PA418;
    TYPE
        MAB  =  ARRAY[1..2,1..20] OF REAL;
    VAR
        AB       :  MAB;
        SP       :  REAL;
        ZK, I    :  INTEGER;
BEGIN
    WRITELN;
    WRITELN('ZAHL DER KOMPONENTEN (<=20) =');
    READLN(ZK); WRITELN; WRITELN;
    WRITELN('EINGABE DER KOMPONENTEN: ');
    WRITELN('VEKTOR A: ');
    FOR I:=1 TO ZK DO READ(AB[1,I]);
    WRITELN('VEKTOR B: ');
    FOR I:=1 TO ZK DO READ(AB[2,I]);
    SP:=0;
    FOR I:=1 TO ZK DO SP:=SP+AB[1,I]*AB[2,I];
    WRITELN;
    WRITELN('SKALARPRODUKT=  ',SP:7:2)
END.
```

In der folgenden Version werden weitere Formulierungsmöglichkeiten angegeben:

{!}   weist auf eine weitere Möglichkeit für die zweidimensionale ARRAY-
      Darstellung hin,

{*}   verwendet eine andere — ebenfalls zulässige — Zweier-Indizierung.

```
PROGRAM PA413Z;
    TYPE
        MAB = ARRAY[1..2] OF ARRAY[1..20] OF REAL;      {!}
    VAR
        AB      : MAB;
        SP      : REAL;
        ZK, I   : INTEGER;
BEGIN
    WRITELN;
    WRITELN('ZAHL DER KOMPONENTEN (<=20) =');
    READLN(ZK); WRITELN; WRITELN;
    WRITELN('EINGABE DER KOMPONENTEN: ');
    WRITELN('VEKTOR A: ');
    FOR I:=1 TO ZK DO READ(AB[1][I]);               {*}
    WRITELN('VEKTOR B: ');
    FOR I:=1 TO ZK DO READ(AB[2][I]);               {*}
    SP:=0;
    FOR I:=1 TO ZK DO SP:=SP+AB[1][I]*AB[2][I];     {*}
    WRITELN;
    WRITELN('SKALARPRODUKT=  ',SP:7:2)
END.
```

Ergebnis in beiden Fällen: SP = 3740.

```
4.1/9    PROGRAM PA419;
         TYPE
             VA = ARRAY[0..10] OF REAL;
         VAR
             A                : VA;
             K, J, ND         : INTEGER;
             XO, DX, AB, YS : REAL;
     BEGIN
        WRITELN;
        WRITELN('GRAD DES POLYNOMS: ');
        READLN(K);
        WRITELN('XO: ');
        READLN(XO);
        WRITELN;
        WRITELN('EINGABE DER KOEFFIZIENTEN: ');
        FOR J:=0 TO K DO READ(A[J]);
        WRITELN('N= ');
        READLN(ND);
        DX:=1.0/ND;
        AB:=0;
        YS:=0;
        FOR J:=0 TO K DO
           BEGIN
              YS:=YS+J*A[J]*EXP((J-1)*LN(XO));
              AB:=AB+A[J]*(EXP(J*LN(XO+DX))-EXP(J*LN(XO)))/DX
           END;
        WRITELN;
        WRITELN('Y''(XO)= ',YS:8:2);
        WRITELN;
        WRITELN('STEIGUNG FUER N=',ND:5,': ');
        WRITELN;
        WRITELN('     ST= ',AB:8:4)
     END.
```

```
Y'(XO)=      19.00              STEIGUNG FUER N=     20:

STEIGUNG FUER N=     2:              ST=   20.4034

      ST=   38.6875
                              STEIGUNG FUER N=    250:

                                    ST=   19.1082

STEIGUNG FUER N=     5:

      ST=   25.2976           STEIGUNG FUER N=  1000:

                                    ST=   19.0268
```

```
4.1/10     PROGRAM PA4110;
           TYPE
               V = ARRAY[0..100] OF REAL;
           VAR
               A, Z               : V;
               R, RR, RB, P, P1   : REAL;
               B, I               : INTEGER;
       BEGIN
           WRITELN;
           WRITELN('GEWUENSCHTES DARLEHEN IN DM= ');
           READLN(A[0]);
           WRITELN('ANZUWENDENDER ZINSSATZ (MONATL.)= ');
           READLN(R);
           WRITELN('LAUFZEIT IN MONATEN ( <= 100 ) =');
           READLN(B);
           A[1]:=A[0];
           RR:=R/100;
           RB:=EXP(B*LN(1+RR));
           P:=A[0]*RR*RB/(RB-1);
           P1:=ROUND(P*100)/100;
           FOR I:=1 TO B DO
               BEGIN
                   Z[I]:=A[I]*RR;
                   A[I+1]:=A[I]-P+Z[I]
               END;
           WRITELN;
           WRITELN('DARLEHENSSUMME  =',A[0]:10:2,' DM');
           WRITELN('MONATL. ZINSSATZ=',R:7:2,' %');
           WRITELN('LAUFZEIT        =',B:5,' MONATE');
           WRITELN;
           WRITELN('MONAT  ZAHLUNG  ZINSEN  RESTSCHULD');
           WRITELN;
           FOR I:=1 TO B DO
                   WRITELN(I:5,P1:9:2,ROUND(Z[I]*100)/100:8:2,
                           ROUND(A[I+1]*100)/100:12:2)

       END.


DARLEHENSSUMME  =    10000.00 DM
MONATL. ZINSSATZ=     0.50 %
LAUFZEIT        =     24 MONATE

MONAT  ZAHLUNG  ZINSEN  RESTSCHULD

     1    443.21    50.00      9606.79
     2    443.21    48.03      9211.62
     3    443.21    46.06      8814.46
     4    443.21    44.07      8415.33
     5    443.21    42.08      8014.20
     6    443.21    40.07      7611.06
     7    443.21    38.06      7205.91
     8    443.21    36.03      6799.__
     9    ...

                              3041.27
    18    443.21    15.21      2613.27
    19    443.21    13.07      2183.13
    20    443.21    10.92      1750.83
    21    443.21     8.75      1316.38
    22    443.21     6.58       879.75
    23    443.21     4.40       440.94
    24    443.21     2.20        -0.06    (Rechnerungenauigkeit!)
```

```pascal
4.1/11    PROGRAM PA4111;
          VAR
               VA, VE, VS, A, V1, V2, S : REAL;
          BEGIN
             WRITELN;
             WRITELN('GESCHWINDIGKEIT IN [M/S]; ');
             WRITELN('ANFANG, ENDE, SCHRITT: ');
             READLN(VA, VE, VS);
             WRITELN('BREMSVERZOEGERUNG IN [M/(S*S)]: ');
             READLN(A);
             WRITELN;
             WRITELN('ANFANGSGESCHWINDIGKEIT = ', VA:6:2, ' M/S');
             WRITELN('ENDGESCHWINDIGKEIT      = ', VE:6:2, ' M/S');
             WRITELN('GESCHWINDIGKEITSSCHRITT= ', VS:6:2, ' M/S');
             WRITELN('BREMSVERZOEGERUNG       = ', A:6:2, ' M/(S*S)');
             WRITELN;
             WRITELN(' V[M/S]      V[KM/H]       S[M]');
             WRITELN('#############################');
             V1:=VA;
             WHILE V1<=VE DO
                BEGIN
                   S:=SQR(V1)/2/A;
                   V2:=V1*3.6;
                   WRITELN(V1:7:2, V2:11:2, S:9:2);
                   V1:=V1+VS
                END
          END.
```

```
ANFANGSGESCHWINDIGKEIT =     6.00 M/S
ENDGESCHWINDIGKEIT      =    50.00 M/S
GESCHWINDIGKEITSSCHRITT=     2.00 M/S
BREMSVERZOEGERUNG       =     4.00 M/(S*S)

   V[M/S]      V[KM/H]       S[M]
#############################
     6.00       21.60        4.50
     8.00       28.80        8.00
    10.00       36.00       12.50
    12.00       43.20       18.00
    14.00       50.40       24.50
    16.00       57.60       32.00
    18.00
                           150.50
    40.00      144.00      200.00
    42.00      151.20      220.50
    44.00      158.40      242.00
    46.00      165.60      264.50
    48.00      172.80      288.00
    50.00      180.00      312.50
```

```
4.1/12    PROGRAM PA4112;
          CONST
              A=5. 0;  B=4. 0;  VA=0. 25;  VE=9. 75;  DV=0. 5;
          VAR
              V, V2, F :  REAL;
      BEGIN
          WRITELN('MAXWELL-BOLTZMANN-VERTEILUNG');
          WRITELN;
          WRITELN('PARAMETER: ');
          WRITELN;
          WRITELN('A =', A: 5: 2, '       B =', B: 5: 2);
          WRITELN('VA=', VA: 5: 2, '      VE=', VE: 5: 2,
                             '       DV=', DV: 5: 2);
          WRITELN;
          WRITELN('       V              F(V)');
          WRITELN('=====================');
          V: =VA;
          WHILE V<=VE DO
              BEGIN
                  V2: =V*V;
                  F: =A*V2*EXP(-V2/B);
                  WRITELN(V: 6: 2, F: 16);
                  V: =V+DV
              END
      END.
```

MAXWELL-BOLTZMANN-VERTEILUNG

PARAMETER:

A = 5. 00   B = 4. 00
VA= 0. 25   VE= 9. 75   DV= 0. 50

V	F(V)
0. 25	3. 076550E-01
0. 75	2. 443542E+00
1. 25	5. 286201E+00
1. 75	7. 120972E+00
2. 25	7. 139715E+00
2. 75	5. 708832E+00
3. 25	3. 766411E+00
3. 75	2. 090335E+00
4. 25	9. 877266E-01
4. 75	4. 005575E-01
5. 25	1. 401936E-01
5. 75	4. 251970E-02
6. 25	1. 120915E-02
6. 75	2. 574494E-03
7. 25	5. 161131E-04
7. 75	9. 044202E-05
8. 25	1. 387030E-05
8. 75	1. 863452E-06
9. 25	2. 194942E-07
9. 75	2. 268294E-08

```
4.1/13    PROGRAM PT4113;
              TYPE
                  VA = ARRAY[0..20] OF REAL;
              VAR
                  A                 : VA;
                  K, I              : INTEGER;
                  XA, XE, DX, X, Y  : REAL;
          BEGIN
              WRITELN;
              WRITELN('GRAD DES POLYNOMS:  ');
              READLN(K);
              WRITELN('EINGABE DER KOEFFIZIENTEN A:  ');
              FOR I:=0 TO K DO READ(A[I]);
              WRITELN('EINGABE XA,  XE,  DX: ');
              READLN(XA, XE, DX);
              WRITELN('        *** POLYNOMBERECHNUNG ***');
              WRITELN;
              WRITELN('KOEFFIZIENTEN DES POLYNOMS:');
              WRITELN;
              FOR I:=0 TO K DO WRITELN('A', I:2, ' =', A[I]:5:1);
              WRITELN; WRITELN;
              WRITELN('X-WERT           Y-WERT');
              WRITELN('======================');
              X:=XA;
              WHILE X<=XE DO
                  BEGIN
                      Y:=0;
                      FOR I:=K DOWNTO 0 DO Y:=Y*X+A[I];
                      WRITELN(X:6:2, Y:16:4);
                      X:=X+DX
                  END
          END.
```

	X-WERT	Y-WERT
	======================	
	-1.00	-10.8000
*** POLYNOMBERECHNUNG ***	-0.80	-9.0174
	-0.60	-7.4714
KOEFFIZIENTEN DES POLYNOMS:	-0.40	-6.3510
	-0.20	-5.6173
A 0 = -5.1	0.00	-5.1000
A 1 = 2.4	0.20	-4.5827
A 2 = 0.0	0.40	-3.8479
A 3 = 4.7	0.60	-2.7010
A 4 = 0.0	0.80	-0.9544
A 5 = -0.9	1.00	1.6000
A 6 = 0.0	1.20	4.8661
A 7 = 0.0	1.40	6.6115
A 8 = 1.0	1.60	-3.4718
A 9 = 0.0	1.80	-58.6990
A10 = -0.5	2.00	-247.4984

Zur Verwendung des Horner-Schemas in Form einer rekursiven Funktion vgl.
Lösung 5.2/10.

```
4.1/14    PROGRAM PA4115;
            CONST
              PI = 3.14159;
            TYPE
              V = ARRAY[1..5] OF REAL;
            VAR
              L,F                        : V;
              I,IE                       : INTEGER;
              H,LA,LE,DL,CA,CE,DC,C  : REAL;
          BEGIN
            WRITELN;
            WRITELN('INDUKTIVITAET L [UH]: LA, LE, DL: ');
            READLN(LA,LE,DL);
            WRITELN('KAPAZITAET C [PF]:     CA, CE, DC: ');
            READLN(CA,CE,DC);
            I:=0;
            H:=LA;
            REPEAT
              I:=I+1;
              L[I]:=H;
              H:=H+DL
            UNTIL H>LE;
            IE:=I;
            WRITELN('TABELLE RESONANZFREQUENZEN: ');
            WRITELN;
            WRITELN('INDUKTIVITAET IN MIKROHENRY');
            WRITELN('KAPAZITAET IN PIKOFARAD');
            WRITELN('FREQUENZ F IN MEGAHERTZ');
            WRITELN;
            WRITELN('C \ L',L[1]:9:1,L[2]:9:1,L[3]:9:1,L[4]:9:1,
                      L[5]:9:1);
            WRITE('===================================================');
            WRITELN;
            C:=CA;
            REPEAT
              FOR I:=1 TO IE DO F[I]:=1/(2*PI*SQRT(L[I]*C))*1000;
              WRITELN(ROUND(C):5,F[1]:9:3,F[2]:9:3,F[3]:9:3,
                        F[4]:9:3,F[5]:9:3);
              C:=C+DC
            UNTIL C>CE
          END.
```

```
TABELLE RESONANZFREQUENZEN:

INDUKTIVITAET IN MIKROHENRY
KAPAZITAET IN PIKOFARAD
FREQUENZ F IN MEGAHERTZ
```

C \ L	1.0	3.5	6.0	8.5	11.0
100	15.916	8.507	6.497	5.459	4.799
200	11.254	6.015	4.594	3.860	3.393
300	9.189	4.912	3.751	3.152	2.771
400	7.958	4.254	3.249	2.729	2.399
500	7.118	3.805	2.906	2.441	2.146
600	6.497	3.473	2.653	2.229	1.959
700	6.015	3.215	2.456	2.063	1.814
800	5.627	3.008	2.297	1.930	1.697
900	5.305	2.836	2.166	1.820	1.600
1000	5.033	2.690	2.055	1.726	1.517

4.1/15
```
PROGRAM PA4116;
    VAR M, MT    : ARRAY[1..10, 1..10] OF REAL;
        I, J, Z, S: INTEGER;
BEGIN
            {WERTZUWEISUNG ZEILENZAHL Z,
                           SPALTENZAHL S UND
                           MATRIX M;
              DANN TRANSPONIEREN DER MATRIX:   M --> MT:}
   FOR I:=1 TO Z DO
     FOR J:=1 TO S DO MT[J,I]:=M[I,J];
            {USW.}
END.
```

4.1/16
```
PROGRAM PA4117;
    VAR M   : ARRAY[1..10, 1..7] OF REAL;
        I, J: INTEGER;
BEGIN
   FOR I:=1 TO 10 DO
     FOR J:=1 TO 7 DO M[I,J]:=0;
                 {USW.}
END.
```

4.1/17
```
PROGRAM PA4118;
{
    WILLKUERLICHE RECHENWERTE > 0 :
                                                 }
    CONST
       M = 2.5;   X = 0.7;
    VAR
       A1, S, A : REAL;
       N, I     : INTEGER;
{ ZAHL DER SUMMANDEN WIRD VON 2 (N=1) BIS 10 VARIIERT.   }
BEGIN
    WRITELN('X=', X:6:1, '           M=', M:6:1);
    WRITELN;
    A1:=EXP(M*LN(1+X));
    WRITELN('EXAKT:  (1+X)^M = ', A1:10:6);
    WRITELN;
    FOR N:=1 TO 9 DO
       BEGIN
          S:=1;
          A:=1;
          FOR I:=1 TO N DO
             BEGIN
                A:=A*(M-I+1)*X/I;
                S:=S+A
             END;
          WRITELN('N= ', N:3, '           (1+X)^M = ', S:10:6)
       END
END.
```

```
X=    0.7              M=    2.5

EXAKT:  (1+X)^M =    3.768099

N=   1              (1+X)^M =    2.750000
N=   2              (1+X)^M =    3.668750
N=   3              (1+X)^M =    3.775937
N=   4              (1+X)^M =    3.766558
N=   5              (1+X)^M =    3.768528
N=   6              (1+X)^M =    3.767953
N=   7              (1+X)^M =    3.768154
N=   8              (1+X)^M =    3.768074
N=   9              (1+X)^M =    3.768108
```

```
4.1/18    PROGRAM PA4211;
            TYPE
              V = ARRAY[1..20] OF REAL;
            VAR
              A,B : V;
              Z,I : INTEGER;
              SA,SB,SP,BA,BB,COSINUS : REAL;
          BEGIN
            WRITELN;
            WRITELN('ANZAHL Z DER VEKTORKOMPONENTEN (Z<=20): ');
            READLN(Z);
            WRITELN('EINLESEN DER VEKTOREN: ');
            WRITELN('VEKTOR A: ');
            FOR I:=1 TO Z DO READ(A[I]);
            WRITELN('VEKTOR B: ');
            FOR I:=1 TO Z DO READ(B[I]);
            SA:=0;
            SB:=0;
            SP:=0;
            FOR I:=1 TO Z DO
              BEGIN
                SA:=SA+A[I]*A[I];
                SB:=SB+B[I]*B[I];
                SP:=SP+A[I]*B[I]
              END;
            BA:=SQRT(SA);
            BB:=SQRT(SB);
            COSINUS:=SP/(BA*BB);
            WRITELN;
            WRITELN('     A              B');
            WRITELN;
            FOR I:=1 TO Z DO WRITELN(A[I]:5:2,B[I]:11:2);
            WRITELN;
            WRITELN('COS=',COSINUS:9:6)
          END.
```

A	B
2.00	-1.00
1.00	-0.50
-0.20	1.50
0.00	0.00
-1.00	-0.40
0.00	1.90
3.00	-2.00
1.20	2.50
-0.30	0.40
-1.10	-0.10

A	B
3.60	1.40
-1.80	2.70

COS= 0.014704

COS=-0.305048

4.1/19

```
PROGRAM PA4216;
   VAR I, J, Z, ZS, QS, D:  INTEGER;
BEGIN
  WRITELN;
  WRITE('GANZE ZAHL I EINGEBEN(0<=I<=32767;  I=0:ENDE):  ');
  READ(I);
  WHILE I<>0 DO
    BEGIN
      Z:=I;  QS:=0;  D:=10000;
      FOR J:=1 TO 5 DO
        BEGIN
          ZS:=Z DIV D;
          QS:=QS+ZS;
          Z :=Z-ZS*D;
          D :=D DIV 10
        END;
      WRITELN;  WRITELN('EINGELESENE ZAHL:', I:8);
      WRITELN;  WRITELN('QUERSUMME:', QS:15);
      WRITELN;  WRITE('? ');  READ(I)
    END
END.
```

EINGELESENE ZAHL: 25863

QUERSUMME: 24

```
4.1/20     PROGRAM PA4217;
             VAR N, K:  INTEGER;
                 S  :  REAL;
             BEGIN
               WRITELN;
               WRITELN('GRENZWERT DER REIHE:  0.5');  WRITELN;
               WRITELN('    N',' ':8,'SUMME');  WRITELN;
               READLN(N);
               WHILE N>0 DO
                 BEGIN
                   S:=0;
                   FOR K:=1 TO N DO S:=S+1/(2*K-1)/(2*K+1);
                   WRITELN(N:4,S:13:7);
                   READLN(N)
                 END
             END.




                    GRENZWERT DER REIHE:  0.5

                       N            SUMME

                       5        0.4545454
                      10        0.4761903
                      30        0.4918025
                     100        0.4975097


4.1/21     PROGRAM PA4221;
           {}
             CONST K = 1.381E-23;           H = 6.625E-34;
                   C = 2.9979E8;            PI= 3.141593;
                   LA= 1E-6;      LE=50E-6;      DL= 1E-6;
             VAR T, LAMBDA, F, F2, EXPON, P8, UP, URJ, UW:  REAL;
           {}
           BEGIN
             WRITELN;
             WRITE('EING. TEMPERATUR [K]; T= ');  READ(T);
             WHILE T>0 DO
               BEGIN
                 WRITELN;
                 WRITELN('T=',T:6:1,'   K');  WRITELN;
                 WRITELN('   U PLANCK',' ':8,'U RAYL.-JEANS     U WIEN',
                         ' ':11,'LAMBDA(E-06)');  WRITELN;
                 LAMBDA:=LA;
                 REPEAT
                   F:=C/LAMBDA;
                   F2:=F*F;
                   EXPON:=EXP(H*F/(K*T));
                   P8:=8*PI/(C*C*C)*F2;
                   UP:=P8*H*F/(EXPON-1);
                   URJ:=P8*K*T;
                   UW:=P8*H*F/EXPON;
                   WRITELN(UP:13,URJ:16,UW:16,LAMBDA*1E6:15:1);
                   LAMBDA:=LAMBDA+DL
                 UNTIL LAMBDA>LE;
                 WRITELN; WRITE('T=? ');  READ(T)
               END
           END.
```

T= 600.0   K

U PLANCK	U RAYL. -JEANS	U WIEN	LAMBDA(E-06)
6.480790E-25	6.946521E-16	6.480789E-25	1.0
1.298492E-20	1.736630E-16	1.298484E-20	2.0
2.090622E-19	7.718359E-17	2.089913E-19	3.0
6.514511E-19	4.341577E-17	6.498239E-19	4.0
1.112158E-18	2.778611E-17	1.102949E-18	5.0
1.445688E-18	1.929591E-17	1.419074E-18	6.0
1.634557E-18	1.417659E-17	1.581311E-18	7.0
1.710791E-18	[illegible]	[illegible]	[illegible]
...	...	...	43.0
[illegible]	3.588107E-19	1.133666E-19	44.0
2.597520E-19	3.430408E-19	1.072663E-19	45.0
2.501512E-19	3.282881E-19	1.015912E-19	46.0
2.410660E-19	3.144671E-19	9.630551E-20	47.0
2.324608E-19	3.015008E-19	9.137668E-20	48.0
2.243028E-19	2.893202E-19	8.677546E-20	49.0
2.165619E-19	2.778632E-19	8.247534E-20	50.0

T= 900.0   K

U PLANCK	U RAYL. -JEANS	U WIEN	LAMBDA(E-06)
1.912321E-21	1.041978E-15	1.912321E-21	1.0
7.055866E-19	2.604946E-16	7.053475E-19	2.0
3.012237E-18	1.157754E-16	2.997595E-18	3.0
4.879201E-18	[illegible]	[illegible]	[illegible]
...	...	...	46.0
[illegible]	4.717006E-19	1.141510E-19	47.0
3.811410E-19	4.522512E-19	1.079260E-19	48.0
3.670560E-19	4.339803E-19	1.021438E-19	49.0
3.537344E-19	4.167948E-19	9.676608E-20	50.0

T=1000.0   K

U PLANCK	U RAYL. -JEANS	U WIEN	LAMBDA(E-06)
9.452524E-21	1.157754E-15	9.452519E-21	1.0
1.569364E-18	2.894384E-16	1.568182E-18	2.0
5.148882E-18	1.286393E-16	5.106248E-18	3.0
7.342834E-18	[illegible]	[illegible]	[illegible]
...	...	...	46.0
[illegible]	5.241118E-19	1.180988E-19	47.0
4.309759E-19	5.025013E-19	1.115794E-19	48.0
4.148935E-19	4.822004E-19	1.055298E-19	49.0
3.996920E-19	4.631053E-19	9.990862E-20	50.0

4.1/22
```
        PROGRAM PA4226;
          TYPE FIB = ARRAY[1..20] OF INTEGER;
          VAR FZ  : FIB;
              I,J : INTEGER;
        BEGIN
          FZ[1]:=0;
          FZ[2]:=1;
          FOR I:=3 TO 20 DO
            FZ[I]:=FZ[I-1]+FZ[I-2];
          WRITELN; WRITELN;
          WRITELN('FIBONACCI-ZAHLEN VON 1-20:');
          WRITELN;
          FOR I:=0 TO 4 DO
            BEGIN
              J:=4*I+1;
              WRITELN(FZ[J]:5,FZ[J+1]:10,FZ[J+2]:10,FZ[J+3]:10)
            END
        END.
```

```
        FIBONACCI-ZAHLEN VON 1-20:

            0           1           1           2
            3           5           8          13
           21          34          55          89
          144         233         377         610
          987        1597        2584        4181
```

Es sei auch auf die rekursive Formulierung in Lösg. 5.2/4 sowie die dortige
Ausgabeform verwiesen.

4.1/23
```
        B:  HEITER
        C:  EIMER
        D:  EISMEER
```

```
4.1/24    PROGRAM PT4124A;
            TYPE
                MM = PACKED ARRAY[1..5,1..4] OF CHAR;
                VU = ARRAY[1..5] OF REAL;
            VAR
                M        : MM;             U       : VU;
                K        : INTEGER;        Z,SU,F : REAL;
          BEGIN
            M[1]:='M    ';     U[1]:=1;
            M[2]:='CM   ';     U[2]:=0.01;
            M[3]:='INCH';      U[3]:=0.0254;
            M[4]:='FUSS';      U[4]:=0.3048;
            M[5]:='YARD';      U[5]:=0.9144;
            SU:=0;
            WRITELN; WRITELN;
            WRITELN('EINGABE KENNZIFFER K UND ZAHLENWERT');
            WRITELN('K=0 ===> ENDE DER EINGABEN');
            WRITELN;
            WRITELN('   LAENGE           EINHEIT                 METER');
            WRITELN;
            READ(K);
            REPEAT
              READ(Z);
              F:=Z*U[K];
              SU:=SU+F;
              WRITELN(Z:9:3,M[K]:11,F:21:4);
              READ(K)
            UNTIL K=0;
            WRITELN;
            WRITELN('SUMME DER LAENGEN: ',SU:23:4,'   METER')
          END.
```

Andere Möglichkeit der ARRAY-Darstellung:

```
PROGRAM PT4124B;
   TYPE
      MM = ARRAY[1..5] OF PACKED ARRAY[1..4] OF CHAR;
      VU = ARRAY[1..5] OF REAL;
```

```
      LAENGE           EINHEIT                 METER

      57.300           INCH                    1.4554
      93.750           YARD                   85.7250
     112.326           M                     112.3260
    4221.900           CM                     42.2190
     983.200           CM                      9.8320
      88.700           INCH                    2.2530
    1974.400           CM                     19.7440
      27.130           YARD                   24.8077
     310.970           FUSS                   94.7836
    2841.500           CM                     28.4150
    1024.050           FUSS                  312.1304

SUMME DER LAENGEN:                          733.6909   METER
```

4.2/1   LABEL 10;

        :

        BEGIN

     10: ....

          :

        GOTO 10

        END.   (vgl. hierzu Lösung 4.2/9)

4.2/2   IF $R < 0$ THEN WRITELN('WURZEL IMAGINAER')
              ELSE WRITELN('WURZEL REELL');

4.2/3   Es sei $N > 1$ eingelesen.

     REPEAT

         :

       $N := N - 1$

     UNTIL N = 0;

     Wie lautet die Formulierung mit WHILE?

     Ebenfalls möglich ist

     FOR I: = N DOWNTO 1 DO BEGIN ... END;

4.2/4   K wird eingelesen, dann:

     WHILE $K > 0$ DO BEGIN ... READ(K) END;

     oder mit REPEAT ... UNTIL K = 0;

     oder auch IF K = 0 THEN GOTO ...

     oder IF $K > 0$ THEN ...

4.2/5   Möglich IF-Abfragen, wesentlich geschickter aber

     CASE KE OF

          1: ...;

          2: ...;

          3: ...;

          4: ...

         OTHERWISE ...

     END;

     Ein Anwendungsbeispiel hierzu zeigt Lösung 4.2/9.

     Einige Pascal-Versionen erlauben das Abfangen ungültiger CASE-Label (hier:
KE $\neq$ 1, 2, 3, 4) durch OTHERWISE oder ELSE oder OTHERS mit zugehöriger Anweisung (vgl. auch Lösung 5.1/34).

     Falls ein derartiges Abfangen nicht vorgesehen ist, kann man sich etwa auf die bei L 6/3 angegebene Art helfen.

4.2/6

```
PROGRAM PA4N1;
  VAR
    X,Y,ABSX : REAL;
    N        : INTEGER;
BEGIN
  WRITELN;
  WRITELN('EINGABE X:  ');
  READLN(X);
  WRITELN('EINGABE N (GANZZAHLIG):  ');
  READLN(N);
  IF X=0 THEN Y:=0
  ELSE
    BEGIN
      ABSX:=ABS(X);
      Y:=(1-(1-X/ABSX)*(N MOD 2))*EXP(N*LN(ABSX));  WRITELN;
      WRITELN;
      WRITELN(X:7:2,' ^',N:3,' =',Y:14:6)
    END
END.
```

```
-3.50 ^  3 =    -42.874977        3.50 ^  0 =      1.000000


-3.50 ^ -3 =     -0.023324       -3.50 ^ -4 =      0.006664
```

```pascal
4.2/7    PROGRAM PA426;
           VAR
               P, Q, P2, D, X, DW, X1, X2 :  REAL;
         BEGIN
           WRITELN;
           WRITELN('EINGABE P, Q:  ');
           READLN(P, Q);
           P2: =P/2;
           D: =P2*P2-Q;
           IF D<O THEN WRITELN('X KOMPLEX')
           ELSE
             BEGIN                   {DARF IN FORM ELSE-IF ENTFALLEN*****}
               IF D=O THEN
                 BEGIN
                   X: =-P2;
                   WRITELN('P,  Q,  X: ',P: 7: 2, Q: 7: 2, X: 10: 3)
                 END
               ELSE
                 BEGIN
                   DW: =SQRT(D);
                   X1: =-P2+DW;
                   X2: =-P2-DW;
                   WRITELN('P,  Q,  X1,  X2: ',P: 7: 2, Q: 7: 2, X1: 10: 3,
                           X2: 10: 3)
                 END
             END                     {S. O.  BEI BEGIN ********************}
         END.
```

```
P, Q, X:     6. 00    9. 00     -3. 000


P, Q, X1, X2:    2. 00 -35. 00      5. 000     -7. 000


X KOMPLEX
```

4.2/8

```
PROGRAM PT428;
   TYPE
      VA = ARRAY[0..20] OF REAL;
   VAR
      A                 : VA;
      K, I, VZ          : INTEGER;
      XA, XE, DX, X, Y  : REAL;
BEGIN
  WRITELN;
  WRITELN('GRAD DES POLYNOMS: ');
  READLN(K);
  WRITELN('EINGABE DER KOEFFIZIENTEN A: ');
  FOR I:=0 TO K DO READ(A[I]);
  WRITELN('EINGABE XA, XE, DX: ');
  READLN(XA, XE, DX);
  WRITELN('        *** POLYNOMBERECHNUNG ***');
  WRITELN;
  WRITELN('KOEFFIZIENTEN DES POLYNOMS: ');
  WRITELN;
  FOR I:=0 TO K DO WRITELN('A', I:2, ' =', A[I]:5:1);
  WRITELN; WRITELN;
  WRITELN('X-WERT            Y-WERT');
  WRITELN('======================');
  X:=XA;
  WHILE X<=XE DO
    BEGIN
      Y:=0;
      IF X=0 THEN Y:=A[0]
             ELSE
                FOR I:=0 TO K DO
                  BEGIN
                    VZ:=1;
                    IF (X<0) AND (ODD(I)) THEN VZ:=-1;
                    Y:=Y+VZ*A[I]*EXP(I*LN(ABS(X)))
                  END;
      WRITELN(X:6:2, Y:16:4);
      X:=X+DX
    END
END.
```

Die Ergebnisse sind die gleichen wie bei Aufg. 4.1/13.

```pascal
4.2/9    PROGRAM PT429;
         {}
           CONST Z = '------!-----!-----!';
           VAR   KE,I1,I2,I3,I4:  INTEGER;
                 LOGIK           : PACKED ARRAY[1..4] OF CHAR;
         {}
         BEGIN
           REPEAT
             WRITELN;
             WRITE('KENNZIFFER: '); READLN(KE);
             WRITELN;
             WRITELN('KENNZIFFER =',KE:3); WRITELN;
             IF KE<>0 THEN
               BEGIN
                 IF (KE<0) OR (KE>4) THEN
                   WRITELN('*****  KENNZIFFER UNGUELTIG  *****')
                 ELSE
                   BEGIN
                     CASE KE OF
                       1: BEGIN
                            LOGIK:='AND ';
                            I1:=1; I2:=0; I3:=0; I4:=0
                          END;
                       2: BEGIN
                            LOGIK:='OR  ';
                            I1:=1; I2:=1; I3:=1; I4:=0
                          END;
                       3: BEGIN
                            LOGIK:='EQV ';
                            I1:=1; I2:=0; I3:=0; I4:=1
                          END;
                       4: BEGIN
                            LOGIK:='NEQV';
                            I1:=0; I2:=1; I3:=1; I4:=0
                          END
                     END;   {CASE}
                     WRITELN(LOGIK,' ! 1 ! 0 !');
                     WRITELN(Z);
                     WRITELN('   1  !',I1:3,'  !',I2:3,'  !');
                     WRITELN(Z);
                     WRITELN('   0  !',I3:3,'  !',I4:3,'  !');
                     WRITELN(Z)
                   END     {ELSE}
               END         {IF}
           UNTIL KE=0
         END.
```

```
KENNZIFFER = -1

*****  KENNZIFFER UNGUELTIG  *****


KENNZIFFER =  1                    KENNZIFFER =  2

AND   !  1  !  0  !                OR    !  1  !  0  !
------!-----!-----!                ------!-----!-----!
   1  !  1  !  0  !                   1  !  1  !  1  !
------!-----!-----!                ------!-----!-----!
   0  !  0  !  0  !                   0  !  1  !  0  !
------!-----!-----!                ------!-----!-----!


KENNZIFFER =  3                    KENNZIFFER =  4

EQV   !  1  !  0  !                NEQV  !  1  !  0  !
------!-----!-----!                ------!-----!-----!
   1  !  1  !  0  !                   1  !  0  !  1  !
------!-----!-----!                ------!-----!-----!
   0  !  0  !  1  !                   0  !  1  !  0  !
------!-----!-----!                ------!-----!-----!
```

```
4.2/10    PROGRAM PA428;
            LABEL 1;
            VAR
              ZT,ZB,K,H,T : INTEGER;
          BEGIN
            WRITELN;
            WRITELN('ZAHL DER TIERE UND BEINE: ');
            READLN(ZT,ZB);
            WRITELN('EINGEGEBENE TIERZAHL:',ZT:4);
            WRITELN('EINGEGEBENE BEINZAHL:',ZB:4);
            WRITELN;
            WRITELN('KANINCHEN   HUEHNER   TIERZAHL');
            WRITELN;
              {VARIABLE: KANINCHEN=K, HUEHNER=H, TIERE=T:}
            K:=1;
            WHILE K*4<=ZB DO
              BEGIN
                H:=(ZB-K*4) DIV 2;
                T:=H+K;
                WRITELN(K:6,H:11,T:11);
                IF T=ZT THEN GOTO 1;
                K:=K+1
              END;
          1:WRITELN;WRITELN('ERGEBNIS: ');
            WRITELN;
            WRITELN('ES HANDELT SICH UM',K:3,' KANINCHEN UND',H:3,
                    ' HUEHNER.')
          END.
```

```
EINGEGEBENE TIERZAHL:   20
EINGEGEBENE BEINZAHL:   64

KANINCHEN     HUEHNER     TIERZAHL

     1          30          31
     2          28          30
     3          26          29
     4          24          28
     5          22          27
     6          20          26
     7          18          25
     8          16          24
     9          14          23
    10          12          22
    11          10          21
    12           8          20

ERGEBNIS:

ES HANDELT SICH UM 12 KANINCHEN UND  8 HUEHNER.
```

4.2/11
```
        PROGRAM PA429A;
          VAR
            N,K : INTEGER;
            Y   : REAL;
        BEGIN
          WRITELN;
          WRITELN('N= ');
          READLN(N);
          Y:=0;
          FOR K:=-N TO N DO
            IF ABS(K)<>1 THEN
              Y:=1/(K*K -1)+Y;
          WRITELN;
          WRITELN('N= ',N:3,'             Y=',Y:9:5)
        END.
```

Kürzeste Formulierung (Symmetrie der Funktion in k):

```
        PROGRAM PA429B;
          VAR
            N,K : INTEGER;
            Y   : REAL;
        BEGIN
          WRITELN;
          WRITELN('N= ');
          READLN(N);
          Y:=-1;
          FOR K:=2 TO N DO
              Y:=2/(K*K -1)+Y;
          WRITELN;
          WRITELN('N= ',N:3,'            Y=',Y:9:5)
        END.
```

```
N=    3,          Y= -0.08333

N=   10,          Y=  0.30909
```

4.2/12

```
PROGRAM PA4210;
  LABEL 1;
  VAR Q: REAL;
      K: INTEGER;
BEGIN
  Q:=1;
  FOR K:=1 TO 366 DO
    BEGIN
      Q:=Q*(366-K)/365;
      IF 1-Q>0.5 THEN GOTO 1
    END;
1:WRITELN('WAHRSCHEINLICHKEIT: W=',1-Q:9:6);
  WRITELN;
  WRITELN('ANZAHL DER PERSONEN: K=',K:3)
END.


    WAHRSCHEINLICHKEIT: W= 0.507299

    ANZAHL DER PERSONEN: K= 23
```

4.2/13

```
PROGRAM PA4212C;
  VAR
    KN    : INTEGER;
    G,B,F : REAL;
BEGIN
  WRITELN;
  WRITE('KENNZIFFER (0, 1, 2 ODER 3): ');
  READ(KN);
  WRITELN;
  WHILE KN<>0 DO
    BEGIN
      WRITELN('EINGABEN (1)G,B ODER (2)F,B ODER (3)F,G:');
      CASE KN OF
        1: BEGIN READ(G,B); F:=G*B/(B+G) END;
        2: BEGIN READ(F,B); G:=F*B/(B-F) END;
        3: BEGIN READ(F,G); B:=F*G/(G-F) END
      END;
      WRITELN;
      WRITELN('EINGABEN UND ERGEBNIS:');
      WRITELN;
      WRITELN('          G          B              F');
      WRITELN;
      WRITELN(G:11:3,B:11:3,F:11:3);
      WRITELN; WRITELN;
      WRITE('NEUE KENNZIFFER: '); READ(KN); WRITELN
    END
END.


        EINGABEN UND ERGEBNIS:

               G          B          F

            5.000     20.000     4.000
```

```
4.2/14     PROGRAM PT4214;
             VAR    ,
               A,B,C : REAL;
               K     : INTEGER;
           BEGIN
             WRITELN;
             WRITELN('EINGABE 3 ZAHLEN A,B,C:  ');
             READ(A,B,C);
             WRITELN;
             K:=0;
             IF A>=B THEN
               IF A>=C THEN WRITELN('A=',A:7:2)
                       ELSE K:=1
             ELSE
               IF B>=C THEN WRITELN('B=',B:7:2)
                       ELSE K:=1;
             IF K=1 THEN WRITELN('C=',C:7:2)
           END.
```


```
4.2/15     PROGRAM PA4214;
             TYPE
               VN  = ARRAY[1..4] OF INTEGER;
               V   = ARRAY[1..4] OF REAL;
             VAR
               N        VN;
               AT,CO : V;
               X,A,C : REAL;
               I,J   : INTEGER;
           BEGIN
             WRITELN;
             WRITELN('EINGABE X:  ');
             READ(X);
                            { WERTE AUS BIBLIOTHEKS - UP:  }
             WRITELN;
             WRITELN('KONTROLLE (RECHNERWERTE): ');
             WRITELN('ARCTAN',X:6:2,'  =',ARCTAN(X):11:7);
             WRITELN('COS',X:6:2,'     =',COS(X):11:7);
                            { ENTWICKLUNGEN:  }
             N[1]:=3;
             N[2]:=6;
             N[3]:=9;
             N[4]:=50;
             A:=X;
             AT[1]:=X;
             C:=1;
             CO[1]:=1;
             J:=1;
```

```
        FOR I:=2 TO N[4] DO
          BEGIN
                      { BERECHNUNG ARCTAN: }
              A:=-A*X*X;
              AT[J]:=AT[J]+A/(2*I-1);
                      { BERECHNUNG COS: }
              C:=-C*X*X/((2*I-3)*2*(I-1));
              CO[J]:=CO[J]+C;
                      {                    }
              IF I=N[J] THEN
                BEGIN
                  WRITELN;
                  WRITELN('N= ',N[J]:3); WRITELN;
                  WRITELN('ARCTAN',X:6:2,' =',AT[J]:11:7);
                  WRITELN;
                  WRITELN('COS',X:6:2,'       =',CO[J]:11:7);
                  WRITELN;
                  J:=J+1;
                  AT[J]:=AT[J-1];
                  CO[J]:=CO[J-1]
                END
          END
    END.
```

```
N=   3                              N=   9

ARCTAN  0.50 =  0.4645833           ARCTAN  0.50 =  0.4636474

COS  0.50    =  0.8776041           COS  0.50    =  0.8775822


N=   6                              N=  50

ARCTAN  0.50 =  0.4636397           ARCTAN  0.50 =  0.4636469

COS  0.50    =  0.8775822           COS  0.50    =  0.8775822
```

```pascal
4.2/16    PROGRAM PA4215;
            LABEL 1;
            CONST
              E = 2.71828183;
              G = 1E-3;
              IMAX = 10000;          {MAXIMALE ITERATIONSZAHL}
            VAR
              I,K1,K2,K3,Z1,Z2,Z3 :  INTEGER;
              E1,E2,E3,ES         :  REAL;
          BEGIN
            ES:=1;
            E1:=1;
            Z1:=0;  Z2:=0;  Z3:=0;
            FOR I:=1 TO IMAX DO
              BEGIN
                IF E-E1>G THEN
                  BEGIN
                    ES:=ES/I;
                    E1:=E1+ES;
                    K1:=I
                  END
                ELSE
                  Z1:=1;
                IF ABS(E-E2)>G THEN
                  BEGIN
                    IF I>1 THEN
                      E2:=EXP(-I*LN(1-1.0/I));
                    K2:=I
                  END
                ELSE
                  Z2:=1;
                IF E-E3>G THEN
                  BEGIN
                    E3:=EXP(I*LN(1+1.0/I));
                    K3:=I
                  END
                ELSE
                  Z3:=1;
              IF Z1+Z2+Z3=3 THEN GOTO 1
              END;
          1:WRITELN;
            WRITELN('ERGEBNISSE:'); WRITELN;
            WRITELN('              WERT        ITERATIONSZAHL');
            WRITELN;
            WRITELN('REIHE',E1:16:8,K1:16);
            WRITELN('LIM(-N)',E2:14:8,K2:16);
            WRITELN('LIM(N)',E3:15:8,K3:16)
          END.
```

                    ERGEBNISSE:

                                        WERT   ITERATIONSZAHL

                        REIHE   2.71805477   6
                        LIM(-N)   2.71928167   1359
                        LIM(N)   2.71728325   1363

```
4.2/17    PROGRAM PA4218;
             VAR R,N          : INTEGER;
                 A,B,C,D,E,F:  REAL;
             BEGIN
                WRITELN;
                WRITE('RESTZAHL R DER KOKOSNUESSE:  '); READ(R);
                WRITELN; WRITELN('  N',' ':12,'REST'); WRITELN;
                N:=0;
                REPEAT
                   N:=N+1;
                   A:=0.5*(N+1);              {KOKOSNUSSZAHL PERSON 1}
                   B:=N-A;                    {ERSTER REST}
                   C:=0.5*(B+1);              {KOKOSNUSSZAHL PERSON 2}
                   D:=B-C;                    {ZWEITER REST}
                   E:=0.5*(D+1);              {KOKOSNUSSZAHL PERSON 3}
                   F:=D-E;                    {AUSZUDRUCKENDER REST}
                   IF F<0 THEN F:=0;
                   WRITELN(N:3,F:16:3)
                UNTIL F=R;
                WRITELN;
                WRITELN('DIE GESAMTZAHL DER KOKOSNUESSE IST: ',N:4)
          END.
```

```
          RESTZAHL R DER KOKOSNUESSE:
              N               REST

              1             0.000
              2             0.000
              3             0.000
              4             0.000
              5             0.000
              6             0.000
              7             0.000
              8             0.125
              9             0.250
             10             0.375

                            0.375
             35             3.500
             36             3.625
             37             3.750
             38             3.875
             39             4.000

          DIE GESAMTZAHL DER KOKOSNUESSE IST:  39
```

```
4.2/18     PROGRAM PA4219;
           {}
             LABEL 1;
             VAR K         : ARRAY[1..200] OF INTEGER;
                 I,J,N,NK:  INTEGER;
           {}
           {      PRIMZAHLEN < 1000: DIVISIONSMETHODE      }
           {}
           BEGIN
             J:=1;
             FOR N:=1 TO 1000 DO
               BEGIN
                 NK:=TRUNC(N/2);
                 FOR I:=2 TO NK DO IF N MOD I = 0 THEN GOTO 1;
                 K[J]:=N;  J:=J+1;
           1:
               END;
             FOR I:=1 TO J-1 DO
               IF I MOD 8<>0 THEN WRITE(K[I]:6) ELSE WRITELN(K[I]:6)
           END.
```

Primzahlentabelle:

1	2	3	5	7	11	13	17
19	23	29	31	37	41	43	47
53	59	61	67	71	73	79	83
89	97	101	103	107	109	113	127
131	137	139	149	151	157	163	167
173	179	181	191	193	197	199	211
223	227	229	233	239	241	251	257
263	269	271	277	281	283	293	307
311	313	317	331	337	347	349	353
359	367	373	379	383	389	397	401
409	419	421	431	433	439	443	449
457	461	463	467	479	487	491	499
503	509	521	523	541	547	557	563
569	571	577	587	593	599	601	607
613	617	619	631	641	643	647	653
659	661	673	677	683	691	701	709
719	727	733	739	743	751	757	761
769	773	787	797	809	811	821	823
827	829	839	853	857	859	863	877
881	883	887	907	911	919	929	937
941	947	953	967	971	977	983	991
997							

4.2/19

```
PROGRAM PA4220;
{}
   LABEL 1;
   VAR LM               : ARRAY[1..1000] OF INTEGER;
       J                : ARRAY[1..200]  OF INTEGER;
       I,K,KN,L,M,N:  INTEGER;
{}
{       PRIMZAHLEN < 1000:  "SIEB DES ERATOSTHENES"          }
{}
BEGIN
   FOR K:=1 TO 1000 DO LM[K]:=K;
     {PRUEFUNG, OB LM[K] UNGLEICH NULL: DANN ALLE
      VIELFACHE VON LM[K] AUF NULL SETZEN}
   I:=1;
   FOR K:=2 TO 1000 DO
     IF LM[K]<>0 THEN
       BEGIN
         M:=TRUNC(1000/K);
         IF LM[K]>=M THEN GOTO 1;
         FOR N:=2 TO M DO BEGIN KN:=K*N;  LM[KN]:=0 END
       END;
     {AUSDRUCKEN ALLER LM-KOMPONENTEN UNGLEICH NULL}
1: FOR L:=1 TO 1000 DO
     IF LM[L]<>0 THEN BEGIN J[I]:=LM[L];  I:=I+1 END;
   FOR M:=1 TO I-1 DO
     IF M MOD 8 <> 0 THEN WRITE(J[M]:6) ELSE WRITELN(J[M]:6)
END.
```

Der Tabellenausdruck erfolgt wie bei Lösung 4.2/18.

4.2/20

```
PROGRAM PA4222;
{}
  CONST E = 1.602E-19;    MO= 9.11E-31;       C = 3E5;
        VA= 0.0;          VE= 300000.0;       DV= 5000.0;
  VAR SX,V,ZW,WU,S,U:  REAL;
      K               :  INTEGER;
{}
BEGIN
  WRITELN;
  WRITELN('V[KM/S]',' ':10,'U[KV]',' ':7,'M/MO(R)',
          ' ':6,'M/MO(E)');  WRITELN;
  V:=VA;
  WHILE V<=VE DO
    BEGIN
      IF V=VE THEN V:=299999.0
      ZW:=SQR(V/C);
      WU:=1/SQRT(1-ZW);
      SX:=1;
      S:=1;
      FOR K:=1 TO 29 DO
        BEGIN
          S:=S*(2*K-1)/(2*K)*ZW;
          SX:=SX+S
        END.
      U:=MO*SQR(1000*C)/E*(WU-1)/1000;
      WRITELN(TRUNC(V):7,U:15:4,SX:14:4,WU:13:4);
      V:=V+DV
    END
END.
```

V[KM/S]	U[KV]	M/MO(R)	M/MO(E)
0	0.0000	1.0000	1.0000
5000	0.0711	1.0001	1.0001
10000	0.2846	1.0006	1.0006
15000	0.6410	1.0013	1.0013
20000	1.1412	1.0022	1.0022
25000	1.7863	1.0035	1.0035
30000	2.5783	1.0050	1.0050
35000	3.5190	1.0069	1.0069
40000			
	1127.2661	3.1594	3.2026
290000	1487.1118	3.7316	3.9057
295000	2303.1826	4.6351	5.5002
299999	197572.1563	6.1543	387.0356

4.2/21

```
        PROGRAM PA4223;
        {}
          VAR B                  : ARRAY[1..21] OF INTEGER;
              N,I,J,M,C,NW,E: INTEGER;
              RANG              : REAL;
        {}
        BEGIN
          WRITELN;
          WRITE('LAENGE DER PUNKTELISTE (N<=20): '); READ(N);
          WRITELN;
          WRITELN('EINGABE DER GEORDNETEN PUNKTFOLGE: ');
          FOR I:=1 TO N DO READ(B[I]); WRITELN;
          WRITELN('PUNKTE',' ':8,'RANG'); WRITELN;
          M:=-1;   C:=1;   I:=1;
              {ABFRAGE, OB WERTE N-FACH}
          WHILE C<=N DO
            BEGIN
              NW:=1;
              FOR J:=C TO N DO
                IF B[I]=B[I+1] THEN BEGIN I:=I+1;  NW:=NW+1 END;
              {BERECHNUNG RANG}
              M:=M+1;
              RANG:=M+(NW+1.0)/2;
              FOR E:=1 TO NW DO WRITELN(B[I]:3,RANG:15:1);
              C:=C+NW;   M:=M+NW-1;   I:=I+1
            END
        END.
```

PUNKTE	RANG
89	1.0
78	2.0
73	4.0
73	4.0
73	4.0
54	6.0
41	7.5
41	7.5
27	9.0
13	11.5
13	11.5
13	11.5
13	11.5
9	14.0

```
4.2/22    PROGRAM PA4225;
          {}
            VAR A       :  ARRAY[1..100] OF REAL;
                B,C,F,G:  REAL;
                L,I     :  INTEGER;
          {}
          BEGIN
            WRITELN;
            WRITE('OBERE INTERVALLGRENZE :  '); READ(B);
            WRITE('UNTERE INTERVALLGRENZE:  '); READ(C);
            WRITE('GESAMTZAHL DER WERTE:  '); READ(L); WRITELN;
            F:=C;   G:=B;
            WRITELN('EINGABE DER',L:4,' ZAHLEN: ');
            FOR I:=1 TO L DO READ(A[I]);
            FOR I:=1 TO L DO
              BEGIN
                IF A[I]>=C THEN
                  IF A[I]<=B THEN BEGIN
                                      IF A[I]>F THEN F:=A[I];
                                      IF A[I]<G THEN G:=A[I]
                                  END
              END;
            WRITELN; WRITELN('EINGEGEBENE ZAHLEN:'); WRITELN;
            FOR I:=1 TO L DO WRITELN(A[I]:10:3);
            WRITELN;
            WRITELN('INTERVALL VON',C:8:3,'   BIS',B:8:3,' : ');
            WRITELN;
            WRITELN('MAXIMUM=',F:8:3,'  ':10,'MINIMUM=',G:8:3)
          END.



              EINGEGEBENE ZAHLEN:

                  -60.000
                   15.000
                   13.000
                    4.500
                   -3.480
                   -3.489
                    7.300
                  -20.000
                   14.000
                   13.000
                   78.000
                   -8.000
                   -3.487
                   15.240
                   16.478
                  -29.345
                   22.150
                    1.000
                   -2.000
                    0.000


              INTERVALL VON  -3.500  BIS   7.500 :

              MAXIMUM=   7.300              MINIMUM=  -3.489
```

4.2/23

```
PROGRAM PA4231;
{}
  CONST XYMAX = 30;
  VAR   R,D   : REAL;
        N,I   : INTEGER;
        X,Y   : ARRAY[1..XYMAX] OF REAL;
{}
BEGIN
  WRITELN;
  WRITE('GUELTIGKEITSRADIUS R= '); READ(R);
  WRITE('ZAHL DER WERTEPAARE = '); READ(N);
  WRITELN; WRITELN('PAARWEISE EINGABE (X,Y): ');
  FOR I:=1 TO N DO READ(X[I],Y[I]); WRITELN;
  WRITELN('GUELTIGKEITSRADIUS R=',R:5:1); WRITELN;
  WRITELN(' ':5,'WERTEPAAR',' ':10,'GUELTIGKEIT');
  WRITELN;
  FOR I:=1 TO N DO
    BEGIN
      D:=SQRT(X[I]*X[I]+Y[I]*Y[I]);
      WRITE(X[I]:7:2,Y[I]:10:2,' ':12);
      IF D>=R THEN WRITELN('-') ELSE WRITELN('+')
    END
END.
```

```
          GUELTIGKEITSRADIUS R=   1.5

             WERTEPAAR               GUELTIGKEIT

         2.00        -1.00              -
         1.00        -0.50              +
        -0.20         1.50              -
         0.00         0.00              +
        -1.00        -0.40              +
         0.00         1.90              -
         3.00        -2.00              -
         1.20         2.50              -
        -0.30         0.40              +
        -1.10        -0.10              +
```

4.2/24

```
PROGRAM PA4232;
{}
  VAR XA,X,Y: REAL;
      I,N    : INTEGER;
{}
BEGIN
  XA:=4;   N:=10;              {BEISPIELWERTE}
  WRITELN; WRITELN('PAARWEISE EINGABE (X,Y): '); WRITELN;
  FOR I:=1 TO N DO
    BEGIN
      WRITE('? '); READ(X,Y);
      WRITE(' ':17,'GUELTIGKEIT: ');
      IF (X<0) OR (X>=XA) OR (Y>=2*X) OR (Y<=0)
        THEN WRITELN('   -')
        ELSE WRITELN('   +')
    END
END.
```

```
5.1/1     PROGRAM PNA4215;
          {}
            VAR N   : INTEGER;
                E,EZ: REAL;
          {}
            FUNCTION FAK(L: INTEGER): INTEGER;
              VAR FA,I:  INTEGER;
                BEGIN
                  FA:=1;
                  FOR I:=1 TO L DO
                    FA:=FA*I;
                  FAK:=FA
                END;
          {}
          BEGIN
              E:=EXP(1);
              N:=1;
              EZ:=1;
              REPEAT
                EZ:=EZ+1/FAK(N);
                N:=N+1
              UNTIL ABS(EZ-E)<=1E-3;
              WRITELN; WRITELN;
              WRITELN('ZAHL DER SUMMANDEN:',N:5);
              WRITELN;
              WRITELN('EULER-ZAHL E=',EZ:11:8)
          END.
```

```
          ZAHL DER SUMMANDEN:      7

          EULER-ZAHL E= 2.71805477
```

Beachten Sie auch den Vergleich der iterativen mit der rekursiven Berechnung
der Fakultät in Aufg. 5.2/2.

Achten Sie darauf, daß die größte als INTEGER darzustellende Fakultät durch
den Wert MAXINT Ihres Rechners begrenzt ist, was sehr schnell erreicht sein
kann. In diesem Fall muß die Fakultät den Typ REAL erhalten.

5.1/2

```
PROGRAM PT512;
{}
  VAR EULER: REAL;
{}
  FUNCTION FAK(L: INTEGER): INTEGER;
    VAR FA, I:  INTEGER;
      BEGIN
        FA:=1;
        FOR I:=1 TO L DO
          FA:=FA*I;
        FAK:=FA
      END;
{}
  FUNCTION EULERZAHL(EPS: REAL): REAL;
    VAR E, EZ:  REAL;
        N    :  INTEGER;
      BEGIN
        E:=EXP(1);
        N:=1;
        EZ:=1;
        REPEAT
          EZ:=EZ+1/FAK(N);
          N:=N+1
        UNTIL ABS(EZ-E)<=EPS;
        EULERZAHL:=EZ;
        WRITELN; WRITELN;
        WRITELN('ZAHL DER SUMMANDEN: ', N:5)
      END;
{}
BEGIN
  EULER:=EULERZAHL(1E-3);
  WRITELN;
  WRITELN('EULER-ZAHL E=', EULER:11:8)
END.
```

Ausdruck wie in Lösung 5.1/1.

```
5.1/3     PROGRAM PT513;
          {}
            VAR M, N              : INTEGER;
                E, EULER, COSH : REAL;
          {}
            FUNCTION FAK(L: INTEGER): REAL;
              VAR FA: REAL;
                  I : INTEGER;
                BEGIN
                  FA:=1. 0;
                  FOR I:=1 TO L DO FA:=FA*I;
                  FAK:=FA
                END;
          {}
            FUNCTION DFAK(L: INTEGER): REAL;
              BEGIN DFAK:=FAK(2*L) END;
          {}
            PROCEDURE BERECHNUNG(EXAKT: REAL;  EPS: REAL;
                              FUNCTION FK(M: INTEGER): REAL;
                              VAR N: INTEGER;  VAR RESULTAT: REAL);
              BEGIN
                N: =1;       RESULTAT: =1;
                REPEAT
                  RESULTAT: =RESULTAT+1/FK(N);
                  N: =N+1
                UNTIL ABS(RESULTAT-EXAKT)<=EPS
              END;
          {}
          BEGIN
            E: =EXP(1);
            BERECHNUNG(E, 1E-3, FAK, M, EULER);
            BERECHNUNG((E+1/E)/2, 1E-3, DFAK, N, COSH);
            WRITELN; WRITELN( 'EULER-ZAHL E=',  EULER: 11: 8,
                            ' ': 7, 'SUMMANDEN: ', M: 4);
            WRITELN; WRITELN( 'COSH 1 =', COSH: 16: 8,
                            ' ': 7, 'SUMMANDEN: ', N: 4)
          END.


          EULER-ZAHL E= 2. 71805477        SUMMANDEN:    7

          COSH 1 =         1. 54305529      SUMMANDEN:    4
```

In diesem Programm wurde der Funktions*name* FAK bzw. DFAK in die Prozedur BERECHNUNG übergeben, wo nun unter dem Namen FK darauf zurückgegriffen werden kann. Dies ist vor allem dann sinnvoll, wenn man in einem Unterablauf offen lassen will, mit welcher Funktion er gerade gerechnet werden soll.

5.1/4   Aktuelle Parameter sind solche, die beim Aufruf eines Unterablaufs (FUNC-
TION, PROCEDURE) an diesen zum aktuellen Rechnen übergeben werden.
Dabei kann es sich um Konstanten, Variable (auch indiziert), Feldnamen,
Ausdrücke und Funktionsnamen handeln. — Formale Parameter sind solche,
die im Unterablauf für diesen definiert sind und ihre Zuordnung zu den aktuellen Parametern in der vorgegebenen Reihenfolge finden. Sie dürfen nur
gültige (nicht indizierte) Variablennamen sein und müssen dem Typ der zu-
zuordnenden aktuellen Parameter entsprechen.

Beispiel: Lösung 5.1/3:

aktuelle Parameter	formale Parameter	
Aufruf BERECHNUNG(...)	PROCEDURE BERECHNUNG(...)	
e bzw. cosh 1 $(= \frac{1}{2}(e + e^{-1}))$	EXAKT	(wird also jetzt auf e bzw. cosh 1 gesetzt)
1 E-3	EPS	(jetzt also Setzung EPS = 1E-3)
FAK bzw. DFAK	FK	(FAK bzw. DFAK wird FK zuge-ordnet; damit ist in der PROCEDURE BERECHNUNG jetzt FUNCTION FAK bzw. FUNCTION DFAK aufruf-bar)
M bzw. N	VAR N	(Übergabe von N aus der Prozedur in das aufrufende Programm, wo es jetzt unter M bzw. N zur Verfügung steht)
EULER bzw. COSH	VAR RESULTAT	(Übergabe RESULTAT aus Prozedur ins aufrufende Pro-gramm, wo es jetzt unter den Namen EULER bzw. COSH zur Verfügung steht)

Übergabe-Parameter vom Unterablauf in Richtung des aufrufenden Programms
werden also in der Liste der formalen Parameter durch ein vorangestelltes
VAR (Variable) gekennzeichnet.

5.1/5   Globale Variable werden im Hauptprogramm definiert und gelten dann mit
gleichem Namen auch für alle Unterabläufe, sie durchdringen in ihrer Bedeutung also das gesamte Programm. Eine Übergabe mittels Parameterlisten ent-
fällt damit. — Im Gegensatz dazu gelten lokale Variable durch die formalen
Parameter und weitere im Unterablauf deklarierte Variable nur für eben diesen Unterablauf, „abgeschottet" gegenüber allen anderen Programmteilen,
die demnach diese Variable mit anderer Bedeutung benutzen dürfen. Instruk-
tive Beispiele hierfür:

Lösung 5.1/8 (global), Lösung 5.1/9 (lokal).

```
5.1/6    PROGRAM PA634;
         {}
           VAR JJ,MM,TT  INTEGER;
         {}
           PROCEDURE OSTERN(JJ:INTEGER; VAR MM,TT:INTEGER);
             VAR K,H,L,A,B,C,D,E,F,G:  INTEGER;
             BEGIN
               K:=JJ DIV 100;
               H:=(13+8*K) DIV 25;
               L:=K DIV 4;
               A:=(15-H+K-L) MOD 30;
               B:=(4+K-L) MOD 7;
               C:=JJ MOD 19;
               D:=JJ MOD 4;
               E:=JJ MOD 7;
               F:=(19*C+A) MOD 30;
               G:=(2*D+4*E+6*F+B) MOD 7;
               IF F+G<=9 THEN
                  BEGIN TT:=F+G+22; MM:=3 END
               ELSE IF (F=29) AND (G=6) THEN
                       BEGIN TT:=19; MM:=4 END
                     ELSE IF (F=28) AND (G=6) AND (C>10) THEN
                             BEGIN TT:=18; MM:=4 END
                           ELSE BEGIN TT:=F+G-9; MM:=4 END
             END;
         {}
         BEGIN
           WRITELN;
           WRITELN('JAHRESEINGABE (ENDE FUER JAHR<=0): ');
           READ(JJ); WRITELN;
           REPEAT
             OSTERN(JJ,MM,TT);
             WRITELN('OSTERN',JJ:7,TT:14,'. ',MM:2,'. ');
             READ(JJ)
           UNTIL JJ<=0
         END.



                    OSTERN    1985          7. 4.
                    OSTERN    1986         30. 3.
                    OSTERN    1987         19. 4.
                    OSTERN    1988          3. 4.
                    OSTERN    1989         26. 3.
                    OSTERN    1990         15. 4.
                    OSTERN    1991         31. 3.
                    OSTERN    1992         19. 4.
                    OSTERN    1993         11. 4.
                    OSTERN    1994          3. 4.
                    OSTERN    1995         16. 4.
```

```
5.1/7     PROGRAM PA4227;
          {}
            TYPE STICHPROBE = ARRAY[1..100] OF REAL;
            VAR  ST,SO       : STICHPROBE;
                 N           : INTEGER;
                 R,MUE,S,V   : REAL;
          {}
            PROCEDURE EINGABE(VAR N:INTEGER;  VAR ST:STICHPROBE);
              VAR I: INTEGER;
              BEGIN
                WRITELN;  WRITE('ANZAHL DER WERTE: ');  READ(N);
                WRITELN;  WRITELN('EINGABE ALLER WERTE: ');
                FOR I:=1 TO N DO READ(ST[I])
              END;
          {}
          {       MINIMAL- UND MAXIMALWERT SOWIE SPANNWEITE: }
          {       MIT SORTIEREN (AUCH FUER MEDIANWERT)       }
          {}
            PROCEDURE MINMAXSO;
              VAR L,NN,M: INTEGER;
              BEGIN
                FOR L:=1 TO N-1 DO
                  BEGIN
                    NN:=L;   M:=L+1;
                    WHILE M<=N DO
                      BEGIN
                        IF ST[NN]>=ST[M] THEN NN:=M;
                        M:=M+1
                      END;
                    SO[L]:=ST[NN];
                    ST[NN]:=ST[L]
                  END;
                SO[N]:=ST[N];           {SO[1]=MIN. ,  SO[2]=MAX.}
                R:=SO[N]-SO[1]          {SPANNWEITE}
              END;
          {}
            FUNCTION MITTELWERT: REAL;
              VAR I : INTEGER;
                  ZM: REAL;
              BEGIN
                ZM:=0;
                FOR I:=1 TO N DO ZM:=ZM+SO[I];
                MITTELWERT:=ZM/N
              END;
          {}
          {       VARIANZ, STANDARDABWEICHUNG, VAR.-KOEFF.          }
          {}
            PROCEDURE VARSTAB(VAR MUE,S,V: REAL);
              VAR I: INTEGER;
              BEGIN
                MUE:=0;
                FOR I:=1 TO N DO MUE:=MUE+SQR(SO[I]-MITTELWERT);
                MUE:=MUE/(N-1);
                S:=SQRT(MUE);
                V:=S/MITTELWERT*100
              END;
          {}
```

```pascal
    FUNCTION MEDIAN: REAL;
      VAR ZW: REAL;
      BEGIN
        ZW:=TRUNC(N/2)*2;
        IF N=ZW THEN MEDIAN:=(SO[N DIV 2]+SO[N DIV 2 +1])/2
                ELSE MEDIAN:=SO[N DIV 2]+0.5
      END;
{}
  PROCEDURE AUSGABE;
    VAR I: INTEGER;
    BEGIN
      WRITELN;
      WRITELN('STICHPROBENAUSWERTUNG: '); WRITELN;
      WRITELN('SORTIERTE WERTE: '); WRITELN;
      FOR I:=1 TO N DO
        IF I MOD 5 <> 0 THEN WRITE(SO[I]:8:3)
                        ELSE WRITELN(SO[I]:8:3);
      WRITELN;
      WRITELN('MAXIMALWERT=',SO[N]:8:3); WRITELN;
      WRITELN('MINIMALWERT=',SO[1]:8:3); WRITELN;
      WRITELN('SPANNWEITE =',R:8:3); WRITELN;
      WRITELN('MITTELWERT =',MITTELWERT:9:4); WRITELN;
      WRITELN('VARIANZ    =',MUE:9:6); WRITELN;
      WRITELN('STANDARDABWEICHUNG=',S:9:6); WRITELN;
      WRITELN('VARIATIONSKOEFFIZIENT=',V:9:6,' %');
      WRITELN;
      WRITELN('MEDIANWERT =',MEDIAN:8:3); WRITELN
    END;
{}
BEGIN
  EINGABE(N,ST);
  MINMAXSO;
  VARSTAB(MUE,S,V);
  AUSGABE
END.
```

```
                STICHPROBENAUSWERTUNG:

                SORTIERTE WERTE:

                  21.001   21.005   21.111   21.231   21.367
                  21.368   21.369   21.369   21.457   21.458
                  21.478   21.568   21.777   21.783   21.789
                  21.987   22.123   22.148   22.157   22.314
                  22.365   22.369   22.564   22.584   22.591
                  22.689   22.698   22.987   22.998   22.999

                MAXIMALWERT=   22.999

                MINIMALWERT=   21.001

                SPANNWEITE =    1.998

                MITTELWERT =   21.9568

                VARIANZ    = 0.395433

                STANDARDABWEICHUNG= 0.628835

                VARIATIONSKOEFFIZIENT= 2.863968 %

                MEDIANWERT =   21.888
```

5.1/8

```
PROGRAM PT518;
{}
  TYPE XY = ARRAY[1..20] OF REAL;
  VAR X, Y                          : XY;
      N, K                          : INTEGER;
      SUY, SUX2, SUX, SUXY, AO, A1: REAL;
      KENNZ                         : CHAR;
{}
  PROCEDURE EINGABE;
    VAR I: INTEGER;
    BEGIN
      WRITELN; WRITELN;
      WRITE('ZAHL DER WERTEPAARE (N<=20):  '); READ(N);
      WRITELN;
      WRITELN('EINGABE DER WERTE PAARWEISE (X,Y):');
      FOR I:=1 TO N DO READLN(X[I],Y[I])
    END;
{}
  PROCEDURE SUMMEN;
    VAR I: INTEGER;
    BEGIN
      SUY:=0;   SUX2:=0;   SUX:=0;   SUXY:=0;
      FOR I:=1 TO N DO
        BEGIN
          SUY:=SUY+Y[I];
          SUX2:=SUX2+X[I]*X[I];
          SUX:=SUX+X[I];
          SUXY:=SUXY+X[I]*Y[I]
        END
    END;
{}
  PROCEDURE KOEFFIZIENTEN;
    VAR NENNER: REAL;
    BEGIN
      NENNER:=N*SUX2-SUX*SUX;
      AO:=(SUY*SUX2-SUX*SUXY)/NENNER;
      A1:=(N*SUXY-SUX*SUY)/NENNER
    END;
{}
  PROCEDURE AUSGABE;
    VAR I: INTEGER;
    BEGIN
      WRITELN; WRITELN;
      WRITELN(K:2, '. FALL:');
      WRITELN;
      WRITELN('EINGEGEBENE WERTEPAARE:');
      WRITELN;
      WRITELN('        X                        Y');
      WRITELN;
      FOR I:=1 TO N DO WRITELN(X[I]:7:1,Y[I]:20:1);
      WRITELN;
      WRITELN('AUSGLEICHSGERADE:');
      WRITELN;
      WRITELN('Y =   ',A1:7:3,'*X  + (',AO:7:3,'   )')
    END;
{}
```

```
BEGIN
  K:=0;
  REPEAT
    EINGABE;
    SUMMEN;
    KOEFFIZIENTEN;
    K:=K+1;
    AUSGABE;
    WRITELN;
    WRITELN('NOCH EIN FALL ZU RECHNEN (J/N)?');
    READLN(KENNZ)
  UNTIL KENNZ='N';
  WRITELN;
  WRITELN('ENDE')
END.
```

1. FALL:

EINGEGEBENE WERTEPAARE:

X	Y
20.0	31.0
40.0	63.0
60.0	91.0
80.0	128.0
100.0	170.0

AUSGLEICHSGERADE:

$$Y = 1.715*X + (-6.300)$$

2. FALL:

EINGEGEBENE WERTEPAARE:

X	Y
10.0	27.0
20.0	54.0
30.0	80.0
40.0	100.0
50.0	128.0
70.0	180.0
90.0	230.0
120.0	295.0
150.0	380.0

AUSGLEICHSGERADE:

$$Y = 2.489*X + (3.370)$$

5.1/9

```pascal
PROGRAM PT519;
  VAR N, K, KENNZ                        : INTEGER;
       SUX, SUY, SUX2, SUY2, SUXY, R:  REAL;
{}
  PROCEDURE EINGABEUNDSUMMEN(VAR N:  INTEGER;
                            VAR SUX, SUY, SUX2, SUY2, SUXY:  REAL);
    VAR I    : INTEGER;
        AX, AY: REAL;
    BEGIN
      N: =0;
      WRITELN;  WRITELN;
      WRITELN('EINGABE DER WERTE PAARWEISE (X, Y)');
      WRITELN('(BEENDIGUNG MIT EOF-MARKE): ');
      SUX: =0;   SUY: =0;   SUX2: =0;   SUY2: =0;   SUXY: =0;
      WRITELN;
      READ(AX, AY);
      WHILE NOT EOF DO
        BEGIN
          N: =N+1;
          SUX: =SUX+AX;
          SUY: =SUY+AY;
          SUX2: =SUX2+AX*AX;
          SUY2: =SUY2+AY*AY;
          SUXY: =SUXY+AX*AY;
          WRITELN(AX: 7: 1, AY: 20: 1);
          READ(AX, AY)
        END
    END;
{}
  FUNCTION KORR(SX, SY, SX2, SY2, SXY: REAL;  LN: INTEGER): REAL;
    VAR ZAEHLER, NENNER:  REAL;
    BEGIN
      ZAEHLER: =SXY-SX*SY/LN;
      NENNER: =SQRT((SX2-SX*SX/LN)*(SY2-SY*SY/LN));
      KORR: =ZAEHLER/NENNER
    END;
{}
  PROCEDURE ERGEBNIS(A, B, C, D, E: REAL;  I: INTEGER);
    BEGIN
      WRITELN;  WRITELN;
      WRITELN('R =', KORR(A, B, C, D, E, I): 10: 6)
    END,
{}
BEGIN
  EINGABEUNDSUMMEN(N, SUX, SUY, SUX2, SUY2, SUXY);
  ERGEBNIS(SUX, SUY, SUX2, SUY2, SUXY, N)
END.
```

1. FALL:

EINGEGEBENE WERTEPAARE:

X	Y
2. 0	3. 0
3. 0	4. 0
6. 0	5. 0
7. 0	2. 0

R = -0. 108465

2. FALL:

EINGEGEBENE WERTEPAARE:

X	Y
860. 0	950. 0
1120. 0	1460. 0
980. 0	1050. 0
430. 0	610. 0
1380. 0	1480. 0
1080. 0	1440. 0
970. 0	1100. 0
790. 0	810. 0
620. 0	930. 0
740. 0	810. 0

R =   0. 913091

Auf welche Weise speziell bei Ihrem Rechner die End-Of-File-(EOF-)Marke gesetzt wird, entnehmen Sie bitte den zugehörigen Unterlagen.

5.1/10 Der folgende Lösungsvorschlag enthält sowohl die Lösung zu 5.1/10 als auch
die zu 5.1/11, da im wesentlichen nur die beiden Iterationsfunktionen unterschiedlich sind. Der Anfangswert für die Iteration befindet sich in XA[1].

```
PROGRAM PA621U2;
{}
   VAR A,RG  : REAL;
       MI,I,J: INTEGER;
       XA     : ARRAY[1..2] OF REAL;
{}
   FUNCTION IT(A,XA: REAL): REAL;
      BEGIN IT:=(3*A+XA*XA)*XA/(3*XA*XA+A) END;
{}
   FUNCTION ITNEWTON(A,XA: REAL): REAL;
      BEGIN ITNEWTON:=(XA+A/XA)/2 END;
{}
BEGIN
   WRITELN;
   WRITELN('EINGABE A');
   WRITE('(A=0 -> GROESSTE INTEGER, A<0 -> ENDE): ');
   READ(A); WRITELN;
   WHILE A>=0 DO
      BEGIN
        IF A=0 THEN A:=MAXINT;
        WRITE('RELATIVE GENAUIGKEIT: '); READ(RG); WRITELN;
        WRITE('MAXIMALE ITERATIONSZAHL: '); READ(MI);
        WRITELN;
        XA[1]:=A/2;
        XA[2]:=(1+A)/2;
        FOR I:=1 TO 2 DO
          BEGIN
            WRITELN; WRITELN;
            WRITELN('A =',A:8:1);
            WRITELN('RELATIVE GENAUIGKEIT =',RG:7);
            WRITELN('MAXIMALE ITERATIONSZAHL =',MI:5);
            WRITELN;
            WRITELN('ITERATIONEN (VERFAHREN',I:2,'): ');
            WRITELN;
            WRITELN('  0',XA[I]:25:7);
            J:=1;
            WHILE (J<=MI) AND (ABS(XA[I]*XA[I]-A)/A>=RG) DO
              BEGIN
                IF I=1 THEN XA[I]:=IT(A,XA[I])
                       ELSE XA[I]:=ITNEWTON(A,XA[I]);
                WRITELN(J:3,XA[I]:25:7);
                J:=J+1
              END;
            WRITELN;
            WRITELN('ERGEBNIS: ');
            WRITELN('X(',J-1:3,' ) =',XA[I]:13:7)
          END;
        WRITELN; WRITE('A = ');
        READ(A); WRITELN
      END
END.
```

```
A =      193. 0
RELATIVE GENAUIGKEIT = 1. 0E-05
MAXIMALE ITERATIONSZAHL =    20

ITERATIONEN (VERFAHREN 1):

    0                    96. 5000000
    1                    33. 9322433
    2                    16. 0990295
    3                    13. 9035110
    4                    13. 8924427

ERGEBNIS:
X(   4  ) =    13 8924427




A =    5555. 0
RELATIVE GENAUIGKEIT = 1. 0E-05
MAXIMALE ITERATIONSZAHL =    20

ITERATIONEN (VERFAHREN 1):

    0                  2777. 5000000
    1                   927. 6105957
    2                   314. 5151978
    3                   120. 2495728
    4                    76. 4845581
    5                    74. 5321808

ERGEBNIS:
X(   5  ) =    74. 5321808




A = 32767. 0
RELATIVE GENAUIGKEIT = 1. 0E-05
MAXIMALE ITERATIONSZAHL =    20

ITERATIONEN (VERFAHREN 1):

    0                 16383. 5000000
    1                  5462. 9433594
    2                  1826. 3105469
    3                   624. 6661377
    4                   253. 5793152
    5                   182. 7095337
    6                   181. 0166016

ERGEBNIS:
 X(   6  ) =   181. 0166016
```

5.1/11   Siehe Lösung 5.1/10 und dortige Bemerkung.

Für den vorliegenden Fall befindet sich der Iterationsanfangswert in XA[2].

Ergebnisse:

```
A =     193. 0
RELATIVE GENAUIGKEIT = 1. 0E-05
MAXIMALE ITERATIONSZAHL =    20

ITERATIONEN (VERFAHREN 2):

        0                97. 0000000
        1                49. 4948425
        2                26. 6971169
        3                16. 9631805
        4                14. 1703815
        5                13. 8951683
        6                13. 8924427

ERGEBNIS:
X(   6 ) =     13. 8924427


A =   5555. 0
RELATIVE GENAUIGKEIT = 1. 0E-05
MAXIMALE ITERATIONSZAHL =    20

ITERATIONEN (VERFAHREN 2):

        0              2778. 0000000
        1              1389. 9997559
        2               696. 9980469
        3               352. 4839478
        4               184. 1217651
        5               107. 1459961
        6                79. 4955597
        7                74. 6868286
        8                74. 5320282

ERGEBNIS:
X(   8 ) =     74. 5320282


A =  32767. 0
RELATIVE GENAUIGKEIT = 1. 0E-05
MAXIMALE ITERATIONSZAHL =    20

ITERATIONEN (VERFAHREN 2):

        0             16384. 0000000
        1              8192. 9980469
        2              4098. 4980469
        3              2053. 2460938
        4              1034. 6022949
        5               533. 1365967
        6               297. 2986450
        7               203. 7572021
        8               182. 2855530
        9               181. 0209656
       10               181. 0165710

ERGEBNIS:
X(  10 ) =    181. 0165710
```

```
5.1/12    PROGRAM PA623;
          {}
            VAR AN, M          : INTEGER;
                XA, XE, DX, XO:  REAL;
                LT             : CHAR;
          {}
            FUNCTION Y(X:REAL): REAL;
              BEGIN Y:=X*X-SQRT(X)-2 END;
          {}
            FUNCTION W(X:REAL): REAL;
              BEGIN W:=2*X-0.5/SQRT(X) END;
          {}
            FUNCTION U(X:REAL): REAL;
              BEGIN U:=2+0.25/SQRT(X*X*X) END;
          {}
            PROCEDURE FUNKTABELLE(XA, XE, DX:REAL);
              VAR I: INTEGER;
                  X: REAL;
              BEGIN
                WRITELN; WRITELN('FUNKTIONSTABELLE: '); WRITELN;
                WRITELN(' ':13, 'X', ' ':15, 'Y'); WRITELN;
                I:=1;
                X:=XA;
                REPEAT
                   WRITELN(I:3, X:14:6, Y(X):16:6); X:=X+DX; I:=I+1
                UNTIL X>XE;
                WRITELN; WRITELN('ENDE FUNKTIONSTABELLE; ')
              END;
          {}
            PROCEDURE ITERATION(X:REAL; M:INTEGER);
              VAR I          : INTEGER;
                  X1, Y1, GG: REAL;
              BEGIN
                WRITELN; WRITELN;
                WRITELN('NAEHERUNGSFOLGE: '); WRITELN;
                I:=0;   X1:=X;   GG:=EXP(M*LN(10));
                REPEAT
                   Y1:=Y(X1);
                   WRITELN(I:3, X1:14:6, Y1:15:6);
                   I:=I+1;
                   IF ABS(Y1)>=GG THEN
                      X1:=X1-Y(X1)/W(X1)*(1+Y(X1)*U(X1)/(2*SQR(W(X1))))
                UNTIL ABS(Y1)<GG;
                WRITELN; WRITELN;
                WRITELN('NULLSTELLE FUER');
                WRITELN('FUNKTIONSGENAUIGKEIT', GG:7, ': '); WRITELN;
                WRITELN('X =', X1:12:6)
              END;
          {}
```

```
BEGIN
  WRITELN;
  WRITE('MIT (1) ODER OHNE (0) FUNKTIONSTABELLE: ');
  READ(AN); WRITELN;
  IF AN<>0 THEN
    BEGIN
      WRITELN('ANFANGSWERT, ENDWERT, SCHRITTWEITE: ');
      READLN(XA, XE, DX);
      FUNKTABELLE(XA, XE, DX);
      WRITELN;
      WRITELN('NULLSTELLENSCHAETZUNG ENTNEHMEN! ');
      WRITE('WEITERFUEHRUNG (ITERATION) DURCH DRUECKEN DER');
      WRITELN(' LEERTASTE: ');
      READ(LT)
    END;
  WRITELN;
  WRITE('GESCHAETZTE NULLSTELLE (ITERATIONSVORGABE): ');
  READ(XO); WRITELN;
  WRITE('GENAUIGKEIT: EINGABE M (EXPONENT<0): ');
  READ(M); WRITELN;
  ITERATION(XO,M)
END.
```


FUNKTIONSTABELLE:

	X	Y
1	1.000000	-2.000000
2	1.100000	-1.838809
3	1.200000	-1.655446
4	1.300000	-1.450176
5	1.400000	-1.223217
6	1.500000	-0.974746
7	1.599999	-0.704913
8	1.699999	-0.413843
9	1.799999	-0.101644
10	1.899999	0.231592
11	1.999999	0.585783

ENDE FUNKTIONSTABELLE;

NAEHERUNGSFOLGE:

0	1.800000	-0.101641
1	1.831171	-0.000022
2	1.831177	0.000000

NULLSTELLE FUER
FUNKTIONSGENAUIGKEIT 1.0E-05:

X =   1.831177

5.1/13

```pascal
PROGRAM PA4233;
{ }
  CONST PI = 3.14159;
  VAR A,B,G: REAL;
{ }
  FUNCTION FUNKTX(X: REAL): REAL;
    BEGIN FUNKTX:=EXP(X*(LN(X)-1))*SQRT(2*PI*X)-24 END;
{ }
  PROCEDURE BERECHNUNG(A,B,G: REAL);
    VAR K          : INTEGER;
        FA,FB,FX,X: REAL;
    BEGIN
      K:=0;
      REPEAT
        FA:=FUNKTX(A);
        FB:=FUNKTX(B);
        X :=B-FB*(B-A)/(FB-FA);
        FX:=FUNKTX(X);
        K:=K+1;
        WRITELN(K:7,X:15:6,FX:14:6);
        IF FX>0 THEN B:=X
                ELSE A:=X
      UNTIL ABS(FX)<=G;
      WRITELN; WRITELN('GEFUNDENE NULLSTELLE: ');
      WRITELN; WRITELN('X =',X:10:6)
    END;
{ }
BEGIN
  WRITELN; WRITELN('EINGABE A, B UND G: '); READ(A,B,G);
  WRITELN; WRITELN('    TABELLE: '); WRITELN;
  WRITELN(' ':6,'K',' ':11,'X',' ':11,'F(X)'); WRITELN;
  BERECHNUNG(A,B,G)
END.
```

```
            TABELLE:


            K           X              F(X)

            1       2.952621       -18.501663
            2       3.289270       -15.488474
            3       3.531232       -12.133778
            4       3.699120        -8.930622
            5       3.811968        -6.238918
            6       3.885898        -4.188633
            7       3.933415

                    ...../..      -0.000587
           26       4.013735      -0.000374
           27       4.013739      -0.000237
           28       4.013741      -0.000168
           29       4.013741      -0.000134
           30       4.013742      -0.000095

        GEFUNDENE NULLSTELLE:

        X =   4.013742
```

5.1/14

```
PROGRAM PA4234;
{}
  CONST PI = 3.14159;
  VAR A,B,G: REAL;
{}
  FUNCTION FUNKTX(X: REAL): REAL;
    BEGIN FUNKTX:=EXP(X*(LN(X)-1))*SQRT(2*PI*X)-24 END;
{}
  PROCEDURE BERECHNUNG(A,B,G: REAL);
    VAR K              : INTEGER;
        FA,FB,FX,X,Y: REAL;
    BEGIN
      K:=0;
      FA:=FUNKTX(A);
      FB:=FUNKTX(B);
      REPEAT
        X  :=B-FB*(B-A)/(FB-FA);
        FX:=FUNKTX(X);
        K:=K+1;
        WRITELN(K:7,X:15:6,FX:14:6);
        Y:=FB*FX;
        IF Y>0 THEN BEGIN B:=X; FA:=FA*FB/(FB+FX); FB:=FX END
                    ELSE BEGIN A:=B; B:=X; FA:=FB; FB:=FX END
      UNTIL ABS(FX)<=G;
      WRITELN; WRITELN('GEFUNDENE NULLSTELLE: ');
      WRITELN; WRITELN('X =',X:10:6)
    END;
{}
BEGIN
  WRITELN; WRITELN('EINGABE A, B UND G: '); READ(A,B,G);
  WRITELN; WRITELN('    TABELLE:'); WRITELN;
  WRITELN(' ':6,'K',' ':11,'X',' ':11,'F(X)'); WRITELN;
  BERECHNUNG(A,B,G)
END.
```

```
                TABELLE:


          K            X              F(X)


          1       2.952621      -18.501663
          2       3.289270      -15.488483
          3       3.686728       -9.197483
          4       3.979144       -1.222122
          5       4.021342        0.277843
          6       4.013525       -0.007996
          7       4.013743       -0.000065


          GEFUNDENE NULLSTELLE:

          X =   4.013743
```

```
5.1/15   PROGRAM PA4235;
         {}
           VAR I :  INTEGER;
               XO:  REAL;
         {}
           PROCEDURE FUNDX(XN: REAL; VAR FX,XX: REAL);
             BEGIN
               FX:=EXP(3*LN(XN))-XN*XN-XN-1;
               XX:=1+1/XN+1/(XN*XN)
             END;
         {}
           PROCEDURE BERECH(XO: REAL);
             CONST ITMAX = 10000;
                   GUELT = 1E-5;
             VAR X,XN,F  : REAL;
                 K       : INTEGER;
             BEGIN
               XN:=XO;
               K:=0;
               REPEAT
                 K:=K+1;
                 X:=XN;
                 FUNDX(X,F,XN);
                 WRITELN(K:7,X:15:6,F:14:6);
               UNTIL (K=ITMAX) OR (ABS(XN-X)<GUELT);
               WRITELN;
               WRITELN('GEFUNDENE NULLSTELLE (',K:2,' ITERATIONEN): ');
               WRITELN; WRITELN('X =',X:10:6)
             END;
         {}
         BEGIN
           WRITELN;
           WRITE('EINGABE NAEHERUNGSVORGABE XO: '); READ(XO);
           WRITELN; WRITELN('    TABELLE:'); WRITELN;
           WRITELN(' ':6,'K',' ':11,'X',' ':11,'F(X)'); WRITELN;
           BERECH(XO)
         END.
```

```
                  TABELLE:


              K              X              F(X)

              1         2.000000        0.999992
              2         1.750000       -0.453128
              3         1.897959        0.336709
              4         1.804486       -0.184945
              5         1.861283        0.122522
              6          . ---
                                          -----
              --        1.839246       -0.000229
              19        1.839312        0.000136
              20        1.839271       -0.000088
              21        1.839296        0.000050
              22        1.839281       -0.000037


          GEFUNDENE NULLSTELLE (22 ITERATIONEN):

          X =   1.839281
```

5.1/16

```pascal
PROGRAM PA4236;
{}
   CONST       N = 3;
   TYPE   MATRIX = ARRAY[1..N,1..N] OF REAL;
          VEKTOR = ARRAY[1..N]        OF REAL;
   VAR    A       : MATRIX;
          B, X    : VEKTOR;
          KM, K   : INTEGER;
          G       : REAL;
{}
   PROCEDURE EINGABE(VAR G: REAL; VAR KM: INTEGER;
                       VAR A: MATRIX; VAR B: VEKTOR);
     VAR I, J: INTEGER;
     BEGIN
       WRITELN;
       WRITE('GENAUIGKEIT FUER X[I+1]-X[I]: '); READ(G);
       WRITELN;
       WRITE('MAXIMALE ITERATIONSZAHL: '); READ(KM);
       WRITELN; WRITELN('EINGABE DER MATRIX (ZEILENWEISE): ');
       FOR I:=1 TO N DO FOR J:= 1 TO N DO READ(A[I,J]);
       WRITELN; WRITELN('EINGABE DER RECHTEN SEITE: ');
       FOR I:=1 TO N DO READ(B[I])
     END;
{}
   PROCEDURE AUSGABE;
     VAR I, J: INTEGER;
     BEGIN
       WRITELN;
       WRITELN('EINGEGEBENE MATRIX: '); WRITELN;
       FOR I:=1 TO N DO
         BEGIN
           FOR J:=1 TO N DO WRITE(A[I,J]:10:2);
           WRITELN
         END;
       WRITELN; WRITELN('RECHTE SEITE: '); WRITELN;
       FOR I:=1 TO N DO WRITE(B[I]:10:2); WRITELN;
       WRITELN; WRITELN('-----------');
       WRITELN; WRITELN('ERGEBNISSE: '); WRITELN;
       WRITE('     X 1');
       FOR I:=2 TO N DO WRITE(' ':8, 'X', I:2); WRITELN;
       WRITELN
     END;
{}
```

```pascal
  PROCEDURE ITERAT(VAR X: VEKTOR; VAR K: INTEGER);
    VAR I,J           : INTEGER;
        FM,SU,XN,DE: REAL;
    BEGIN
      FOR I:=1 TO N DO X[I]:=0;
      K:=0;
      REPEAT
        K:=K+1;
        FM:=0;
        FOR I:=1 TO N DO
          BEGIN
            SU:=0;
            FOR J:=1 TO N DO IF I<>J THEN SU:=SU+A[I,J]*X[J];
            XN:=(B[I]-SU)/A[I,I];
            DE:=ABS(X[I]-XN);
            X[I]:=XN;
            IF DE>FM THEN FM:=DE
          END;
        WRITE(X[1]:9:6);
        FOR I:=2 TO N DO WRITE(X[I]:11:6); WRITELN
      UNTIL (K=KM) OR (DE<=G)
    END;
{}
BEGIN
  EINGABE(G,KM,A,B);
  AUSGABE;
  ITERAT(X,K);
  WRITELN;
  WRITELN(K:2,' ITERATIONEN BEI DER GENAUIGKEIT ',G:8);
  WRITELN;
  WRITELN('GEFUNDENE NAEHERUNGSLOESUNG:'); WRITELN;
  FOR K:=1 TO N DO WRITELN('X(',K:2,') =',X[K]:11:6)
END.
```

```
          EINGEGEBENE MATRIX:

              25.00        -3.00         2.00
              -1.00        21.00        -2.00
              -2.00         1.00       -30.00

          RECHTE SEITE:

              61.00       -67.00       -37.00

          ----------

          ERGEBNISSE:

              X 1          X 2          X 3

           2.440000    -3.074286     0.968190
           1.993630    -3.003333     1.000314
           1.999575    -2.999990     1.000029
           1.999999    -2.999998     1.000000
           2.000000    -3.000000     1.000000

          5 ITERATIONEN BEI DER GENAUIGKEIT   1.0E-06

          GEFUNDENE NAEHERUNGSLOESUNG:

           X( 1) =     2.000000
           X( 2) =    -3.000000
           X( 3) =     1.000000
```

5.1/17

```pascal
PROGRAM PA4237;
{}
  CONST MATMAX = 5;
  TYPE  MATRIX = ARRAY[1..MATMAX,1..MATMAX] OF REAL;
  VAR   A       : MATRIX;
        N       : INTEGER;
        D       : REAL;
{}
  PROCEDURE EINAUS(VAR N: INTEGER; VAR A: MATRIX);
    VAR I,J: INTEGER;
    BEGIN
      WRITELN;
      WRITE('MATRIX-ORDNUNG (<=5): '); READ(N); WRITELN;
      WRITELN('EINGABE DER MATRIX (ZEILENWEISE): ');
      FOR I:=1 TO N DO FOR J:=1 TO N DO READ(A[I,J]);
      WRITELN; WRITELN('EINGEGEBENE MATRIX: ');
      FOR I:=1 TO N DO
        BEGIN
          WRITELN; WRITE(A[I,1]:7:3);
          FOR J:=2 TO N DO WRITE(A[I,J]:10:3)
        END
    END;
{}
  FUNCTION DETERMINANTE: REAL;
    LABEL 1;
    VAR D,P,B,U     : REAL;
        I,J,K,L,M,JA: INTEGER;
    BEGIN
      D:=1;  P:=1;
      FOR I:=2 TO N DO
        BEGIN
          K:=I-1;
            {DIAGONALELEMENT AUF 0 PRUEFEN UND
             GGF. ENDE ODER ZEILENTAUSCH}
          IF A[K,K] = 0 THEN
            BEGIN
              FOR J:=I TO N DO
                IF A[J,K]=0 THEN BEGIN
                                   DETERMINANTE:=1;
                                   GOTO 1
                                 END;
              FOR L:=K TO N DO
                BEGIN
                  P:=-1;
                  B:=A[J,L]; A[J,L]:=A[K,L]; A[K,L]:=B
                END
            END;
```

```
                        {BERECHNUNG DER NEUEN ZEILEN}
                FOR JA:=I TO N DO
                  IF A[JA,K]<>0 THEN
                    BEGIN
                      U:=-A[JA,K]/A[K,K];
                      D:=D*U;
                      FOR M:=K TO N DO A[JA,M]:=A[JA,M]/U+A[K,M]
                    END
              END;
                  {MULTIPLIKATION DER BERECHNETEN
                   DIAGONALELEMENTE}
              FOR I:=1 TO N DO D:=D*A[I,I];
              DETERMINANTE:=D*P;
1:
    END;
{}
BEGIN
  EINAUS(N,A);
  WRITELN; WRITELN;
  WRITELN('DETERMINANTE  D =',DETERMINANTE:10:3)
END.


        EINGEGEBENE MATRIX:

          3.000     -1.000      2.000      4.000      0.000
          2.000      3.000      1.000     -2.000      1.000
          1.000     -2.000      2.000     -1.000      0.000
          4.000      3.000     -2.000      1.000     -1.000
         -1.000      3.000      2.000     -1.000      1.000

        DETERMINANTE  D =    267.000
```

```
5.1/18    PROGRAM PA4238;
          {}
            VAR A         : ARRAY[1..5,1..5] OF REAL;
                B,C       : ARRAY[1..5] OF REAL;
                I,J,IS,IZ: INTEGER;
                M1,M2     : REAL;
          {}
            PROCEDURE ZEISPASUM;
              VAR I,K: INTEGER;
              BEGIN
                FOR I:=1 TO 5 DO
                  BEGIN
                    B[I]:=0;   C[I]:=0;
                    FOR K:=1 TO 5 DO
                      BEGIN
                        B[I]:=B[I]+A[I,K];
                        C[I]:=C[I]+A[K,I]
                      END
                  END
              END;
          {}
            PROCEDURE MAXZEISPASUM;
              VAR I     : INTEGER;
                  SG,SK: REAL;
              BEGIN
                IZ:=1; IS:=1; SG:=B[1]; SK:=C[1];
                FOR I:=2 TO 5 DO
                  BEGIN
                    IF B[I]>SG THEN BEGIN SG:=B[I]; IZ:=I END;
                    IF C[I]>SK THEN BEGIN SK:=C[I]; IS:=I END
                  END
              END;
          {}
            PROCEDURE MINELEMENTE;
              VAR I: INTEGER;
              BEGIN
                M1:=A[IZ,1]; M2:=A[1,IS];
                FOR I:=2 TO 5 DO
                  BEGIN
                    IF A[IZ,I]<M1 THEN M1:=A[IZ,I];
                    IF A[I,IS]<M2 THEN M2:=A[I,IS]
                  END
              END;
          {}
```

```
    PROCEDURE AUSGABE;
       VAR I, J:  INTEGER;
       BEGIN
         WRITELN; WRITELN;
         WRITELN('VORGEGEBENE (5*5)-MATRIX UND SUMMEN: ');
         WRITELN;
         FOR I:=1 TO 5 DO
           BEGIN
             FOR J:=1 TO 5 DO WRITE(A[I,J]:8:2);
             WRITELN('      ! ',B[I]:9:2)
           END;
         FOR I:=1 TO 55 DO WRITE('-'); WRITELN;
         FOR I:=1 TO 5 DO WRITE(C[I]:8:2); WRITELN('     ! ');
         WRITELN; WRITELN;
         WRITELN('KLEINSTES ELEMENT DER',IZ:2,'. ZEILE : ',
                   M1:8:2); WRITELN;
         WRITELN('KLEINSTES ELEMENT DER',IS:2,'. SPALTE: ',
                   M2:8:2); WRITELN
       END;
{}
BEGIN
  WRITELN; WRITELN('EINGABE DER MATRIX (ZEILENWEISE): ');
  FOR I:=1 TO 5 DO FOR J:=1 TO 5 DO READ(A[I,J]);
  ZEISPASUM;
  MAXZEISPASUM;
  MINELEMENTE;
  AUSGABE
END.
```

```
    VORGEGEBENE (5*5)-MATRIX UND SUMMEN:

        23.00   -56.00   -41.00   -23.00    12.00    !    -85.00
        45.00    89.00   -58.00   -10.00   -26.00    !     40.00
       -23.00   -65.00    25.00    45.00     3.00    !    -15.00
        41.00   -35.00    89.00   -56.00    41.00    !     80.00
        25.00   -36.00    85.00    41.00    36.00    !    151.00
    -------------------------------------------------------------
       111.00  -103.00   100.00    -3.00    66.00    !

    KLEINSTES ELEMENT DER 5. ZEILE :   -36.00

    KLEINSTES ELEMENT DER 1. SPALTE:   -23.00
```

```pascal
5.1/19    PROGRAM PT5119;
          {}
            TYPE MATRIX = ARRAY[1..10,1..10] OF REAL;
                 TITEL  = PACKED ARRAY[1..19] OF CHAR;
            VAR  X,Y,Z  : MATRIX;
                 N,M     : INTEGER;
          {}
            PROCEDURE EINGABE(VAR N,M: INTEGER; VAR X,Y: MATRIX);
              VAR J,K: INTEGER;
              BEGIN
                WRITELN;
                WRITELN('ZEILENZAHL N UND SPALTENZAHL M: ');
                READ(N,M); WRITELN;
                WRITELN('EINGABE MATRIX X (ZEILENWEISE): ');
                FOR J:=1 TO N DO
                  FOR K:=1 TO M DO READ(X[J,K]); WRITELN;
                WRITELN('EINGABE MATRIX Y (ZEILENWEISE): ');
                FOR J:=1 TO N DO
                  FOR K:=1 TO M DO READ(Y[J,K]); WRITELN
              END;
          {}
            PROCEDURE MATRIZENVERGLEICH(VAR Z: MATRIX);
              VAR J,K: INTEGER;
              BEGIN
                FOR J:=1 TO N DO
                  FOR K:=1 TO M DO
                    IF X[J,K]<>Y[J,K] THEN Z[J,K]:=1
                                      ELSE Z[J,K]:=0
              END;
          {}
            PROCEDURE AUSGABE(A: MATRIX; B: TITEL);
              VAR I,J: INTEGER;
              BEGIN
                WRITELN; WRITELN(B); WRITELN;
                FOR I:=1 TO N DO
                  FOR J:=1 TO M DO IF J=M THEN WRITELN(A[I,J]:8:2)
                                          ELSE WRITE(A[I,J]:8:2)
              END;
          {}
          BEGIN
            EINGABE(N,M,X,Y);
            MATRIZENVERGLEICH(Z);
            AUSGABE(X, 'MATRIX X:           ');
            AUSGABE(Y, 'MATRIX Y:           ');
            AUSGABE(Z, 'VERGLEICHSMATRIX Z: ')
          END.
```

```
MATRIX X:

   -2. 50      3. 00      1. 20      1. 70
    1. 50     -0. 30     -3. 10      2. 40
    4. 70      1. 80      2. 90     -3. 10
    0. 00      4. 10     -8. 20      6. 10
    0. 10     -2. 80     -1. 50      3. 50

MATRIX Y:

   -2. 50      3. 00      1. 30      1. 70
    1. 40     -0. 30     -3. 10      2. 40
    4. 70      1. 80      2. 80     -3. 20
    0. 00      4. 00     -8. 20      6. 10
    0. 20      2. 80     -1. 50      3. 50

VERGLEICHSMATRIX Z:

    0. 00      0. 00      1. 00      0. 00
    1. 00      0. 00      0. 00      0. 00
    0. 00      0. 00      1. 00      1. 00
    0. 00      1. 00      0. 00      0. 00
    1. 00      1. 00      0. 00      0. 00
```

```
5.1/20    PROGRAM PT5120;
          {}
            LABEL 1;
            TYPE MATRIX  = ARRAY[1..5,1..5] OF REAL;
                 TITEL   = PACKED ARRAY[1..15] OF CHAR;
            VAR A,B,C    : MATRIX;
                K,L      : ARRAY[1..5] OF INTEGER;
                X        : ARRAY[1..5] OF REAL;
                I,N,N1,M1: INTEGER;
                PV       : REAL;
          {}
            PROCEDURE EINGABE(VAR N: INTEGER; VAR A,C: MATRIX);
              VAR I,J: INTEGER;
              BEGIN
                WRITELN;
                WRITE('ZEILEN-/SPALTENZAHL N: '); READ(N); WRITELN;
                WRITELN('EINGABE DER MATRIX (ZEILENWEISE): ');
                FOR I:=1 TO N DO
                  FOR J:=1 TO N DO
                    BEGIN READ(A[I,J]); C[I,J]:=A[I,J] {KOPIE} END
              END;
          {}
            FUNCTION PIVOT: REAL;
              VAR J  : INTEGER;
                  PIV: REAL;
              BEGIN
                PIV:=A[M1,1];
                FOR J:=1 TO N DO
                  IF (K[J]=0) AND (ABS(A[M1,J])>=ABS(PIV))
                    THEN BEGIN N1:=J; PIV:=A[M1,N1] END;
                PIVOT:=PIV
              END;
          {}
            PROCEDURE PIVOTSPALTEZEILE(PV: REAL);
              VAR I,J: INTEGER;
              BEGIN
                FOR I:=1 TO N DO A[I,N1]:=A[I,N1]/PV;
                A[M1,N1]:=1/PV;
                FOR J:=1 TO N DO
                  IF J<>N1 THEN
                    BEGIN X[J]:=-A[M1,J]/PV; A[M1,J]:=X[J] END
              END;
          {}
            PROCEDURE RESTMATRIX;
              VAR I,J,K1: INTEGER;
              BEGIN
                FOR I:=1 TO N DO
                  FOR J:=1 TO N DO
                    IF (J<>N1) AND (I<>M1)
                      THEN A[I,J]:=A[I,J]+X[J]*A[I,N1]*PV;
                K[N1]:=N1;
                L[M1]:=N1;
                M1:=M1+1;
                IF M1>N THEN
                  FOR I:=1 TO N DO
                    FOR J:=1 TO N DO
                      FOR K1:=1 TO N DO
                        IF L[K1]=J THEN B[J,I]:=A[K1,L[I]]
              END;
          {}
```

```pascal
      PROCEDURE AUSGABE(MAT: MATRIX; KOPF: TITEL);
        VAR I,J: INTEGER;
        BEGIN
          WRITELN; WRITELN(KOPF); WRITELN;
          FOR I:=1 TO N DO
            FOR J:=1 TO N DO
              IF J=N THEN WRITELN(MAT[I,J]:9:4)
                     ELSE WRITE(MAT[I,J]:9:4)
        END;
  {}
  BEGIN
    EINGABE(N,A,C);
    M1:=1;
    FOR I:=1 TO 5 DO K[I]:=0;
    WHILE M1<=N DO
      BEGIN
        PV:=PIVOT;
        IF PV=0
          THEN BEGIN
                 WRITELN('SYSTEM LINEAR ABHAENGIG');
                 GOTO 1
               END
          ELSE BEGIN
                 PIVOTSPALTEZEILE(PV);
                 RESTMATRIX
               END
      END;
    AUSGABE(C,'AUSGANGSMATRIX: '); WRITELN;
    AUSGABE(B,'INVERSE MATRIX: ');
  1:
  END.
```

```
    AUSGANGSMATRIX:

      17.0000   21.0000  -18.0000    3.0000
       0.0000   10.0000    3.0000   15.0000
      38.0000  -14.0000   17.0000    0.0000
     -14.0000   25.0000   21.0000   10.0000


    INVERSE MATRIX:

       0.0155   -0.0020    0.0188   -0.0017
       0.0257   -0.0229   -0.0017    0.0266
      -0.0134   -0.0144    0.0155    0.0257
      -0.0144    0.0848   -0.0020   -0.0229
```

5.1/21

```pascal
PROGRAM PT5121;
{}
  TYPE MATRIX = ARRAY[1..10,1..10] OF REAL;
  VAR A,B,C   : MATRIX;
      M,N     : INTEGER;
{}
  PROCEDURE EINGABE(VAR M,N:INTEGER;  VAR A,B:MATRIX);
    VAR I,J : INTEGER;
        MANA: CHAR;
    {}
    PROCEDURE EINEMATRIX(MANA:CHAR;  K,L:INTEGER;
                              VAR X: MATRIX);
      VAR I,J: INTEGER;
      BEGIN
        WRITELN('MATRIX ',MANA,' (ZEILENWEISE EINGABE): ');
        FOR I:=1 TO K DO
          FOR J:=1 TO L DO READ(X[I,J]);
        WRITELN
      END;
    {}
    BEGIN
      WRITELN;
      WRITE('EINGABEN M UND N: '); READLN(M,N);  WRITELN;
      EINEMATRIX('A',M,N,A);
      EINEMATRIX('B',N,M,B)
    END;
{}
  PROCEDURE MATMULT(M,N:INTEGER;  A,B:MATRIX;
                        VAR C:MATRIX);
    VAR I,J,K:  INTEGER;
    BEGIN
      FOR I:=1 TO M DO
        FOR K:=1 TO M DO
          BEGIN
            C[I,K]:=0;
            FOR J:=1 TO N DO C[I,K]:=C[I,K]+A[I,J]*B[J,K]
          END
    END;
{}
  PROCEDURE AUSGABE(M,N:INTEGER;  A,B,C:MATRIX);
    TYPE TITEL = PACKED ARRAY[1..17] OF CHAR;
    {}
    PROCEDURE MATRAUS(K,L:INTEGER;  X:MATRIX;  MANA:TITEL);
      VAR I,J:  INTEGER;
      BEGIN
        WRITELN;  WRITELN(MANA);  WRITELN;
        FOR I:=1 TO K DO
          FOR J:=1 TO L DO
            IF (J=L) OR (J=6) THEN WRITELN(X[I,J]:10:2)
                             ELSE WRITE(X[I,J]:10:2)
      END;
    {}
```

```
          BEGIN
            MATRAUS(M, N, A, 'MATRIX A:            ');
            MATRAUS(N, M, B, 'MATRIX B:            ');
            MATRAUS(M, M, C, 'ERGEBNISMATRIX C: ')
          END;
      {}

      BEGIN
        EINGABE(M, N, A, B);
        MATMULT(M, N, A, B, C);
        AUSGABE(M, N, A, B, C)
      END.
```

```
MATRIX A:

      1. 00          4. 00         -2. 00
      0. 00          1. 00          1. 00
     -3. 00          2. 00          5. 00

MATRIX B:

      3. 00          0. 00          1. 00
     -2. 00          1. 00          5. 00
      2. 00          3. 00          8. 00

ERGEBNISMATRIX C:

     -9. 00         -2. 00          5. 00
      0. 00          4. 00         13. 00
     -3. 00         17. 00         47. 00
```

5.1/22
```
           PROGRAM PT5122;
           {}
             TYPE GELDARTEN    = ARRAY[1..14] OF REAL;
                  HAEUFIGKEIT  = ARRAY[1..14] OF INTEGER;
                  NAMENSKETTE  = PACKED ARRAY[1..25] OF CHAR;
             VAR  GELDER       : GELDARTEN;
                  TEILZAHLEN   : HAEUFIGKEIT;
                  NAME         : NAMENSKETTE;
                  I, J, N      : INTEGER;
                  LOHN, SUMME  : REAL;
           {}
             PROCEDURE INITGELD(VAR GELDER: GELDARTEN;
                                VAR TZ: HAEUFIGKEIT);
               VAR I: INTEGER;
               BEGIN
                 GELDER[1]:=1000;           GELDER[8] :=2;
                 GELDER[2]:= 500;           GELDER[9] :=1;
                 GELDER[3]:= 100;           GELDER[10]:=0. 5;
                 GELDER[4]:=  50;           GELDER[11]:=0. 1;
                 GELDER[5]:=  20;           GELDER[12]:=0. 05;
                 GELDER[6]:=  10;           GELDER[13]:=0. 02;
                 GELDER[7]:=   5;           GELDER[14]:=0. 01;
                 FOR I:=1 TO 14 DO TZ[I]:=0
               END;
           {}
```

```pascal
      PROCEDURE MINZAHL(NAME:NAMENSKETTE; BETRAG: REAL;
                        VAR TZ: HAEUFIGKEIT);
         VAR I : INTEGER;
             ZW: HAEUFIGKEIT;
         BEGIN
           WRITELN; WRITELN(NAME,BETRAG:7:2,' DM:'); WRITELN;
           FOR I:=1 TO 14 DO
             BEGIN
               ZW[I]:=0;
               WHILE BETRAG-GELDER[I]>=-1E-4 DO
                 BEGIN
                   BETRAG:=BETRAG-GELDER[I];
                   ZW[I]:=ZW[I]+1;   TZ[I]:=TZ[I]+1
                 END
             END;
           FOR I:=1 TO 14 DO
             IF ZW[I]<>0 THEN
               WRITELN(GELDER[I]:7:2,' DM',ZW[I]:15)
         END;
{}
      PROCEDURE BILANZ(TZ:HAEUFIGKEIT; SUMME: REAL);
         VAR I: INTEGER;
         BEGIN
           WRITELN;
           WRITELN('ANZAHL DER GESAMTGELDER: '); WRITELN;
           FOR I:=1 TO 14 DO
             IF TZ[I]<>0 THEN
               WRITELN(GELDER[I]:7:2,' DM',TZ[I]:15);
           WRITELN; WRITELN;
           WRITELN('GESAMTBETRAG: ',SUMME:19:2,' DM')
         END;
{}
BEGIN
   INITGELD(GELDER,TEILZAHLEN);
   SUMME:=0;
   WRITELN;
   WRITE('ANZAHL DER LOHNEMPFAENGER: '); READ(N);
   WRITELN;
   WRITELN('EINGABEFOLGE: NAME(BIS EOLN), LOHN(REAL):');
   WRITELN;
   FOR I:=1 TO N DO
     BEGIN
       FOR J:=1 TO 25 DO NAME[J]:=' ';
       J:=1;
       READ(NAME[1]);
       WHILE NOT EOLN DO BEGIN J:=J+1; READ(NAME[J]) END;
       READLN;
       READLN(LOHN);
       SUMME:=SUMME+LOHN;
       MINZAHL(NAME,LOHN,TEILZAHLEN)
     END;
   BILANZ(TEILZAHLEN,SUMME)
END.
```

```
     MOZART,  WOLFGANG              1923. 18 DM:

     1000. 00 DM                    1
      500. 00 DM                    1
      100. 00 DM                    4
       20. 00 DM                    1
        2. 00 DM                    1
        1. 00 DM                    1
        0. 10 DM                    1
        0. 05 DM                    1
        0. 02 DM                    1
        0. 01 DM                    1


     WAGNER,  RICHARD               4357. 77 DM:

     1000. 00 DM                    4
      100. 00 DM                    ?
       ??


     RIGOLETTO                      3001. 02 DM:

     1000. 00 DM                    3
        1. 00 DM                    1
        0. 02 DM                    1


     ANZAHL  DER  GESAMTGELDER:

     1000. 00 DM                   21
      500. 00 DM                    6
      100. 00 DM                   20
       50. 00 DM                    1
       20. 00 DM                    5
       10. 00 DM                    3
        5. 00 DM                    4
        2. 00 DM                    8
        1. 00 DM                    5
        0. 50 DM                    3
        0. 10 DM                   17
        0. 05 DM                    3
        0. 02 DM                    8
        0. 01 DM                    4


     GESAMTBETRAG:                  26224. 55 DM
```

Auf welche Weise speziell bei Ihrem Rechner die End-Of-Line-(EOLN-) Marke gesetzt
wird, entnehmen Sie bitte den zugehörigen Unterlagen (bei Terminal-Eingabe üblicherweise RETURN-Taste).

```pascal
5.1/23    PROGRAM PA4242;
          {}
            CONST   ZAHLEN = 20;
            TYPE         VB = ARRAY[1..ZAHLEN] OF REAL;
            VAR B          : VB;
                TAUSCHZAHL: INTEGER;
          {}
            PROCEDURE LESEN(VAR B:VB);
              VAR I: INTEGER;
              BEGIN
                WRITELN; WRITELN('EINGABE VON',ZAHLEN:3,' ZAHLEN:');
                FOR I:=1 TO ZAHLEN DO READ(B[I])
              END;
          {}
            PROCEDURE SORTIEREN(VAR K:INTEGER);
              VAR I,J: INTEGER;
                  ZW : REAL;
              BEGIN
                K:=0;
                FOR I:=1 TO ZAHLEN-1 DO
                  FOR J:=I+1 TO ZAHLEN DO
                    IF B[I]>B[J] THEN
                      BEGIN
                        ZW:=B[I]; B[I]:=B[J]; B[J]:=ZW; K:=K+1
                      END
              END;
          {}
            PROCEDURE AUSGABE;
              VAR I: INTEGER;
              BEGIN
                WRITELN;
                FOR I:=1 TO ZAHLEN DO
                  IF I MOD 4 <> 0 THEN WRITE(B[I]:11:3)
                                       ELSE WRITELN(B[I]:11:3)
              END;
          {}
          BEGIN
            LESEN(B);
            WRITELN; WRITELN('UNSORTIERTE LISTE:');
            AUSGABE;
            SORTIEREN(TAUSCHZAHL);
            WRITELN;
            WRITELN('ANZAHL DER VERTAUSCHUNGEN =',TAUSCHZAHL:4);
            WRITELN; WRITELN('SORTIERTE LISTE:');
            AUSGABE
          END.


UNSORTIERTE LISTE:

      -235.780      6466.460      6757.000         0.000
       789.000     -4466.460      3465.600      -646.000
     -5757.570       367.000      -673.570        -0.670
       -65.800       133.200      2424.000         0.350
       356.090        57.900        68.000      9786.990

ANZAHL DER VERTAUSCHUNGEN =  87
```

```
SORTIERTE LISTE:

  -5757.570    -4466.460     -673.570     -646.000
   -235.780      -65.800       -0.690        0.000
      0.350       57.900       68.000      133.200
    356.090      367.000      789.000     2424.000
   3465.600     6466.460     6757.000     9786.990
```

5.1/24
```
        PROGRAM PT5124;
        {}
          CONST IMAX = 20;
          TYPE IZAHL = ARRAY[1..IMAX] OF INTEGER;
          VAR     I : IZAHL;
                  N : INTEGER;
        {}
          PROCEDURE LESEN(VAR I:IZAHL; VAR N:INTEGER);
            VAR J: INTEGER;
            BEGIN
              WRITELN;
              WRITE('ANZAHL DER WERTE: '); READLN(N);
              WRITELN; WRITELN('EINGABE DER ZAHLEN:');
              FOR J:=1 TO N DO READ(I[J])
            END;
        {}
          PROCEDURE SCHREIB;
            VAR J: INTEGER;
            BEGIN WRITELN; FOR J:=1 TO N DO WRITE(I[J]:6) END;
        {}
          PROCEDURE BUBBLESORT;
            VAR J,K,ZW: INTEGER;
            BEGIN
              REPEAT
                K:=0;
                FOR J:=1 TO N-1 DO
                  IF I[J]>I[J+1] THEN
                    BEGIN
                      ZW:=I[J]; I[J]:=I[J+1]; I[J+1]:=ZW;
                      K:=1; SCHREIB
                    END
              UNTIL K=0
            END;
        {}
        BEGIN
          LESEN(I,N);
          WRITELN; WRITELN('EINGEGEBENE ZAHLENFOLGE:');
          SCHREIB;
          WRITELN; WRITELN; WRITELN('SORTIERVORGANG:');
          BUBBLESORT;
          WRITELN; WRITELN; WRITELN('SORTIERTE ZAHLENFOLGE:');
          SCHREIB
        END.
```

```
EINGEGEBENE ZAHLENFOLGE:

     4     20     12      8     16      6     10     14      2     18

SORTIERVORGANG:

     4     12     20      8     16      6     10     14      2     18
     4     12      8     20     16      6     10     14      2     18
     4     12      8     16     20      6     10     14      2     18
     4     12      8     16      6     20     10     14      2     18
     4     12      8     16      6     10     20     14      2     18
     4     12      8     16      6     10     14     20      2     18
     4     12      8     16      6     10     14      2     20     18
     4     12      8     16      6     10     14      2     18     20
     4      8     12     14      2     10     ..

                    -      8     10     12     14     16     18     20
     4      2      6      8     10     12     14     16     18     20
     2      4      6      8     10     12     14     16     18     20

SORTIERTE ZAHLENFOLGE:

     2      4      6      8     10     12     14     16     18     20
```

5.1/25   Gegenüber der Lösung 5.1/24 wurde nur die Prozedur BUBBLESORT durch die folgende Prozedur SORTAUSWAHL ersetzt. Das ist auch bei dem zugehörigen Aufruf zu beachten.

```
{}
  PROCEDURE SORTAUSWAHL;
    VAR J,L,MI,B,ZW: INTEGER;
    BEGIN
      FOR L:=1 TO N-1 DO
        BEGIN
          MI:=I[L];
          FOR J:=L TO N DO
            IF I[J]<=MI THEN BEGIN MI:=I[J]; B:=J END;
          ZW:=I[L]; I[L]:=I[B]; I[B]:=ZW;
          SCHREIB
        END
    END;
  {}
```

EINGEGEBENE ZAHLENFOLGE:

4	20	12	8	16	6	10	14	2	18

SORTIERVORGANG:

2	20	12	8	16	6	10	14	4	18
2	4	12	8	16	6	10	14	20	18
2	4	6	8	16	12	10	14	20	18
2	4	6	8	16	12	10	14	20	18
2	4	6	8	10	12	16	14	20	18
2	4	6	8	10	12	16	14	20	18
2	4	6	8	10	12	14	16	20	18
2	4	6	8	10	12	14	16	20	18
2	4	6	8	10	12	14	16	18	20

SORTIERTE ZAHLENFOLGE:

2	4	6	8	10	12	14	16	18	20

5.1/26 Logik-Funktion:

$$B = ((S_1 \wedge S_2) \vee S_3 \vee S_4) \wedge (S_5 \vee S_6) \wedge S_7.$$

Pascal-Anweisung, wenn die Schalterstellungen S_1 bis S_7 mit den logischen Werten TRUE bzw. FALSE definiert sind:

```
B: = (S1 AND S2 OR S3 OR S4) AND (S5 OR S6) AND S7;
```

5.1/27 Es werden folgende Wertzuweisungen vorgenommen:

	A	F	POT	K	ERGEB
a)	0.57	0	0	FALSE	FALSE
b)	0.57	1	1	FALSE	TRUE

5.1/28

```
PROGRAM PT5128;
{}
  VAR X1,X2,Y:  INTEGER;
{}
  FUNCTION LOGY:  BOOLEAN;
    VAR XE,XZ:  BOOLEAN;
    BEGIN
      IF X1=1 THEN XE:=TRUE ELSE XE:=FALSE;
      IF X2=1 THEN XZ:=TRUE ELSE XZ:=FALSE;
      LOGY:=NOT XE AND NOT XZ OR XE AND NOT XZ OR XE AND XZ
    END;
{}
BEGIN
  WRITELN;
  WRITELN('EINGABE X1, X2 (IN 1 BZW. 0); ENDE FUER X1<0');
  WRITELN;
  WRITELN('X1',' ':11,'X2',' ':11,'Y'); WRITELN;
  READ(X1);
  WHILE X1>=0 DO
    BEGIN
      READ(X2);
      IF LOGY THEN Y:=1
              ELSE Y:=0;
      WRITELN(X1:2,X2:13,Y:12);
      READ(X1)
    END
END.
```

X1	X2	Y
0	0	1
0	1	0
1	0	1
1	1	1

```
5.1/29    PROGRAM PT5129.
          {}
            VAR A,B,UE,R: INTEGER;
          {}
            FUNCTION INTLOG(X: INTEGER): BOOLEAN;
              BEGIN
                IF X=1 THEN INTLOG:=TRUE ELSE INTLOG:=FALSE
              END;
          {}
            FUNCTION LOGINT(L: BOOLEAN): INTEGER;
              BEGIN
                IF L THEN LOGINT:=1 ELSE LOGINT:=0
              END;
          {}
            PROCEDURE HALBADDIERER(XA,XB: INTEGER;
                                   VAR XC,XD: INTEGER);
              VAR B1,B2,EUE,ER: BOOLEAN;
              BEGIN
                B1:=INTLOG(XA);
                B2:=INTLOG(XB);
                ER:=NOT B1 AND B2 OR B1 AND NOT B2;
                EUE:=B1 AND B2;
                XD:=LOGINT(ER);
                XC:=LOGINT(EUE)
              END;
          {}
          BEGIN
            WRITELN;
            WRITELN('EINGABE A, B (IN 1 BZW. 0); ENDE FUER A<0');
            WRITELN;
            WRITELN(' A',' ':12,'B',' ':8,'/',' ':7,'UE',' ':12,'R');
            WRITELN;
            READ(A);
            WHILE A>=0 DO
              BEGIN
                READ(B);
                HALBADDIERER(A,B,UE,R);
                WRITELN(A:2,B:13,' ':8,'/',UE:9,R:13);
                READ(A)
              END
          END.
```

A	B	/	UE	R
0	0	/	0	0
0	1	/	0	1
1	0	/	0	1
1	1	/	1	0

```
5.1/30    PROGRAM PA4250;
          {}
             PROCEDURE LOGIK(X1,X2,X3: BOOLEAN; VAR YD,YK: BOOLEAN);
                VAR X4,X5,X6,Y1,Y2,Y3,Y4,Y5: BOOLEAN;
                BEGIN
                   X4:=NOT X1;
                   X5:=NOT X2;
                   X6:=NOT X3;
                   YD:=X4 AND X5 AND X6 OR X1 AND X5 AND X6 OR
                       X4 AND X5 AND X3;
                   Y1:=X1 OR X5 OR X3;
                   Y2:=X4 OR X5 OR X3;
                   Y3:=X4 OR X2 OR X6;
                   Y4:=X1 OR X5 OR X6;
                   Y5:=X4 OR X5 OR X6;
                   YK:=Y1 AND Y2 AND Y3 AND Y4 AND Y5
                END;
          {}
             PROCEDURE NFORMEN;
                VAR X1,X2,X3,YD,YK: BOOLEAN;
                    I              : INTEGER;
                {}
                FUNCTION BI(X: BOOLEAN): INTEGER;
                   BEGIN
                      IF X=TRUE THEN BI:=1
                                ELSE BI:=0
                   END;
                {}
                BEGIN
                   X1:=FALSE;      X2:=FALSE;      X3:=FALSE;
                   FOR I:=1 TO 8 DO
                      BEGIN
                         LOGIK(X1,X2,X3,YD,YK);
                         WRITELN(BI(X1):3,BI(X2):3,BI(X3):3,' ':13,
                                 BI(YD):3,BI(YK):3);
                         X3:=NOT X3;
                         IF I MOD 2 = 0 THEN X2:=NOT X2;
                         IF I MOD 4 = 0 THEN X1:=NOT X1;
                      END
                END;
          {}
          BEGIN
             WRITELN;
             WRITELN(' X1 X2 X3',' ':14,'YD YK'); WRITELN;
             NFORMEN
          END.
```

X1	X2	X3		YD	YK
0	0	0		1	1
0	0	1		1	1
0	1	0		0	0
0	1	1		0	0
1	0	0		1	1
1	0	1		0	0
1	1	0		0	0
1	1	1		0	0

```
5.1/31    PROGRAM PA632;
          {}
            VAR X,Y: ARRAY[1..30] OF REAL;
                N,I: INTEGER;
          {}
            PROCEDURE GUELTIGKEIT;
              VAR XG,P,Q.ZW,A,C: REAL;
                  I               : INTEGER;
                  V               : CHAR;
              BEGIN
                    {BERECHNUNG DES GUELTIGEN X-BEREICHES
                     AUS DER FUNKTION}
                XG:=SQRT(1+SQRT(1-2.5/3));
                FOR I:=1 TO N DO
                  BEGIN
                    P:=X[I];   Q:=Y[I];   V:='+';
                    IF (P<-XG) OR (P>XG) THEN V:='-'
                    ELSE
                      BEGIN
                        ZW:=SQR(P);
                        A:=3*SQR(ZW)-6*ZW+2.5;
                        C:=ABS(A)-ABS(Q);
                        IF (A<0) AND (Q>0) OR (A>0) AND (Q<0)
                           OR (C<0) THEN V:='-'
                      END;
                    WRITELN(P:7:2,Q:10:2,V:13)
                  END
              END;
          {}
          BEGIN
            WRITELN;
            WRITE('ANZAHL DER WERTEPAARE:  '); READ(N); WRITELN;
            WRITELN('EINGABE DER WERTE (PAARWEISE):');
            FOR I:=1 TO N DO READ(X[I],Y[I]); WRITELN;
            WRITELN(' ':5,'WERTEPAAR',' ':10,'GUELTIGKEIT');
            WRITELN;
            GUELTIGKEIT
          END.
```

WERTEPAAR		GUELTIGKEIT
2.00	-1.00	-
1.00	-0.50	+
-0.20	1.50	+
0.00	0.00	+
-1.00	-0.40	+
0.00	1.90	+
3.00	-2.00	-
1.20	2.50	-
-0.30	0.40	+
-1.10	-0.10	+

5.1/32

```
PROGRAM PT5132;
{}
  TYPE WERTE = ARRAY[1..20,1..2] OF REAL;
  VAR  WE    : WERTE;
       A,B,C : REAL;
       N     : INTEGER;
{}
  PROCEDURE EINGABE(VAR A,B,C: REAL; VAR N: INTEGER;
                    VAR WE: WERTE);
    VAR I: INTEGER;
    BEGIN
      WRITELN;
      WRITE('EINGABE A, B UND C (C>=0): '); READ(A,B,C);
      WRITELN;
      WRITE('ANZAHL N DER WERTEPAARE (<=20): '); READ(N);
      WRITELN;
      WRITELN('EINGABE DER WERTEPAARE: ');
      FOR I:=1 TO N DO READ(WE[I,1],WE[I,2]); WRITELN
    END;
{}
  PROCEDURE GUEL1;
    VAR K         : INTEGER;
        W1,W2,ER: REAL;
    BEGIN
      WRITELN; WRITELN;
      WRITELN('FUNKTIONEN Y=',A:4:1,'*X,   Y=',B:4:1,'*X: ');
      WRITELN;
      WRITELN('       X',' ':12,'Y',' ':6,'GUELTIGKEIT');
      WRITELN;
      FOR K:=1 TO N DO
        BEGIN
          W1:=WE[K,1];  W2:=WE[K,2];
          WRITE(W1:9:3,W2:13:3,' ':4);
          IF W1<=0 THEN ER:=A*W1
                   ELSE ER:=B*W1;
          IF W2>ER THEN WRITELN('AUSSERHALB')
                   ELSE WRITELN('INNERHALB')
        END
    END;
```

```
{}
  PROCEDURE GUEL2;
     VAR L        :  INTEGER;
         W1,W2,E2:  REAL;
     BEGIN
       WRITELN; WRITELN;
       WRITELN('FUNKTION Y=',C:4:1,' / X'); WRITELN;
       WRITELN('        X',' ':12,'Y',' ':6,'GUELTIGKEIT');
       WRITELN;
       FOR L:=1 TO N DO
         BEGIN
           W1:=WE[L,1];   W2:=WE[L,2];
           WRITE(W1:9:3,W2:13:3,' ':4);
           IF W1=O THEN WRITELN('POL / INNERHALB')
           ELSE
             BEGIN
               E2:=C/W1;
               IF (W1>0) AND (W2<=E2) AND (W2>=0) OR (W1<0)
                  AND (W2<=0) THEN WRITELN('INNERHALB')
                               ELSE WRITELN('AUSSERHALB')
             END
         END
     END;
{}
BEGIN
  EINGABE(A,B,C,N,WE);            {1.BEISP., C BELIEBIG}
  GUEL1;
  EINGABE(A,B,C,N,WE);            {2.+3. BEISP., C LT.AUFG.}
  GUEL1;
  GUEL2
END.
```

```
          FUNKTIONEN Y= 0.7*X,   Y= 0.3*X:

               X              Y           GUELTIGKEIT

          -325.000       400.000         AUSSERHALB
             1.000        -1.000         INNERHALB
             2.000        -1.000         INNERHALB
             0.500         2.000         AUSSERHALB
            17.500         8.000         AUSSERHALB
             0.000         0.000         INNERHALB
             5.000         0.000         INNERHALB
             5.000         0.200         INNERHALB
            -5.000         0.200         AUSSERHALB
             0.500        -0.200         INNERHALB
```

```
FUNKTIONEN  Y=-0. 5*X,    Y=  1. 2*X:

        X              Y          GUELTIGKEIT

    -325. 000      400. 000       AUSSERHALB
       1. 000       -1. 000       INNERHALB
       2. 000       -1. 000       INNERHALB
       0. 500        2. 000       AUSSERHALB
      17. 500        8. 000       INNERHALB
       0. 000        0. 000       INNERHALB
       5. 000        0. 000       INNERHALB
       5. 000        0. 200       INNERHALB
      -5. 000        0. 200       INNERHALB
       0. 500       -0. 200       INNERHALB


FUNKTION  Y=  1. 0  /  X

        X              Y          GUELTIGKEIT

    -325. 000      400. 000       AUSSERHALB
       1. 000       -1. 000       AUSSERHALB
       2. 000       -1. 000       AUSSERHALB
       0. 500        2. 000       INNERHALB
      17. 500        8. 000       AUSSERHALB
       0. 000        0. 000       POL / INNERHALB
       5. 000        0. 000       INNERHALB
       5. 000        0. 200       INNERHALB
      -5. 000        0. 200       AUSSERHALB
       0. 500       -0. 200       AUSSERHALB
```

```
5.1/33    PROGRAM PT5133A;
          {}
            VAR AL,BJ,CH : BOOLEAN;
          {}
            PROCEDURE AUSSAGEN(VAR X,Y,Z: BOOLEAN);
              LABEL 1;
              VAR A,B,C,D,E,F: BOOLEAN;
              {}
              BEGIN
                FOR A:=FALSE TO TRUE DO
                  FOR B:=FALSE TO TRUE DO
                    FOR C:=FALSE TO TRUE DO
                      BEGIN
                        D:=A=NOT B;
                        E:=B=NOT C;
                        F:=C=(NOT A AND NOT B);
                        IF D AND E AND F THEN
                          BEGIN X:=A; Y:=B; Z:=C; GOTO 1 END
                      END;
            1:
                END;
          {}
          BEGIN
            WRITELN;
            AUSSAGEN(AL,BJ,CH);
            IF AL THEN WRITELN('ALEX SAGT DIE WAHRHEIT');
            IF BJ THEN WRITELN('BJOERN SAGT DIE WAHRHEIT');
            IF CH THEN WRITELN('CHRIS SAGT DIE WAHRHEIT');
            WRITELN;
            WRITELN('DER REST LUEGT !')
          END.



              BJOERN SAGT DIE WAHRHEIT

              DER REST LUEGT !
```

Prozedur AUSSAGEN unter Verwendung der Nichtäquivalenz (Antivalenz):

```
PROCEDURE AUSSAGEN(VAR X,Y,Z: BOOLEAN);
  LABEL 1;
  VAR A,B,C,D,E,F: BOOLEAN;
  {}
  BEGIN
    FOR A:=FALSE TO TRUE DO
      FOR B:=FALSE TO TRUE DO
        FOR C:=FALSE TO TRUE DO
          BEGIN
            D:=A<>B;
            E:=B<>C;
            F:=C<>(A OR B);
            IF D AND E AND F THEN
              BEGIN X:=A; Y:=B; Z:=C; GOTO 1 END
          END;
1:
    END;
```

```
5.1/34    PROGRAM PT5134;
          {}
            TYPE FARBEN      = PACKED ARRAY[1..13,1..8] OF CHAR;
            VAR   RINGE                    : FARBEN;
                  WIDERSTAND,TOLERANZ  : REAL;
          {}
            PROCEDURE INITFARBEN(VAR WERTE: FARBEN);
              BEGIN
                WERTE[1]:='SCHWARZ ';              WERTE[8] :='VIOLETT ';
                WERTE[2]:='BRAUN    ';             WERTE[9] :='GRAU     ';
                WERTE[3]:='ROT      ';             WERTE[10]:='WEISS    ';
                WERTE[4]:='ORANGE   ';             WERTE[11]:='GOLD     ';
                WERTE[5]:='GELB     ';             WERTE[12]:='SILBER   ';
                WERTE[6]:='GRUEN    ';             WERTE[13]:='---U--- ';
                WERTE[7]:='BLAU     '
              END;
          {}
            PROCEDURE AUSWERTUNG(WID,TOL: REAL);
              VAR I,L,K,N:  INTEGER;
                  R,Z      : REAL;
              BEGIN
                K:=1;     I:=1;
                IF WID>10 THEN
                  BEGIN
                    L:=1;     R:=WID;
                    IF R>99 THEN                                 {3.RING}
                      REPEAT R:=R/10;  K:=K+1 UNTIL R<=99;
                    Z:=R;
                    R:=TRUNC(R/10);                              {1.RING}
                    REPEAT R:=R-1;     I:=I+1 UNTIL R<=0;
                    Z:=Z-(I-1)*10;                               {2.RING}
                    Z:=Z-1;
                    WHILE Z>=0 DO BEGIN L:=L+1;  Z:=Z-1 END
                  END
                ELSE L:=TRUNC(WID)+1;
                CASE TRUNC(TOL*10) OF                         {TOLERANZ}
                     5:          N:= 1;
                    10:          N:= 2;
                    20:          N:= 3;
                   300:          N:= 8;
                    50:          N:=11;
                   100:          N:=12
                   OTHERWISE     N:=13    {OPTION FUER UNERFUELLTHEIT}
                END;
                WRITELN(WID:10:1,' OHM',TOL:6:1,' %    ',
                        RINGE[I],RINGE[L],RINGE[K],RINGE[N])
              END;
          {}
```

```
BEGIN
  INITFARBEN(RINGE);
  WRITELN;
  WRITELN('EINGABEN (BIS WIDERSTAND<0): '); WRITELN;
  WRITELN('WIDERSTAND (GANZZAHLIG) UND TOLERANZ:  ');
  READ(WIDERSTAND);
  WHILE WIDERSTAND>=0 DO
    BEGIN
      READLN(TOLERANZ);
      AUSWERTUNG(WIDERSTAND,TOLERANZ);
      READ(WIDERSTAND)
    END
END.
```

```
   2200. 0 OHM    0. 5 %    ROT       ROT       ROT       SCHWARZ
  47000. 0 OHM   10. 0 %    GELB      VIOLETT   ORANGE    SILBER
1000000. 0 OHM   30. 0 %    BRAUN     SCHWARZ   GRUEN     VIOLETT
    220. 0 OHM    5. 0 %    ROT       ROT       BRAUN     GOLD
   4700. 0 OHM    1. 0 %    GELB      VIOLETT   ROT       BRAUN
  68000. 0 OHM    5. 0 %    BLAU      GRAU      ORANGE    GOLD
 330000. 0 OHM   10. 0 %    ORANGE    ORANGE    GELB      SILBER
  10000. 0 OHM    2. 0 %    BRAUN     SCHWARZ   ORANGE    ROT
  68000. 0 OHM   15. 0 %    BLAU      GRAU      ORANGE    ---U---
```

Zur Verwendung von OTHERWISE vgl. Lösung 4.2/5.

```
5.1/35    PROGRAM PT5135;
          {}
             TYPE ZEICHEN = PACKED ARRAY[1..41] OF CHAR;
             VAR IK,N,KB,I  : INTEGER;
                 YL,YR,DX,X : REAL;
                 KURVENZEILE: ZEICHEN;
          {}
             FUNCTION Y(X:REAL): REAL;
               BEGIN Y:=X*X*X-2*X*X END;
          {}
             PROCEDURE EINGABE(VAR IK,N,KB: INTEGER;
                               VAR YL,YR,DX:REAL);
               BEGIN
                 WRITELN;
                 WRITE('KENNZIFFER (O OHNE, 1 MIT NULL-LINIE, ');
                 WRITE('2 MIT ***) = '); READ(IK); WRITELN;
                 WRITE('STUETZSTELLENZAHL = '); READ(N); WRITELN;
                 WRITE('KURVEN-FELDBREITE (IN DRUCKPOSITIONEN) = ');
                 READ(KB); WRITELN;
                 WRITE('MINIMALER NEG.FUNKTIONSWERT = ');
                 READ(YL); WRITELN;
                 WRITE('MAXIMALER POS.FUNKTIONSWERT = ');
                 READ(YR); WRITELN;
                 WRITE('SCHRITTWEITE = '); READ(DX); WRITELN;
                 WRITELN
               END;
          {}
             PROCEDURE KURV(X,YX: REAL);
               VAR I,IA,IA1,IY,IC,A,E: INTEGER;
                   ZW,YK              : REAL;
                   KURVENZEILE        : ZEICHEN;
               BEGIN
                 FOR I:=2 TO 40 DO KURVENZEILE[I]:=' ';
                 KURVENZEILE[1]:='I';
                 KURVENZEILE[41]:='I';
                   {LAGE NULL-ACHSE BEI NULL-DURCHGANG:}
                 ZW:=YL/(ABS(YL)+ABS(YR));
                 IA:=ROUND(ABS(ZW)*(KB-1));
                 IA1:=IA+1;
                 IF IK<>O THEN KURVENZEILE[IA1]:='.';
                   {KURVENPOSITION:}
                 YK:=YX*IA/ABS(YL);
                 IY:=IA1+TRUNC(YK);
                 CASE IK OF
                   O,1: KURVENZEILE[IY]:='*';
                          {STERNCHENSAEULEN:}
                     2: BEGIN
                          IF IY<IA1 THEN BEGIN A:=IY;  E:=IA1 END
                                    ELSE BEGIN A:=IA1; E:=IY  END;
                          FOR I:=A TO E DO KURVENZEILE[I]:='*'
                        END
                 END;
                 WRITELN(X:5:2,YX:7:2,'    ',KURVENZEILE)
               END;
          {}
```

```
BEGIN
  WRITELN;
  EINGABE(IK,N,KB,YL,YR,DX);
  WRITELN('   X',' ':6,'Y',' ':15,'GRAFIK'); WRITELN;
  I:=0;
  REPEAT
    X:=DX*I;
    KURV(X,Y(X));
    I:=I+1
  UNTIL I>N-1
END.
```

```
    X        Y                        GRAFIK

  0.00     0.00     I                *                          I
  0.10    -0.02     I                *                          I
  0.20    -0.07     I               *                           I
  0.30    -0.15     I              *                            I
  0.40    -0.26     I            *                              I
  0.50    -0.37     I           *                               I
  0.60    -0.50     I          *                                I
  0.70    -0.64     I        *                                  I
  0.80    -0.77     I      *                                    I
  0.90    -0.89     I    *                                      I
  1.00    -1.00     I *                                         I
  1.10    -1.09     I *                                         I
  1.20    -1.15     I*                                          I
  1.30    -1.18     I*                                          I
  1.40    -1.18     I*                                          I
  1.50    -1.13     I*                                          I
  1.60    -1.02     I *                                         I
  1.70    -0.87     I    *                                      I
  1.80    -0.65     I       *                                   I
  1.90    -0.36     I          *                                I
  2.00    -0.00     I             *                             I
  2.10     0.44     I                  *                        I
  2.20     0.97     I                      *                    I
  2.30     1.59     I                           *               I
  2.40     2.30     I                                *          I
  2.50     3.12     I                                         *I
```

```
   X        Y                GRAFIK

  0.00    0.00     I             *                              I
  0.10   -0.02     I             *                              I I
  0.20   -0.07     I             *                              I I
  0.30   -0.15     I            *.                              I I
  0.40   -0.26     I           *  .                             I I
  0.50   -0.37     I          *   .                             I I
  0.60   -0.50     I        *     .                             I I
  0.70   -0.64     I       *      .                             I I
  0.80   -0.77     I      *       .                             I I
  0.90   -0.89     I    *         .                             I I
  1.00   -1.00     I  *           .                             I I
  1.10   -1.09     I  *           .                             I I
  1.20   -1.15     I*             .                             I I
  1.30   -1.18     I*             .                             I I
  1.40   -1.18     I*             .                             I I
  1.50   -1.13     I*             .                             I I
  1.60   -1.02     I *            .                             I I
  1.70   -0.87     I     *        .                             I I
  1.80   -0.65     I        *     .                             I I
  1.90   -0.36     I          *   .                             I I
  2.00   -0.00     I             *                              I I
  2.10    0.44     I          .      *                          I I
  2.20    0.97     I          .           *                     I I
  2.30    1.59     I          .                  *              I I
  2.40    2.30     I          .                         *       I I
  2.50    3.12     I          .                                *I


   X        Y                GRAFIK

  0.00    0.00     I             *                              I
  0.10   -0.02     I             *                              I
  0.20   -0.07     I             *                              I
  0.30   -0.15     I            **                              I
  0.40   -0.26     I           ***                              I
  0.50   -0.37     I          ****                              I
  0.60   -0.50     I         *****                              I
  0.70   -0.64     I        ******                              I
  0.80   -0.77     I      ********                              I
  0.90   -0.89     I     *********                              I
  1.00   -1.00     I *********                                  I
  1.10   -1.09     I *********                                  I
  1.20   -1.15     I***********                                 I
  1.30   -1.18     I***********                                 I
  1.40   -1.18     I************                                I
  1.50   -1.13     I***********                                 I
  1.60   -1.02     I **********                                 I
  1.70   -0.87     I    ********                                I
  1.80   -0.65     I       ******                               I
  1.90   -0.36     I        ****                                I
  2.00   -0.00     I          *                                 I
  2.10    0.44     I          *****                             I
  2.20    0.97     I         *********                          I
  2.30    1.59     I        ******************                  I
  2.40    2.30     I        **************************          I
  2.50    3.12     I        *********************************I
```

5.2/1   Zur Verdeutlichung sei zunächst ein einfaches Beispiel angeführt: die Berechnung der Fakultät n!. Man kann sie über die Formulierung $n! = 1 \cdot 2 \cdot 3 \cdot \ldots \cdot n$ (mit $0! = 1$) anpacken, dann hat man eine ,,vorwärtslaufende'' Produktkette, eine Iteration (lat. iterare: wiederholen). Benutzt man stattdessen den Zusammenhang $n! = n \cdot (n - 1)!$ (mit $0! = 1$), so greift die Berechnungsform auf sich selbst zurück, und man hat eine ,,zurücklaufende'' Kette, eine Rekursion (lat. recurrere: zurücklaufen).

Rekursive Programm-Segmente rufen sich also im Prinzip selbst auf, während bei iterativer Programmierung die gleichen Ergebnisse in der Regel über Schleifenbildungen erzielt werden.

Beim iterativen Algorithmus wird der bisher berechnete Ergebnisanteil in den nächsten Schritt eingebracht, während die rekursive Lösung bei jedem neuen Aufruf die Neuausführung des gesamten Algorithmus von Anfang an — nur mit kleinerem oder größerem Argument — erfordert.

Ein direkt rekursiver Unterablauf ruft sich direkt selbst auf, während ein indirekt rekursiver Unterablauf nochmals einen Unterablauf-Aufruf enthält, aus dem heraus er dann — ggf. über Aufrufe weiterer Unterabläufe — wieder aufgerufen wird; außerdem gibt es noch die Mischstruktur aus beiden (gemischt rekursiver Unterablauf). Dies kann die Durchschaubarkeit leicht beeinträchtigen.

Da außerdem der Rechner sich bei rekursiver Programmierung für jeden neuen Aufruf die vorherige Situation merken, also die vollständige ,,Buchhaltung'' übernehmen muß, ist dafür in oft erheblichem Maße Zeit und Platz erforderlich (vgl. Lösung 5.2/4). Sie merken das deutlich, wenn Sie die nachfolgenden Aufgaben mit größeren als den angegebenen Durchlaufzahlen rechnen. Man sollte also bei der Alternativmöglichkeit rekursiver Programmierung, so bedeutungsvoll sie auch ist, stets die Konsequenzen abschätzen, worauf hier jedoch, wo lediglich die Pascal-Grundlagen geübt werden sollen, nicht näher eingegangen werden kann.

5.2/2

```
     PROGRAM PARKS417;
     {}
       VAR TESTN:  INTEGER;
     {}
       FUNCTION NFAKITER(N: INTEGER): INTEGER;
         VAR I,J:  INTEGER;
         BEGIN
           J:=1;
           FOR I:=1 TO N DO J:=J*I;
           NFAKITER:=J
         END;
     {}
       FUNCTION NFAKREK(N: INTEGER): INTEGER;
         BEGIN
           IF N=0 THEN NFAKREK:=1
                  ELSE NFAKREK:=N*NFAKREK(N-1)
         END;
     {}
     BEGIN
       TESTN:=7;
       WRITELN; WRITELN;
       WRITELN('N!(IT) =',NFAKITER(TESTN):7);
       WRITELN('N!(REK)=',NFAKREK(TESTN):7)
     END.



            N!(IT) =    5040
            N!(REK)=    5040
```

NFAKREK bricht ab, d.h. kommt zu END, sobald N = 0 erreicht und über
THEN... der entsprechende Wert 1 einbezogen ist. Auf derartige Beendigun-
gen der ansonsten nicht terminierten Rekursion ist stets zu achten!

5.2/3

```
PROGRAM PARKS411;
{}
  TYPE VEK = ARRAY[1..5] OF REAL;
  VAR A: VEK;
      I: INTEGER;
{}
  FUNCTION SUMME(N:INTEGER; AZ:REAL):REAL;
    BEGIN
      IF N=0 THEN SUMME:=0
              ELSE SUMME:=AZ+SUMME(N-1,A[N-1])
    END;
{}
BEGIN
  FOR I:=1 TO 5 DO A[I]:=I;
  WRITELN; WRITELN;
  WRITELN('ARITHM.MITTEL =',SUMME(5,A[5])/5:5:1)
END.
```


```
        ARITHM.MITTEL =   3.0
```


5.2/4

```
PROGRAM PARKS4226;
{}
  CONST  N = 20;
  VAR I,AUS: INTEGER;
{}
  FUNCTION FZR(N:INTEGER):INTEGER;
    BEGIN
      IF N=0 THEN FZR:=0
              ELSE IF N=1 THEN FZR:=1
                          ELSE FZR:=FZR(N-1)+FZR(N-2)
    END;
{}
BEGIN
  WRITELN; WRITELN;
  WRITELN(' ':4,'FIBONACCI-ZAHLEN VON 1 BIS ',N:2);
  WRITELN('-------------------------------------------');
  FOR I:=0 TO N-1 DO
      IF (I+1) MOD 4 <>0 THEN WRITE(FZR(I):8)
                          ELSE WRITELN(FZR(I):8)
END.
```


```
      FIBONACCI-ZAHLEN VON 1 BIS 20
   -----------------------------------------
           0       1       1       2
           3       5       8      13
          21      34      55      89
         144     233     377     610
         987    1597    2584    4181
```

Um zu erkennen, wie untypisch gerade diese Lösung einer einfachen Aufgabe für eine beispielhafte Rekursion ist, wird nachstehend der Aufruf-Baum (Rekursionsbaum) für n = 6 (im Beispiel wurde mit n = 20 gerechnet!) wiedergegeben. Es ist daraus der bereits für kleine n relativ große Aufwand klar erkennbar:

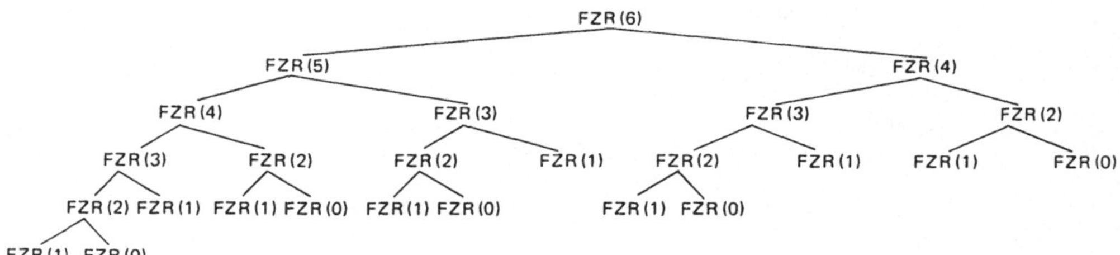

Dies sind immerhin schon 25 Aufrufe der Funktion FZR! Da sich die Zahl Z(n) der Aufrufe (für n > 1) aus Z(n) = Z(n − 1) + Z(n − 2) + 1 berechnet, erhält man für die Beispielrechnung mit n = 20 demnach insgesamt 21891 Aufrufe! Dem steht bei der iterativen Realisierung ein Aufwand in der Größenordnung von n gegenüber!

5.2/5

```
PROGRAM PARKS416;
{}
  VAR X  : REAL;
      K,N: INTEGER;
{}
  FUNCTION POTENZ(M: INTEGER): REAL;
    BEGIN
      IF M<>O THEN POTENZ:=X*POTENZ(M-1)
              ELSE POTENZ:=1
    END;
{}
BEGIN
  WRITELN; WRITELN;
  WRITELN('EINGABE X UND N: '); WRITELN;
  READLN(X,N);
  WRITELN(X:6:2, '   ^',N:4, ' =',POTENZ(N):14:4)
END.
```

```
     -1.50  ^   3 =        -3.3750
```

5.2/6

```
PROGRAM PARKF4131;
{}
  CONST          N = 10;
  VAR I, J, SUM, ZW:  INTEGER;
{}
  FUNCTION PASCAL(N, M: INTEGER): INTEGER;
    BEGIN
      IF (N=M) OR (M=0) THEN PASCAL:=1
        ELSE PASCAL:=PASCAL(N-1,M-1)+PASCAL(N-1,M)
    END;
{}
BEGIN
  WRITELN; WRITELN;
  WRITELN(' N',' ':18,'KOEFFIZIENTENDREIECK',' ':16,
          'SUMME'); WRITELN;
  FOR I:=0 TO N DO
    BEGIN
      SUM:=0;
      WRITE(I:2,' ':23-2*(I-1));
      FOR J:=0 TO I DO
        BEGIN ZW:=PASCAL(I,J); WRITE(ZW:4); SUM:=SUM+ZW END;
      WRITE(' ':24-2*(I-1),SUM:4); WRITELN
    END
END.
```

```
N                        KOEFFIZIENTENDREIECK                        SUMME

0                                  1                                     1
1                               1     1                                  2
2                            1     2     1                               4
3                         1     3     3     1                            8
4                      1     4     6     4     1                        16
5                   1     5    10    10     5     1                     32
6                1     6    15    20    15     6     1                  64
7             1     7    21    35    35    21     7     1             128
8          1     8    28    56    70    56    28     8     1          256
9       1     9    36    84   126   126    84    36     9     1       512
10   1    10    45   120   210   252   210   120    45    10     1   1024
```

```
5.2/7    PROGRAM PT527;
         {}
           VAR A, B: INTEGER;
         {}
           FUNCTION GGT(X, Y: INTEGER): INTEGER;
             BEGIN
               IF X MOD Y = O THEN GGT:=Y
                                 ELSE GGT:=GGT(Y, X MOD Y)
             END;
         {}
         BEGIN
           WRITELN; WRITELN;
           WRITELN('EINGABE A UND B (ENDE FUER A=O) : ');
           READ(A);
           WHILE A<>O DO
             BEGIN
               READ(B);
               WRITELN(A:6, B:8, '    -->      GGT: ',GGT(A, B):6);
               READ(A)
             END
         END.
```

```
      5         5    -->    GGT:      5
     27       198    -->    GGT:      9
   1271       527    -->    GGT:     31
   5976      1224    -->    GGT:     72
```

```
5.2/8    PROGRAM PT528;
         {}
           VAR TYP              : PACKED ARRAY[1..16] OF CHAR;
               A,B,INTEGRAL: REAL;
               J,N          :  INTEGER;
         {}
           FUNCTION F(X:REAL): REAL;      {ZU INTEGRIERENDE FUNKTION}
             BEGIN F:=SQRT(1-X*X) END;
         {}
           FUNCTION INTEG1(A,B:REAL; N,J:INTEGER): REAL;
             VAR H: REAL;
             {}
             FUNCTION RN(A,B,H:REAL; N:INTEGER): REAL;
               VAR I:  INTEGER;
                   R:  REAL;
               BEGIN
                 R:=(F(A)+F(B))/2;
                 FOR I:=1 TO N-1 DO R:=R+F(A+I*H);
                 RN:=R*H
               END;
             {}
             FUNCTION TN(A,H:REAL; N:INTEGER): REAL;
               VAR I:  INTEGER;
                   T:  REAL;
               BEGIN
                 T:=0;
                 FOR I:=1 TO N DIV 2 DO T:=T+F(A+(2*I-1)*H);
                 TN:=T*2*H
               END;
             {}
             FUNCTION SN(A,B,H:REAL; N:INTEGER): REAL;
               BEGIN SN:=(TN(A,H,N)+2*RN(A,B,H,N))/3 END;
             {}
             BEGIN
               H:=(B-A)/N;
               CASE J OF
                 1:  INTEG1:=RN(A,B,H,N);
                 2:  INTEG1:=TN(A,H,N);
                 3:  INTEG1:=SN(A,B,H,N)
               END
             END;
         {}
           FUNCTION INTEG2(A,B:REAL; N,K:INTEGER): REAL;
             VAR C: REAL;
             BEGIN
               IF K>0 THEN
                 BEGIN
                   C:=EXP(K*LN(4));
                   INTEG2:=
                     (C*INTEG2(A,B,N,K-1)-INTEG2(A,B,N-1,K-1))/(C-1)
                 END
               ELSE INTEG2:=INTEG1(A,B,ROUND(EXP(N*LN(2))),1)
             END;
         {}
```

```
BEGIN
  WRITELN;
  WRITELN('GEWAEHLTES VERFAHREN');
  WRITELN('(1:  SEHNENTRAPEZREGEL, ');
  WRITELN(' 2:  TANGENTENTRAPEZREGEL, ');
  WRITELN(' 3:  SIMPSON-FORMEL, ');
  WRITE(' 4: ROMBERG-VERFAHREN)      ? '); READ(J); WRITELN;
  WRITE('UNTERE GRENZE A:  '); READ(A); WRITELN;
  WRITE('OBERE  GRENZE B:  '); READ(B); WRITELN;
  CASE J OF 1,2,3: WRITELN('N (GERADZAHLIG):');
                4: WRITELN('N (GANZZAHLIG):')
  END;
  READ(N);
  CASE J OF
    1: TYP:='SEHNENTRAPEZ:      ';
    2: TYP:='TANGENTENTRAPEZ: ';
    3: TYP:='SIMPSON:           ';
    4: TYP:='ROMBERG:         '
  END;
  WRITELN('ERGEBNISTABELLE ',TYP); WRITELN;
  WRITELN('  N',' ':10,'INTEGRAL'); WRITELN;
  WHILE N>0 DO
    BEGIN
      CASE J OF
        1,2,3:  INTEGRAL:=INTEG1(A,B,N,J);
            4:  INTEGRAL:=INTEG2(A,B,N,N)
      END;
      WRITELN(N:3, INTEGRAL:18:6);
      READ(N)
    END
END.
```

ERGEBNISTABELLE SEHNENTRAPEZ:		ERGEBNISTABELLE TANGENTENTRAPEZ:	
N	INTEGRAL	N	INTEGRAL
4	0.748927	4	0.814842
8	0.772454	8	0.795982
16	0.780812	16	0.789171
32	0.783774	32	0.786737
100	0.785100	100	0.785640

ERGEBNISTABELLE SIMPSON:		ERGEBNISTABELLE ROMBERG:	
N	INTEGRAL	N	INTEGRAL
4	0.770899	2	0.772690
8	0.780297	3	0.781054
16	0.783599	4	0.783875
32	0.784762	5	0.784859
100	0.785280	6	0.785204
		7	0.785323

5.2/9 Es werden die Zeichen (Reihenfolge R, E, G, E, N, .) nacheinander eingelesen und im Stapelprinz p abgelegt: dabei wird bei jedem Aufruf von LESSCHREIB dem eingelesenen Zeichen eine neue Variable ZEICHEN zugeordnet, und das zuletzt eingelesene Zeichen ist das im Stapel oberste und wird zuerst ausgeschrieben und vom Stapel geräumt:

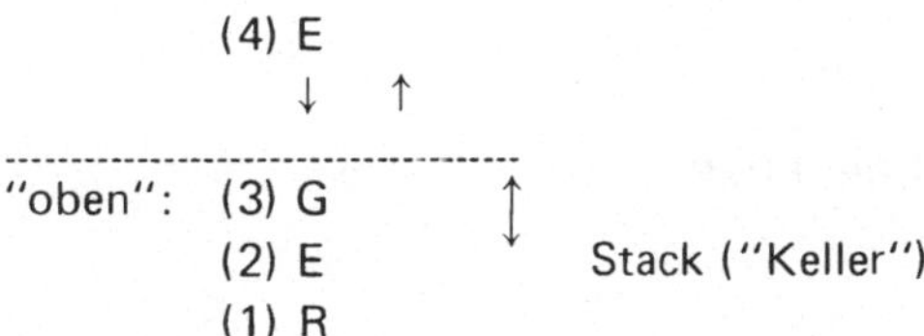

Dann wird der Stapel weiter abgearbeitet, indem jeweils die Stapelspitze ausgedruckt und vom Stapel entfernt wird. Das Ergebnis lautet also

```
. NEGER
```

Diese Strategie bezeichnet man auch als LIFO-Strategie: „last in, first out"; ein derartiger Stapel, der nur von „oben" zu bedienen ist, wird auch Stack („Kellerspeicher") genannt. (Im Gegensatz dazu kennt man auch die First-in-first-out-Strategie, die z.B. bei Warteschlangen von Bedeutung ist.)

5.2/10 Zur Demonstration der Deklaration FORWARD wird hier die für GAMMA benötigte Funktion HORNER *hinter* das aufrufende Segment GAMMA gesetzt. Hierdurch ist es oft möglich, eine sinnvollere Anordnung der Unterabläufe durchzuführen. Sogar notwendig ist diese Deklaration bei wechselseitig rekursiven, d.h. sich gegenseitig aufrufenden Programm-Segmenten, wo nicht *beide vor* ihrem Aufruf definiert werden können (indirekte Rekursion, vgl. Lösung 5.2/1). Die Parameterliste wird nur oben bei der Erstbenennung angegeben.

```
PROGRAM PARKS4230;
{}
  TYPE AV = ARRAY[0..7] OF REAL;
  VAR A    : AV;
      X    : REAL;
{}
  PROCEDURE INITIALIS(VAR A:AV);
    BEGIN
      A[0]:= 1;                        A[4]:= 0.83282120;
      A[1]:=-0.57710166;               A[5]:=-0.56847290;
      A[2]:= 0.98585399;               A[6]:= 0.25482049;
      A[3]:=-0.87642182;               A[7]:=-0.05149930
    END;

{}
  FUNCTION HORNER(K:INTEGER;X:REAL):REAL;  FORWARD;
{}
  FUNCTION GAMMA(X:REAL):REAL;
    BEGIN
      IF X>=2 THEN GAMMA:=(X-1)*GAMMA(X-1)
              ELSE IF X<1 THEN GAMMA:=GAMMA(X+1)/X
                          ELSE GAMMA:=HORNER(0,X-1)
    END;
```

```
{}
  FUNCTION HORNER;
    BEGIN
      IF K<=7 THEN HORNER:=HORNER(K+1,X)*X+A[K]
                ELSE HORNER:=O
    END;
{}
BEGIN
  WRITELN; WRITELN;
  INITIALIS(A);
  WRITELN('X (ENDE FUER X=O) = ? ');
  READ(X);
  WHILE X<>O DO
    BEGIN
      WRITELN('GAMMA(',X:4:1,') =',GAMMA(X):14:4);
      READ(X)
    END
END.
```

```
            GAMMA(-1.5) =          2.3633
            GAMMA( 0.5) =          1.7725
            GAMMA( 1.0) =          1.0000
            GAMMA( 1.5) =          0.8862
            GAMMA( 2.5) =          1.3293
            GAMMA( 5.0) =         24.0000
            GAMMA( 7.5) =       1871.2505
            GAMMA(10.0) =     362880.0000
```

5.2/11

```
PROGRAM PARKS4241;
{}
  CONST LISTMAX = 20;
  TYPE  LISTE   = ARRAY[1..LISTMAX] OF REAL;
  VAR A : LISTE;
      N : INTEGER;
      X : REAL;
      JN: CHAR;
{}
  PROCEDURE EINAUSLISTE(VAR N:INTEGER; VAR A:LISTE);
    VAR I: INTEGER;
    BEGIN
      WRITELN;
      WRITELN('LAENGE N DER LISTE (N<=20): '); READ(N);
      WRITELN;
      WRITELN('EINGABE DER AUFSTEIGEND GEORDNETEN LISTE:')
      FOR I:=1 TO N DO READ(A[I]);
      WRITELN; WRITELN;
      WRITELN('EINGEGEBENE LISTE: '); WRITELN;
      FOR I:=1 TO N DO
        IF I MOD 5 <> O THEN WRITE(A[I]:8:2)
                        ELSE WRITELN(A[I]:8:2); WRITELN
    END;
```

```
{}
  PROCEDURE SCHREIB(K: INTEGER);
    BEGIN
      WRITELN('ELEMENT', X: 8: 2, ' HAT DIE POSITION',K: 4)
    END;
{}
  PROCEDURE BINSUCH(L,R: INTEGER);
    VAR K:  INTEGER;
    BEGIN
      K: =TRUNC((L+R)/2);
      IF K=L THEN
        BEGIN
          IF A[K+1]=X THEN K: =K+1;
          IF A[K]=X THEN SCHREIB(K)
                    ELSE WRITELN('**WERT NICHT IN LISTE')
        END
      ELSE
        BEGIN
         IF A[K]>X THEN BINSUCH(L,K)
                   ELSE IF A[K]<X THEN BINSUCH(K,R)
                                  ELSE SCHREIB(K)
        END
    END;
{}

BEGIN
  EINAUSLISTE(N,A);
  REPEAT
    WRITE('EINGABE WERT X:  '); READLN(X);
    BINSUCH(1,N);
    WRITELN; WRITELN('NEUES X (J/N)? '); READLN(JN)
  UNTIL JN='N'
END.



EINGEGEBENE LISTE:

  -27. 50   -13. 70   -11. 30    -2. 50     0. 40
    9. 70    17. 30    28. 20    35. 10    43. 90


ELEMENT    -2. 50 HAT DIE POSITION    4


ELEMENT    28. 20 HAT DIE POSITION    8
```

5.2/12

```
PROGRAM PT5212;
{}
  CONST MAX = 20;
  VAR I,Z,W,N :  INTEGER;
      AKZ      :  CHAR;
      G        :  ARRAY[1..MAX] OF INTEGER;
{}
  PROCEDURE TAUSCH(A,B:INTEGER);
    VAR ZW,L : INTEGER;
    BEGIN
      ZW:=G[A];      G[A]:=G[B];       G[B]:=ZW;
      IF AKZ<>'N' THEN
        BEGIN FOR L:=1 TO N DO WRITE(G[L]:6); WRITELN END
    END;
{}
  PROCEDURE J1LAUF(J1,J2:INTEGER; VAR Z:INTEGER);
    BEGIN
      REPEAT J1:=J1+1 UNTIL (G[J1]>=G[J2]) OR (J1=J2);
      IF G[J1]>G[J2] THEN TAUSCH(J1,J2);
      Z:=J1
    END;
{}
  PROCEDURE J2LAUF(J1,J2:INTEGER; VAR Z:INTEGER);
    BEGIN
      REPEAT J2:=J2-1 UNTIL (G[J1]>=G[J2]) OR (J2=J1);
      IF G[J1]>G[J2] THEN TAUSCH(J1,J2);
      Z:=J2
    END;
{}
  FUNCTION ZEIGER(JL,JR:INTEGER):INTEGER;
    BEGIN
      J2LAUF(JL,JR+1,Z);
      IF Z=JL THEN ZEIGER:=Z
              ELSE BEGIN
                        J1LAUF(JL,Z,W);
                        IF W=Z THEN ZEIGER:=W
                               ELSE ZEIGER:=ZEIGER(W,Z-1)
                   END
    END;
{}
  PROCEDURE QUICKSORT(IL,IR:INTEGER);
    VAR X: INTEGER;
    BEGIN
      X:=ZEIGER(IL,IR);
      IF X>IL+1 THEN QUICKSORT(IL,X-1);
      IF X<IR-1 THEN QUICKSORT(X+1,IR);
    END;
{}
```

```
BEGIN
  WRITELN; WRITELN;
  WRITE('ANZAHL DER ELEMENTE:  ');
  READ(N); WRITELN;
  WRITELN('EINGABE DER ELEMENTE:');
  FOR I:=1 TO N-1 DO READ(G[I]); READLN(G[N]);
  WRITELN; WRITE('AUSGABE DER SORTIERSCHRITTE (J/N) ? ');
  READ(AKZ); WRITELN; WRITELN;
  WRITELN('EINGEGEBENE FOLGE:'); WRITELN;
  FOR I:=1 TO N DO WRITE(G[I]:6); WRITELN; WRITELN;
  IF AKZ<>'N' THEN WRITELN('SCHRITTWEISES SORTIEREN:');
  WRITELN;
  QUICKSORT(1,N);
  WRITELN;
  WRITELN('SORTIERTE FOLGE:'); WRITELN;
  FOR I:=1 TO N DO WRITE(G[I]:6); WRITELN
END.
```

```
EINGEGEBENE FOLGE:

    4    20    12     8    16     6    10    14     2    18

SCHRITTWEISES SORTIEREN:

    2    20    12     8    16     6    10    14     4    18
    2     4    12     8    16     6    10    14    20    18
    2     4    10     8    16     6    12    14    20    18
    2     4    10     8    12     6    16    14    20    18
    2     4    10     8     6    12    16    14    20    18
    2     4     6     8    10    12    16    14    20    18
    2     4     6     8    10    12    14    16    20    18
    2     4     6     8    10    12    14    16    18    20

SORTIERTE FOLGE:

    2     4     6     8    10    12    14    16    18    20
```

QUICKSORT wurde hier wegen seines beispielhaften Charakters mittels
Pascal-Rekursionen programmiert, auch wenn damit nicht gerade eine Zeit-
optimierung verbunden ist.

5.2/13

```pascal
PROGRAM PT5213;
{}
  VAR SCHEIBZAHL,LZ,SI: INTEGER;
      X                 : ARRAY[1..3,1..10] OF INTEGER;
{}
  PROCEDURE TAUSCH(A,B: INTEGER); FORWARD;
  PROCEDURE AUSDRUCK(A,B: INTEGER); FORWARD;
{}
  PROCEDURE SCHEIBUMSETZ(SCHEIBZAHL,K,L,M: INTEGER);
    BEGIN
      IF SCHEIBZAHL>0 THEN
        BEGIN
          SCHEIBUMSETZ(SCHEIBZAHL-1,K,M,L);
          LZ:=LZ+1;
          TAUSCH(K,L);
          AUSDRUCK(K,L);
          SCHEIBUMSETZ(SCHEIBZAHL-1,M,L,K)
        END
    END;
{}
  PROCEDURE TAUSCH;
    VAR I,J: INTEGER;
    BEGIN
      I:=1; WHILE X[A,I]=0 DO I:=I+1;
      J:=1; WHILE (X[B,J]=0) AND (J<=SCHEIBZAHL) DO J:=J+1;
      X[B,J-1]:=X[A,I];
      X[A,I]:=0
    END;
{}
  PROCEDURE AUSDRUCK;
    VAR I: INTEGER;
        R: REAL;
    BEGIN
      WRITELN; WRITELN;
      WRITELN(LZ:3,'. UMSCHICHTUNG: (',A:1,')->(',B:1,')');
      WRITELN('=============================');
      WRITELN('        (1)   (2)   (3)');
      WRITELN;
      FOR I:=1 TO SCHEIBZAHL DO
                WRITELN(X[1,I]:9,X[2,I]:5,X[3,I]:5);
      R:=1; WHILE R<50000 DO R:=R+1  {******WARTESCHLEIFE}
    END;
{}
BEGIN
  WRITELN; WRITELN;
  WRITELN('ANZAHL DER SCHEIBEN (<=10) ?');
  READ(SCHEIBZAHL);
      {VORBESETZUNG UND ZUGEHOERIGER AUSDRUCK:}
  FOR SI:=1 TO SCHEIBZAHL DO
    BEGIN  X[1,SI]:=SI;  X[2,SI]:=0;  X[3,SI]:=0  END;
  LZ:=0;
  AUSDRUCK(0,0);
  SCHEIBUMSETZ(SCHEIBZAHL,1,2,3)
END.
```

```
   0.  UMSCHICHTUNG:  (0)->(0)
=============================
       (1)   (2)   (3)

        1     0     0
        2     0     0
        3     0     0
        4     0     0


   1.  UMSCHICHTUNG:  (1)->(3)
=============================
       (1)   (2)   (3)

        0     0     0
        2     0     0
        3     0     0
        4     0     1


   2.  UMSCHICHTUNG:  (1)->(2)
=============================
       (1)   (2)   (3)

        0     0     0
        0     0     0
        3     0     0
        4     2     1


   3.  UMSCHICHTUNG:  (3)->(2)
=============================
       (1)   (2)   (3)

        0     0     0
        0     0     0
        3     1     0
        4     2     0


   4.  UMSCHICHTUNG:  (1)->(3)
=============================
       (1)   (2)   (3)

        0     0     0
        0     0     0
        0     1     0
        4     2     3


   5.  UMSCHICHTUNG:  (2)->(1)
=============================
       (1)   (2)   (3)

        0     0     0
        0     0     0
        1     0     0
        4     2     3


   6.  UMSCHICHTUNG:  (2)->(3)
=============================
       (1)   (2)   (3)

        0     0     0
        0     0     0
        1     0     2
        4     0     3


   7.  UMSCHICHTUNG:  (1)->(3)
=============================
       (1)   (2)   (3)

        0     0     0
        0     0     1
        0     0     2
        4     0     3


   8.  UMSCHICHTUNG:  (1)->(2)
=============================
       (1)   (2)   (3)

        0     0     0
        0     0     1
        0     0     2
        0     4     3


   9.  UMSCHICHTUNG:  (3)->(2)
=============================
       (1)   (2)   (3)

        0     0     0
        0     0     0
        0     1     2
        0     4     3


  10.  UMSCHICHTUNG:  (3)->(1)
=============================
       (1)   (2)   (3)

        0     0     0
        0     0     0
        0     1     0
        2     4     3


  11.  UMSCHICHTUNG:  (2)->(1)
=============================
       (1)   (2)   (3)

        0     0     0
        0     0     0
        1     0     0
        2     4     3


  12.  UMSCHICHTUNG:  (3)->(2)
=============================
       (1)   (2)   (3)

        0     0     0
        0     0     0
        1     3     0
        2     4     0


  13.  UMSCHICHTUNG:  (1)->(3)
=============================
       (1)   (2)   (3)

        0     0     0
        0     0     0
        0     3     0
        2     4     1


  14.  UMSCHICHTUNG:  (1)->(2)
=============================
       (1)   (2)   (3)

        0     0     0
        0     2     0
        0     3     0
        0     4     1


  15.  UMSCHICHTUNG:  (3)->(2)
=============================
       (1)   (2)   (3)

        0     1     0
        0     2     0
        0     3     0
        0     4     0
```

6/1   Es werden zur Übung auch Lösungsvarianten angegeben.

```
PROGRAM PAUFZA;
   TYPE NOTEN     = (NOTE1,NOTE2,NOTE3,NOTE4,MANGELHAFT);
        STUDIKER = ARRAY [NOTE1..MANGELHAFT] OF INTEGER;
   VAR NT        : NOTEN;
       STUDZAHLEN: STUDIKER;
       SUM1,SUM2 : INTEGER;
{}
BEGIN
  WRITELN; WRITELN;
  WRITELN('JEWEILIGE ZAHL DER STUDIERENDEN: ');
  FOR NT:=NOTE1 TO MANGELHAFT DO
    BEGIN
      WRITELN(ORD(NT)+1:2, '  :');
      READ(STUDZAHLEN[NT])
    END;
  WRITELN;
  WRITELN('EINGELESENE ZAHLENZUORDNUNGEN: '); WRITELN;
  FOR NT:=NOTE1 TO MANGELHAFT DO
    WRITELN(ORD(NT)+1:2, '  :',STUDZAHLEN[NT]:6);
  WRITELN;
  WRITELN('AUSWERTUNG: '); WRITELN;
{}
  SUM1:=STUDZAHLEN[NOTE3]+STUDZAHLEN[NOTE2]+STUDZAHLEN[NOTE1];
  SUM2:=SUM1+STUDZAHLEN[NOTE4]+STUDZAHLEN[MANGELHAFT];
{}
  WRITELN('GESAMTZAHL: ',SUM2:13); WRITELN;
  WRITELN('DAVON NOTEN 1 BIS 3: ',SUM1:4)
END.
```

```
                    EINGELESENE  ZAHLENZUORDNUNGEN:

                        1  :        4
                        2  :       16
                        3  :       39
                        4  :       35
                        5  :       51

                    AUSWERTUNG:

                    GESAMTZAHL:              145

                    DAVON NOTEN 1 BIS 3:    59
```

```
{}
  SUM1:=STUDZAHLEN[NOTE3]+STUDZAHLEN[PRED(NOTE3)]        {!}
        +STUDZAHLEN[PRED(PRED(NOTE3))];                  {!}
  SUM2:=SUM1+STUDZAHLEN[SUCC(NOTE3)]                      {!}
        +STUDZAHLEN[SUCC(SUCC(NOTE3))];                  {!}
{}
```

```
        {}
          SUM1:=0; SUM2:=0;                                    {!
          FOR NT:=NOTE1 TO MANGELHAFT DO                       {!
            BEGIN                                              {!
              IF NT<=NOTE3 THEN SUM1:=SUM1+STUDZAHLEN[NT]; {!
              SUM2:=SUM2+STUDZAHLEN[NT]                        {!
            END;                                               {!
        {}
```

```
6/2       PROGRAM PASET1;
            VAR BST: SET OF 'A'..'Z';
                  Z:  CHAR;
                  K:  INTEGER;
          BEGIN
            BST:=['A'..'Z'];
            K:=0;
            WRITELN;
            WRITELN('EINGABE DER ZEICHENKETTE: ');
            READ(Z);
            WHILE NOT EOF DO
              BEGIN
                IF Z IN BST THEN
                  BEGIN
                    K:=1;
                    WRITELN;
                    WRITE('DIE ZEICHENKETTE ENTHAELT DEN BUCHSTABEN '
                          Z); WRITELN
                  END;
                READ(Z)
              END;
            IF K=0 THEN
              BEGIN
                WRITELN; WRITELN;
                WRITELN('KEIN BUCHSTABE ENTDECKT')
              END
          END.
```

```
      4     5     -     H
   DIE ZEICHENKETTE ENTHAELT DEN BUCHSTABEN H
        3     ;     Y
   DIE ZEICHENKETTE ENTHAELT DEN BUCHSTABEN Y
        T
   DIE ZEICHENKETTE ENTHAELT DEN BUCHSTABEN T


      3     5     6     9     2     4     -     5     ;

   KEIN BUCHSTABE ENTDECKT
```

6/3   Es werden zwei etwas unterschiedliche Fassungen angegeben; die Ergebnisse
sind in beiden Fällen gleich.

```
PROGRAM PASET2A;
   TYPE ZIFFERN   ='0'..'9';
        BUCHSTABEN='A'..'Z';
   VAR
     ZIF,ZIFG: SET OF ZIFFERN;
     BST     : SET OF BUCHSTABEN;
     ZEI     : CHAR;
BEGIN
  ZIF:=['0'..'9'];
  ZIFG:=['0','2','4','6','8'];
  BST:=['A'..'Z'];
  WRITELN; WRITELN;
  WRITELN('EINGABE DER ZEICHEN (BIS EOF): ');
  WHILE NOT EOF DO
    BEGIN
      READLN(ZEI);
      IF ZEI IN BST THEN
        WRITELN(ZEI,' IST EIN BUCHSTABE')
      ELSE IF ZEI IN ZIF THEN
        BEGIN
          WRITELN(ZEI,' IST EINE ZIFFER');
          IF ZEI IN ZIFG THEN
            WRITELN(ZEI,' IST GERADE')
          ELSE
            WRITELN(ZEI,' IST UNGERADE')
        END
      ELSE
        WRITELN(ZEI,' IST EIN SONDERZEICHEN')
    END
END.
```

```
             T IST EIN BUCHSTABE
             4 IST EINE ZIFFER
             4 IST GERADE
             7 IST EINE ZIFFER
             7 IST UNGERADE
             - IST EIN SONDERZEICHEN
             $ IST EIN SONDERZEICHEN
             X IST EIN BUCHSTABE
             5 IST EINE ZIFFER
             5 IST UNGERADE
             0 IST EINE ZIFFER
             0 IST GERADE
```

```
PROGRAM PASET2B;
  VAR
    ZEI:  CHAR;
BEGIN
  WRITELN; WRITELN;
  WRITELN('EINGABE DER ZEICHEN (BIS EOF): ');
  WHILE NOT EOF DO
    BEGIN
      READLN(ZEI);
      IF ZEI IN ['A'..'Z'] THEN                              {!}
        WRITELN(ZEI, ' IST EIN BUCHSTABE')
      ELSE IF ZEI IN ['0'..'9'] THEN                         {!}
        BEGIN
          WRITELN(ZEI, ' IST EINE ZIFFER');
          IF ZEI IN ['0','2','4','6','8'] THEN               {!}
            WRITELN(ZEI, ' IST GERADE')
          ELSE
            WRITELN(ZEI, ' IST UNGERADE')
        END
      ELSE
        WRITELN(ZEI, ' IST EIN SONDERZEICHEN')
    END
END.
```

Hinweis:

Ist bei CASE nicht OTHERWISE o.ä. zum Abfangen ungültiger Entscheidungs-
werte vorgesehen, kann man wie folgt vorgehen:

Sei beispielsweise CASE für die Label 'A', 'B', 'C' und 'D' definiert. Dann
läßt sich das Abfangen folgendermaßen durchführen (V sei die CASE-Variable):

IF V IN ['A'..'D'] THEN ... ELSE ...;

Und noch ein Beispiel mit Zahlen-Label:

IF W IN [5..8] THEN ... ELSE ...;

Die Formulierungen 'A'..'D' bzw. 5..8 bezeichnet man auch als Abschnitt-
Typ, da sie Abschnitte aus allen CHARACTERs bzw. INTEGERs in ihrer
zugeordneten Reihenfolge deklarieren.

Natürlich lassen sich auch andere Label-Mengen festlegen und in dieser Form
verwenden.

```pascal
6/4      PROGRAM PT64;
           TYPE BST = SET OF 'A'..'Z';
           VAR ZEIKE: BST;
                 Z: CHAR;
                 K: INTEGER;
       {}
         PROCEDURE STRINGEINGABE(VAR K:INTEGER; VAR ZEIKE:BST);
           BEGIN
             K:=0;
             ZEIKE:=[];
             WRITELN;
             WRITELN('EINGABE DER ZEICHENKETTE:');
             WHILE NOT EOF DO
               BEGIN
                 READLN(Z);
                 IF Z IN ['A'..'Z'] THEN
                   BEGIN
                     ZEIKE:=ZEIKE+[Z];
                     K:=1
                   END
               END
           END;
       {}
         PROCEDURE ABFRAGE(K:INTEGER; ZEIKE:BST);
           VAR KB: CHAR;
           BEGIN
             WRITELN; WRITELN;
             IF K=0 THEN
                 WRITELN('KEIN BUCHSTABE ENTDECKT')
             ELSE
               BEGIN
                 FOR KB:='A' TO 'Z' DO
                   IF KB IN ZEIKE THEN WRITE(KB:1);
                 WRITELN
               END
           END;
       {}
       BEGIN
         STRINGEINGABE(K,ZEIKE);
         ABFRAGE(K,ZEIKE)
       END.
```

EIN TAG HAT 24 STUNDEN.   DIE 7 SCHWABEN

BUCHSTABENMENGE: BUCHSTABENMENGE:

ADEGHINSTU   ABCDEHINSW

```
6/5      PROGRAM PASET4;
           TYPE BST = SET OF 'A'..'Z';
                BUZ = ARRAY['A'..'Z'] OF INTEGER;
           VAR ZEIKE: BST;
                  Z: CHAR;
                  K: INTEGER;
               BUZA: BUZ;
         {}
           PROCEDURE STRINGTEST(VAR K:INTEGER;  VAR ZEIKE:BST;
                                VAR BUZA:BUZ);
             VAR KB: CHAR;
             BEGIN
               K:=0;
               ZEIKE:=[];
               FOR KB:='A' TO 'Z' DO BUZA[KB]:=0;
               WRITELN;
               WRITELN('EINGABE DER ZEICHENKETTE: ');
               WHILE NOT EOF DO
                 BEGIN
                   READLN(Z);
                   IF Z IN ['A'..'Z'] THEN
                     BEGIN
                       ZEIKE:=ZEIKE+[Z];
                       BUZA[Z]:=BUZA[Z]+1;
                       K:=1
                     END
                 END
             END;
         {}
           PROCEDURE AUSGABE(K:INTEGER;  ZEIKE:BST;  BUZA:BUZ);
             VAR KB: CHAR;
             BEGIN
               WRITELN; WRITELN;
               IF K=0 THEN
                  WRITELN('KEIN BUCHSTABE ENTDECKT')
               ELSE
                 BEGIN
                   WRITELN('HAEUFIGKEITEN: '); WRITELN;
                   FOR KB:='A' TO 'Z' DO
                     IF KB IN ZEIKE THEN
                        WRITELN(KB:2, ' : ',BUZA[KB]:5)
                 END
             END;
         {}
         BEGIN
           STRINGTEST(K, ZEIKE, BUZA);
           AUSGABE(K, ZEIKE, BUZA)
         END.
```

```
EIN TAG HAT 24 STUNDEN.


HAEUFIGKEITEN:

        A  :      2
        D  :      1
        E  :      2
        G  :      1
        H  :      1
        I  :      1
        N  :      3
        S  :      1
        T  :      3
        U  :      1




ALS ALBERT EINSTEIN IM JAHRE 1905 ...


HAEUFIGKEITEN:

        A  :     10
        B  :      1
        C  :      1
        D  :      2
        E  :     20
        F  :      2
        G  :      1
        H  :      4
        I  :      9
        J  :      2
        L  :      7
        M  :      1
        N  :      3
        O  :      2
        P  :      1
        R  :      9
        S  :      4
        T  :      9
        U  :      1
        V  :      2
        W  :      1
        Z  :      1
```

6/6
```pascal
PROGRAM PASET5;
  TYPE ZEIME = SET OF CHAR;
  VAR    M, Z :  ZEIME;
{}
{ INITIALISIEREN M UND EINLESEN Z }
{}
  PROCEDURE MENGEN(VAR M, Z: ZEIME);
    VAR ZEI:  CHAR;
    BEGIN
      M:=['A'..'F','R'..'V','4'..'8','+','-','.',',','','];
      Z:=[];
      WRITELN; WRITELN;
      WRITELN('EINGABE DER ZEICHENKETTE: ');
      WHILE NOT EOF DO
        BEGIN
          READLN(ZEI);
          Z:=Z+[ZEI]
        END
    END;
{}
{ MENGENZUGEHOERIGKEIT }
{}
  PROCEDURE ZUGEHOERIGKEIT(M, Z: ZEIME);
                    {}
    PROCEDURE SCHREIB(MENGE: ZEIME);
      VAR K:  CHAR;
      BEGIN
        FOR K:=CHR(0) TO CHR(255) DO
            {HIER WIRD DER GESAMTUMFANG VON 256 ZEICHEN
             ANGENOMMEN, WAS MEIST ZUTRIFFT}
          IF K IN MENGE THEN WRITE(K:2);
        WRITELN;  WRITELN
      END;
                    {}
    BEGIN
      WRITELN;
      WRITELN('ERGEBNISSE: ');
      WRITELN;
      WRITELN('SCHNITTMENGE: ');
      SCHREIB(M*Z);
      WRITELN('VEREINIGUNGSMENGE: ');
      SCHREIB(M+Z);
      WRITELN('DIFFERENZMENGE: ');
      SCHREIB(M-Z)
    END;
{}
  BEGIN
    MENGEN(M, Z);
    ZUGEHOERIGKEIT(M, Z)
  END.
```

```
DIE 7 SCHWABEN

ERGEBNISSE:

SCHNITTMENGE:
7ABCDES

VEREINIGUNGSMENGE:
 +, -. 45678ABCDEFHINRSTUVW

DIFFERENZMENGE:
+, -. 4568FRTUV
```

Bei der Vereinigungsmenge ist hierin auch das Leerzeichen als erstes ausge-
drucktes Zeichen erfaßt.

```
4+6=10

ERGEBNISSE:

SCHNITTMENGE:
+46

VEREINIGUNGSMENGE:
+, -. 0145678=ABCDEFRSTUV

DIFFERENZMENGE:
, -. 578ABCDEFRSTUV



HOEHER, WEITER, SCHNELLER.

ERGEBNISSE:

SCHNITTMENGE:
, . CERST

VEREINIGUNGSMENGE:
+, -. 45678ABCDEFHILNORSTUVW

DIFFERENZMENGE:
+-45678ABDFUV
```

```pascal
        PROGRAM PASET6B;
          TYPE ZEIME = SET OF CHAR;
          VAR     M, Z : ZEIME;
        {}
        { INITIALISIEREN M UND EINLESEN Z }
        {}
          PROCEDURE MENGEN(VAR M, Z: ZEIME);
            VAR ZEI: CHAR;
            BEGIN
              M:=['A'..'Z','+','-','.',','];
              Z:=[];
              WRITELN; WRITELN;
              WRITELN('EINGABE DER ZEICHENKETTE: ');
              WHILE NOT EOF DO
                BEGIN
                  READLN(ZEI);
                  Z:=Z+[ZEI]
                END
            END;
        {}
        { MENGENRELATIONEN }
        {}
          PROCEDURE RELATIONEN(M, Z: ZEIME);
            TYPE VERGLEICH = ARRAY[1..4] OF CHAR;
            VAR TEXT: VERGLEICH;
                      {}
            PROCEDURE SCHREIBEN(TEXT:VERGLEICH; B:BOOLEAN);
              BEGIN
                CASE B OF
                  TRUE : WRITELN(TEXT:6,'  :      JA');
                  FALSE: WRITELN(TEXT:6,'  :      NEIN')
                END;
                WRITELN
              END;
                      {}
            BEGIN
              WRITELN;
              WRITELN('ERGEBNISSE: ');
              WRITELN;
              SCHREIBEN('Z=M ',Z=M);
              SCHREIBEN('Z<>M',Z<>M);
              SCHREIBEN('Z>=M',Z>=M);
              SCHREIBEN('Z<=M',Z<=M)
            END;
        {}
        BEGIN
          MENGEN(M, Z);
          RELATIONEN(M, Z)
        END.
```

DIE 7 SCHWABEN   HOEHER, WEITER, SCHNELLER.

ERGEBNISSE: ERGEBNISSE:

  Z=M :   NEIN   Z=M :   NEIN

  Z<>M :   JA   Z<>M :   JA

  Z>=M :   NEIN   Z>=M :   NEIN

  Z<=M :   NEIN   Z<=M :   JA

```
6/8      PROGRAM PT68;
           TYPE GRAKNO     = (K1,K2,K3,K4,K5);
                KNOTENSET = SET OF GRAKNO;
                KNOTENPKT = ARRAY[GRAKNO] OF KNOTENSET;
                KANTENDEF = ARRAY[GRAKNO,1..4] OF INTEGER;
           VAR  KNOTEN: KNOTENPKT;
                KANTEN: KANTENDEF;
       {}
         FUNCTION K(KNOTZ: INTEGER): GRAKNO;
           BEGIN
             CASE KNOTZ OF
               1:  K:=K1;
               2:  K:=K2;
               3:  K:=K3;
               4:  K:=K4;
               5:  K:=K5
             END
           END;
       {}
         PROCEDURE EINLESEN(VAR KNOTEN: KNOTENPKT;
                            VAR KANTEN: KANTENDEF);
           VAR I    : GRAKNO;
               J,M  : 0..5;
               L    : INTEGER;
           BEGIN
             WRITELN; WRITELN;
             WRITELN('EINGABE DER KANTEN ZU DEM JEWEILS');
             WRITELN('VORGEGEBENEN KNOTEN:    PAARWEISE: ');
             WRITELN('ZIELKNOTEN(ZIFFER)-BLANK-KANTENLAENGE: ');
             WRITELN('ENDE DER EINGABE DURCH O (NULL): ');
             WRITELN;
             FOR I:=K1 TO K5 DO
               BEGIN
                                    {INITIALISIERUNG}
                   KNOTEN[I]:=[];
                   FOR J:=1 TO 4 DO KANTEN[I,J]:=0;
                                  {}
                   WRITELN('KNOTEN ',ORD(I)+1:1,': ',
                           'ERREICHBARE NACHBARKNOTEN: ');
                   J:=1;
                   READ(M);
                   REPEAT
                     KNOTEN[I]:=KNOTEN[I]+[K(M)];
                     READ(L);
                     KANTEN[I,J]:=L;
                     J:=J+1;
                     READ(M)
                   UNTIL M=0
               END
           END;
```

```pascal
{}
{ DATENZUGRIFF UND AUSSCHREIBEN }
{}
   PROCEDURE DATENZUGRIFF(KNOTEN: KNOTENPKT;
                          KANTEN: KANTENDEF);
      VAR I,L:  GRAKNO
          J  :  1..5;
      BEGIN
        WRITELN; WRITELN;
        WRITELN('EINGABE DER KNOTENNUMMER: ');
        READ(J);
        WRITELN;
        WRITELN('VOM KNOTEN',J:2,' AUS SIND ERREICHBAR: ');
        WRITELN;
        I:=K(J);
        J:=1;
        IF KNOTEN[I]=[] THEN
          WRITELN('KEINE WEITEREN KNOTEN !')
        ELSE
          FOR L:=K1 TO K5 DO
            IF L IN KNOTEN[I] THEN
              BEGIN
                WRITELN('KNOTEN',ORD(L)+1:2,
                     '    MIT KANTE',KANTEN[I,J]:5);
                J:=J+1
              END
      END;
{}
BEGIN
  EINLESEN(KNOTEN, KANTEN);
  DATENZUGRIFF(KNOTEN, KANTEN)
END.



          VOM KNOTEN 2 AUS SIND ERREICHBAR:

          KNOTEN 1    MIT KANTE    8
          KNOTEN 3    MIT KANTE    2
          KNOTEN 4    MIT KANTE    9
          KNOTEN 5    MIT KANTE    7
```

```pascal
6/9     PROGRAM PT69;
          TYPE GRAKNO    = (K1,K2,K3,K4,K5);                        {*}
               KNOTENSET = SET OF GRAKNO;
               KNOTENPKT = ARRAY[GRAKNO] OF KNOTENSET;
               KANTENDEF = ARRAY[GRAKNO,1..4] OF INTEGER;           {*}
          VAR  KNOTEN: KNOTENPKT;
               KANTEN: KANTENDEF;
               KMAX  : GRAKNO;                                      {!}
      {}
        FUNCTION K(KNOTZ: INTEGER): GRAKNO;                         {*}
          BEGIN
            CASE KNOTZ OF
              1: K:=K1;
              2: K:=K2;
              3: K:=K3;
              4: K:=K4;
              5: K:=K5
            END                                                    {*}
          END;
      {}
        PROCEDURE EINLESEN(VAR KNOTEN: KNOTENPKT;
                           VAR KANTEN: KANTENDEF;                   {!}
                           VAR KMAX  : GRAKNO);                     {!}
          VAR I             : GRAKNO;
              J,M,KNOTENZAHL: 0..5;                                 {*,!}
              L             : INTEGER;
          BEGIN
            WRITELN; WRITELN;
            WRITELN('GESAMTZAHL DER KNOTEN (<=5): ');               {*,!}
            READ(KNOTENZAHL); WRITELN;                              {!}
            WRITELN('EINGABE DER KANTEN ZU DEM JEWEILS');
            WRITELN('VORGEGEBENEN KNOTEN:    PAARWEISE: ');
            WRITELN('ZIELKNOTEN(ZIFFER)-BLANK-KANTENLAENGE: ');
            WRITELN('ENDE DER EINGABE DURCH O (NULL): ');
            WRITELN;
            FOR I:=K1 TO K5 DO                                      {*,!}
              IF ORD(I)+1 = KNOTENZAHL THEN KMAX:=I;                {!}
            FOR I:=K1 TO KMAX DO                                    {!}
              BEGIN
                            {INITIALISIERUNG}
                KNOTEN[I]:=[];
                FOR J:=1 TO ORD(KMAX) DO KANTEN[I,J]:=0;            {!}
                            {}
                WRITELN('KNOTEN ',ORD(I)+1:1,':  ',
                        'ERREICHBARE NACHBARKNOTEN: ');
                J:=1;
                READ(M);
                REPEAT
                  KNOTEN[I]:=KNOTEN[I]+[K(M)];
                  READ(L);
                  KANTEN[I,J]:=L;
                  J:=J+1;
                  READ(M)
                UNTIL M=O
              END
          END;
```

```pascal
{}
{ DATENZUGRIFF UND AUSSCHREIBEN }
{}
  PROCEDURE DATENZUGRIFF(KNOTEN: KNOTENPKT;
                         KANTEN: KANTENDEF;                    {!}
                         KMAX  : GRAKNO);                      {!}
    VAR I,L: GRAKNO;
        J  : 1..5;                                            {*}
    BEGIN
      WRITELN; WRITELN;
      WRITELN('GESAMTZAHL DER KNOTEN: ',ORD(KMAX)+1:3);       {!}
      WRITELN;                                                {!}
      WRITELN('EINGABE DER KNOTENNUMMER: ');
      READ(J);
      WRITELN;
      WRITELN('VOM KNOTEN',J:2,' AUS SIND ERREICHBAR: ');
      WRITELN;
      I:=K(J);
      J:=1;
      IF KNOTEN[I]=[] THEN
        WRITELN('KEINE WEITEREN KNOTEN !')
      ELSE
        FOR L:=K1 TO K5 DO                                    {*}
          BEGIN
            IF L IN KNOTEN[I] THEN
              BEGIN
                WRITELN('KNOTEN',ORD(L)+1:2,
                        '  MIT KANTE',KANTEN[I,J]:5);
                J:=J+1
              END
          END
    END;
{}
BEGIN
  EINLESEN(KNOTEN, KANTEN, KMAX);                             {!}
  DATENZUGRIFF(KNOTEN, KANTEN, KMAX)                          {!}
END.
```

Die mit {!} versehenen Zeilen wurden gegenüber Lösung 6/8 geändert, wobei die maximale Knotenzahl mit 5 erhalten blieb. Wenn auch die maximale Knotenzahl abgeändert werden soll, sind zusätzlich die mit {*} versehenen Zeilen entsprechend anzupassen.

7/1

```pascal
TYPE COMPLEX = RECORD
                 REALT, IMAGT: REAL
               END;
VAR ZAHL: COMPLEX;
```

7/2   Es werden die Möglichkeiten ohne und mit WITH angegeben.

```
PROGRAM PT72A;
  CONST PI    = 3.141593;
  TYPE COMPLEX = RECORD
                       REALT, IMAGT: REAL
                  END;
  VAR ZAHL : COMPLEX;
      R, PHI: REAL;
{}
BEGIN
  WRITELN; WRITELN;
  WRITELN('EINGABE REAL- UND IMAGINAERTEIL: ');
  READ(ZAHL.REALT, ZAHL.IMAGT);
  R:=SQRT(ZAHL.REALT*ZAHL.REALT+ZAHL.IMAGT*ZAHL.IMAGT);
  IF ZAHL.REALT=0 THEN PHI:=90
  ELSE PHI:=ARCTAN(ABS(ZAHL.IMAGT/ZAHL.REALT))*180/PI;
  IF (ZAHL.REALT>=0) AND (ZAHL.IMAGT<0) THEN
    PHI:=360-PHI;
  IF (ZAHL.REALT<0) AND (ZAHL.IMAGT>=0) THEN
    PHI:=180-PHI;
  IF (ZAHL.REALT<0) AND (ZAHL.IMAGT<0) THEN
    PHI:=180+PHI;
  WRITELN; WRITELN;
  WRITELN('EINGABEN: REAL- UND IMAGINAERTEIL: ',
          ZAHL.REALT:7:2, '   /', ZAHL.IMAGT:7:2);
  WRITELN; WRITELN('BETRAG:     R= ', R:8:3);
  WRITELN('WINKEL:   PHI= ', PHI:8:3)
END.
```

```
    {}
    BEGIN
      WITH ZAHL DO
        BEGIN
          WRITELN; WRITELN;
          WRITELN('EINGABE REAL- UND IMAGINAERTEIL: ');
          READ(REALT, IMAGT);
          R:=SQRT(REALT*REALT+IMAGT*IMAGT);
          IF REALT=0 THEN PHI:=90
          ELSE PHI:=ARCTAN(ABS(IMAGT/REALT))*180/PI;
          IF (REALT>=0) AND (IMAGT<0) THEN PHI:=360-PHI;
          IF (REALT<0) AND (IMAGT>=0) THEN PHI:=180-PHI;
          IF (REALT<0) AND (IMAGT<0) THEN PHI:=180+PHI;
          WRITELN; WRITELN;
          WRITELN('EINGABEN: REAL- UND IMAGINAERTEIL: ',
                  REALT:7:2, '   /', IMAGT:7:2);
          WRITELN; WRITELN('BETRAG:     R= ', R:8:3);
          WRITELN('WINKEL:   PHI= ', PHI:8:3)
        END
    END.
```

```
EINGABEN: REAL- UND IMAGINAERTEIL:    3.00  /    2.00

BETRAG:     R=     3.606
WINKEL:   PHI=    33.690


EINGABEN: REAL- UND IMAGINAERTEIL:   -2.00  /   -3.00

BETRAG:     R=     3.606
WINKEL:   PHI=   236.310
```

```pascal
7/3    PROGRAM PT73;
         TYPE DATUM = RECORD
                            JAHR: INTEGER;
                            WOCHENTAG: (MON, DIE, MIT, DON, FRE, SAM, SON);
                            MONAT: (JAN, FEB, MAE, APR, MAI, JUN, JUL,
                                    AUG, SEP, OKT, NOV, DEZ);
                            TAGESDATUM: 1..31
                          END;
              FAMILIE = (VAT, MUT, SCH, BRU);
         VAR DAT      : DATUM;
             GEBURTSTAG: ARRAY[FAMILIE] OF DATUM;
       {}
         PROCEDURE ZUORDNUNG(WOTA: INTEGER);
           TYPE TAGSTRING = PACKED ARRAY[1..11] OF CHAR;
           VAR TAG: TAGSTRING;
           BEGIN
             WRITE('KONTROLLE: ');
             CASE WOTA OF
               1: TAG:='MONTAG,     ';
               2: TAG:='DIENSTAG,   ';
               3: TAG:='MITTWOCH,   ';
               4: TAG:='DONNERSTAG, ';
               5: TAG:='FREITAG,    ';
               6: TAG:='SAMSTAG,    ';
               7: TAG:='SONNTAG,    '
             END;
             WRITE(TAG:14)
           END;
       {}
       BEGIN
         WRITELN; WRITELN;
         WITH DAT DO
           BEGIN
             WOCHENTAG:=DIE;
             TAGESDATUM:=1;
             MONAT:=JUL;
             JAHR:=1986;
             ZUORDNUNG(ORD(WOCHENTAG)+1);
             WRITELN('   ',TAGESDATUM:3,'. ',ORD(MONAT)+1:2,
                     '.',JAHR:4); WRITELN
           END;
         WITH GEBURTSTAG[SCH] DO
           BEGIN
             WOCHENTAG:=SON;
             TAGESDATUM:=19;
             MONAT:=MAE;
             JAHR:=1967;
             ZUORDNUNG(ORD(WOCHENTAG)+1);
             WRITELN('   ',TAGESDATUM:3,'. ',ORD(MONAT)+1:2,
                 '.',JAHR:4); WRITELN
           END
       END.


             KONTROLLE:    DIENSTAG,       1. 7.1986

             KONTROLLE:    SONNTAG,       19. 3.1967
```

```
7/4      PROGRAM PT74;
            TYPE
               LEISTUNGSNACHWEIS = RECORD
                                      FACH,  NAME:
                                         PACKED ARRAY[1..15]
                                         OF CHAR;
                                      MATRIKELNR:  INTEGER;
                                      ADAT:
                                         RECORD
                                            TAGESDAT:  1..31;
                                            MONAT:  (JAN,FEB,MAE,APR,
                                                     MAI,JUN,JUL,AUG,
                                                     SEP,OKT,NOV,DEZ);
                                            JAHR:  1985..2000
                                         END;
                                      ERGEBNIS:  BOOLEAN
                                   END;
            VAR SCHEIN:  LEISTUNGSNACHWEIS;
         {}
         BEGIN WITH SCHEIN DO
            BEGIN
               FACH:='INFORMATIK      ';
               NAME:='PETRA WATERKANT';
               MATRIKELNR:=18295;
               WITH ADAT DO
                  BEGIN
                     TAGESDAT:=12;
                     MONAT:=NOV;
                     JAHR:=1988;
                     ERGEBNIS:=TRUE;
                     WRITELN;  WRITELN;
                     WRITELN('KONTROLLAUSDRUCK:');  WRITELN;
                     WRITELN('FACH: ',FACH:32);  WRITELN;
                     WRITELN('NAME:    ',NAME:30);
                     WRITELN('MATRIKEL-NUMMER:  ',MATRIKELNR:10);
                     WRITELN('AUSSTELLUNGSDATUM:    ',
                             TAGESDAT:4,'. ',ORD(MONAT)+1:2,'. ',
                             JAHR:4);  WRITELN;
                     WRITE('ERGEBNIS: ','  ':13);
                     CASE ERGEBNIS OF
                        TRUE:   WRITELN('BESTANDEN');
                        FALSE:  WRITELN('NICHT BESTANDEN')
                     END
                  END
               END
            END
         END.


                  KONTROLLAUSDRUCK:

                  FACH:                    INFORMATIK

                  NAME:                    PETRA WATERKANT
                  MATRIKEL-NUMMER:         18295
                  AUSSTELLUNGSDATUM:       12. 11. 1988

                  ERGEBNIS:                BESTANDEN
```

```
7/5      PROGRAM PT75;
           CONST MAXZAHL = 150;
           TYPE
             NAMEN = PACKED ARRAY[1..15] OF CHAR;
             LEISTUNGSNACHWEIS = RECORD
                                   NAME      : NAMEN;
                                   MATRIKELNR: INTEGER;
                                   ADAT: RECORD
                                           TAGESDAT: 1..31;
                                           MONAT: (JAN,FEB,MAE,APR,
                                                   MAI,JUN,JUL,AUG,
                                                   SEP,OKT,NOV,DEZ);
                                         JAHR: 1985..2000
                                        END;
                                   ERGEBNIS: BOOLEAN
                                 END;
           VAR STUDIERENDE: ARRAY[1..MAXZAHL] OF
                              RECORD
                                FACH  : NAMEN;
                                SCHEIN: LEISTUNGSNACHWEIS
                              END;
               STUDMW: RECORD
                         SCHEIN    : LEISTUNGSNACHWEIS;
                         GESCHLECHT: NAMEN
                       END;
           {}
           BEGIN WITH STUDIERENDE[143], SCHEIN, ADAT DO
             BEGIN
               FACH:='INFORMATIK      ';
               NAME:='PETRA WATERKANT';
               MATRIKELNR:=18295;
               TAGESDAT:=12;
               MONAT:=NOV;
               JAHR:=1988;
               ERGEBNIS:=TRUE;
               STUDMW.SCHEIN:=STUDIERENDE[143].SCHEIN;
               STUDMW.GESCHLECHT:='WEIBLICH       ';
               WRITELN; WRITELN;
               WRITELN('KONTROLLAUSDRUCK:'); WRITELN;
               WRITELN('FACH: ',FACH:32); WRITELN;
               WRITELN('NAME:    ',NAME:30);
               WRITELN('MATRIKEL-NUMMER:  ',MATRIKELNR:10);
               WRITELN('AUSSTELLUNGSDATUM:   ',
                       TAGESDAT:4,'. ',ORD(MONAT)+1:2,'. ',JAHR:4);
               WRITELN('GESCHLECHT: ',STUDMW.GESCHLECHT:26);WRITELN;
               WRITE('ERGEBNIS: ','  ':13);
               CASE ERGEBNIS OF
                 TRUE:   WRITELN('BESTANDEN');
                 FALSE: WRITELN('NICHT BESTANDEN')
               END
             END
           END.



                    KONTROLLAUSDRUCK:


                    FACH:                INFORMATIK


                    NAME:                PETRA WATERKANT
                    MATRIKEL-NUMMER:     18295
                    AUSSTELLUNGSDATUM:   12. 11. 1988
                    GESCHLECHT:          WEIBLICH


                    ERGEBNIS:            BESTANDEN
```

```
7/6     PROGRAM PAREC5;
          TYPE GEOM  = (PUNKT, GERADE, KREIS);
                DEFIN = RECORD
                          CASE TAGFELD:GEOM OF
                            PUNKT : (XO,YO:REAL);
                            GERADE: (M,YO:REAL);
                            KREIS : (XO,YO,RADIUS:REAL)
                        END;
          VAR LINIE:DEFIN;
              X,Y   :REAL;
        {}
        BEGIN WITH LINIE DO
          BEGIN
            TAGFELD:=GERADE;
            WRITELN; WRITELN;
            WRITELN('EINGABE DER DEFINITIONSWERTE: ');
            CASE TAGFELD OF
              PUNKT : READLN(XO,YO);
              GERADE: READLN(M,YO);
              KREIS : READLN(XO,YO,RADIUS)
            END;
            WRITELN('EINGABE X: ');
            READLN(X);
            Y:=M*X+YO;
            WRITELN; WRITELN;
            WRITELN('STEIGUNG        M =',M:8:3);
            WRITELN('ACHSENABSCHNITT YO=',YO:8:3); WRITELN;
            WRITELN('KOORDINATEN:    X =',X:8:3,'        Y=',Y:8:3)
          END
        END.
```

```
        STEIGUNG        M =   -3.000
        ACHSENABSCHNITT YO=    1.500

        KOORDINATEN:    X =   -6.000        Y=  19.500
```

```
7/7      PROGRAM PARECS;
           TYPE XWERT = RECORD
                             CASE BOOLEAN OF
                                TRUE : (GANZZAHL:INTEGER);
                                FALSE: (REELL:REAL)
                        END;
             VAR BASIS       :XWERT;
                 X           :REAL;
                 INTX,N,VZ,I:INTEGER;
                 K,L         :BOOLEAN;
          {}
          BEGIN
            WRITELN; WRITELN;
            WRITELN('EINGABE X UND N: ');
            READLN(X,N);
            WRITELN;
            WRITE(X:8:2,'   ^',N:4,'   =');
            IF N>O THEN L:=TRUE
            ELSE
              BEGIN
                N:=ABS(N);
                L:=FALSE
              END;
                                    {VORZEICHEN "-" FUER
                                     X<O UND N UNGERADE, SONST "+"}
            IF X<O THEN
              BEGIN
                IF ODD(N) THEN VZ:=-1
                ELSE VZ:=1;
                X:=ABS(X)
              END
            ELSE VZ:=1;
            WITH BASIS DO
              BEGIN
                IF X<>ROUND(X) THEN              {X REELLWERTIG}
                  BEGIN
                    K:=FALSE;
                    REELL:=1.0.
                    FOR I:=1 TO N DO REELL:=REELL*X
                  END
                ELSE                             {X GANZZAHLIG}
                  BEGIN
                    K:=TRUE;
                    INTX:=ROUND(X);
                    GANZZAHL:=1;
                    FOR I:=1 TO N DO GANZZAHL:=GANZZAHL*INTX
                  END;
                CASE K OF
                  TRUE : IF L THEN WRITELN(GANZZAHL*VZ:6)
                              ELSE WRITELN('    1   /',GANZZAHL*VZ:6);
                  FALSE: IF L THEN WRITELN(REELL*VZ:10:4)
                              ELSE WRITELN(1.0/REELL*VZ:10:4)
                END
              END
          END.

                    -3.50   ^    3  =   -42.8750
                     4.20   ^   -2  =     0.0567
                    -3.00   ^   -3  =     1  /    -27
```

```
7/8        PROGRAM PT78;
              CONST MAXZAHL = 150;
              TYPE
                 NAMEN = PACKED ARRAY[1..15] OF CHAR;
                 GESCHLECHT = (MAENNLICH,WEIBLICH);
                 FAMSTAND = (LEDIG,VERHEIRATET);
                 LEISTUNGSNACHWEIS = RECORD
                                        NAME: NAMEN;
                                        MATRIKELNR: INTEGER;
                                        ADAT: RECORD
                                               TAGESDAT: 1..31;
                                               MONAT: (JAN,FEB,MAE,APR,
                                                       MAI,JUN,JUL,AUG,
                                                       SEP,OKT,NOV,DEZ);
                                               JAHR: 1985..2000
                                              END;
                                        ERGEBNIS: BOOLEAN;
                                        CASE GESCHL:GESCHLECHT OF
                                          MAENNLICH: ();
                                          WEIBLICH :
                                             (CASE LV:FAMSTAND OF
                                                LEDIG      : ();
                                                VERHEIRATET: (MAENA:NAMEN);)
                                       END;
                 VAR STUDIERENDE: ARRAY[1..MAXZAHL] OF
                                     RECORD
                                       FACH  : NAMEN;
                                       SCHEIN: LEISTUNGSNACHWEIS
                                     END;
           {}
           BEGIN WITH STUDIERENDE[143], SCHEIN, ADAT DO
              BEGIN
                 FACH:='INFORMATIK      ';
                 NAME:='PETRA WATERKANT';
                 GESCHL:=WEIBLICH;
                 LV:=VERHEIRATET;
                 MAENA:='V.EMDEN        ';
                 MATRIKELNR:=18295;
                 TAGESDAT:=12;
                 MONAT:=NOV;
                 JAHR:=1988;
                 ERGEBNIS:=TRUE;
                 WRITELN; WRITELN;
                 WRITELN('KONTROLLAUSDRUCK:'); WRITELN;
                 WRITELN('FACH: ',FACH:32); WRITELN;
                 WRITELN('NAME:    ',NAME:30,'      GEB. ',MAENA:18);
                 WRITELN('MATRIKEL-NUMMER: ',MATRIKELNR:10);
                 WRITELN('AUSSTELLUNGSDATUM:    ',
                         TAGESDAT:4,'. ',ORD(MONAT)+1:2,'. ',JAHR:4);
                 WRITELN; WRITE('ERGEBNIS: ','  ':13);
                 CASE ERGEBNIS OF
                    TRUE:  WRITELN('BESTANDEN');
                    FALSE: WRITELN('NICHT BESTANDEN')
                 END
              END
           END.



              KONTROLLAUSDRUCK:

              FACH:               INFORMATIK

              NAME:               PETRA WATERKANT      GEB.    V.EMDEN
              MATRIKEL-NUMMER:    18295
              AUSSTELLUNGSDATUM:  12. 11. 1988

              ERGEBNIS:           BESTANDEN
```

```
8.1/1    PROGRAM PT811;
         {}
           CONST K = 20;
                 L = 15;
           VAR   B: ARRAY[1..K] OF INTEGER;
                 F: FILE OF INTEGER;
                 I: INTEGER;
         {}
         BEGIN
           REWRITE(F);                {LOESCHUNG F UND ANFANGSPOSITION}
           FOR I:=1 TO K DO
             BEGIN
               B[I]:=I;
               F^:=I;
               PUT(F)            {ANFUEGEN F^ ALS NEUE KOMPONENTE AN F}
             END;
           WRITELN; WRITELN;
           WRITELN('AUSGABE DER JEWEILS 1. UND ',
                   L:2,'. KOMPONENTE:');
           WRITELN;
           {}
           WRITELN('AUS BEREICH B: ',B[1]:7,B[L]:5);
           {}
           RESET(F);         {RUECKSETZUNG ZEIGER AUF ERSTE KOMPONENTE
                              VON F UND WERTZUWEISUNG AN VARIABLE F^}
           WRITE('AUS FILE F: ',F^:10);
           FOR I:=1 TO L-1 DO
             GET(F);                {ZEIGER AUF NAECHSTE F-KOMPONENTE
                                     UND WERTZUWEISUNG AN F^}
           WRITELN(F^:5);
           CLOSE(F)                                {DATEI SCHLIESSEN}
         END.



              AUSGABE DER JEWEILS 1. UND 15. KOMPONENTE:

              AUS BEREICH B:       1    15
              AUS FILE F:          1    15
```

(Statt des Zeichens ^ wird oft auch z.B. der Pfeil ↑ verwendet.)

Es sei darauf hingewiesen, daß die Datei-Verwaltung nicht bei allen Pascal-Versionen identisch ist; dies betrifft auch die Verwendung von CLOSE.

```pascal
8.1/2     PROGRAM PT812;
          {;
            TYPE FR = FILE OF REAL;
                 AC = PACKED ARRAY[1..2] OF CHAR;
            VAR  KOSINUS: REAL;
                 VA,VB  : FR;
          {}
            PROCEDURE EINLESENFILE(FNAM:AC);
              VAR KOMPONENTE: REAL;
                  EF           : FILE OF REAL;
              BEGIN
                REWRITE(EF,FNAM);
                WRITELN; WRITELN;
                WRITELN('KOMPONENTEN VEKTOR ',FNAM,' (BIS EOF):');
                    {AUFHEBEN DES BEIM ERSTEN VEKTOR VA GESETZTEN
                       EOF FUER EINGABE DES ZWEITEN VEKTORS VB:     }
                IF FNAM='VB' THEN RESET(INPUT);
                WHILE NOT EOF DO
                  BEGIN
                    READLN(KOMPONENTE);
                    EF^:=KOMPONENTE;
                    PUT(EF)
                  END;
                CLOSE(EF)
              END;
          {}
            PROCEDURE AUSLESENBERECHNUNG(VAR A,B:FR;  FNAM1,FNAM2:AC;
                                         VAR KOS:REAL);
              VAR SKALPROD,BA,BB: REAL;
              BEGIN
                RESET(A,FNAM1);
                RESET(B,FNAM2);
                SKALPROD:=0.0;
                BA:=0.0;
                BB:=0.0;
                WHILE NOT EOF(A) DO
                  BEGIN
                    SKALPROD:=SKALPROD+A^*B^;
                    BA:=BA+A^*A^;
                    BB:=BB+B^*B^;
                    GET(A);
                    GET(B)
                  END;
                BA:=SQRT(BA);
                BB:=SQRT(BB);
                KOS:=SKALPROD/BA/BB
              END;
          {}
```

```
      PROCEDURE AUSGABE(VAR X,Y:FR;  FILN1,FILN2:AC;  CO:REAL);
         BEGIN
           RESET(X,FILN1);
           RESET(Y,FILN2);
           WRITELN;  WRITELN;
           WRITELN('AUSGABE DER VEKTOREN: ');
           WRITELN;
           WRITELN('        A             B');
           WRITELN;
           WHILE NOT EOF(X) DO
             BEGIN
               WRITE(X^:6:1);       GET(X);
               WRITELN(Y^:11:1);  GET(Y)
             END;
           WRITELN;
           WRITELN('COS(A,B) = ',CO:9:6)
         END;
   {}
   BEGIN
     EINLESENFILE('VA');
     EINLESENFILE('VB');
     AUSLESENBERECHNUNG(VA,VB,'VA','VB',KOSINUS);
     AUSGABE(VA,VB,'VA','VB',KOSINUS);
     CLOSE(VA);  CLOSE(VB);  CLOSE(INPUT)
   END.
```

```
                                          AUSGABE DER VEKTOREN:

                                              A           B

                                             2.0        -1.0
                                             1.0        -0.5
                                            -0.2         1.5
     AUSGABE DER VEKTOREN:                   0.0         0.0
                                            -1.0        -0.4
         A           B                       0.0         1.9
                                             3.0        -2.0
        3.6         1.4                       1.2         2.5
       -1.8         2.7                      -0.3         0.4
                                            -1.1        -0.1
     COS(A,B) =   0.014704
                                          COS(A,B) = -0.305048
```

8.1/3

```
PROGRAM PT813;           {VGL. VORIGE AUFGABE}
{}
  TYPE  VF = FILE OF REAL;
        AC = PACKED ARRAY[1..2] OF CHAR;
  VAR V1,V2,V3: VF;
{}
{ EINLESEN UND ABLEGEN IN FILES V1 UND V2 }
{}
  PROCEDURE FILESV1V2(FNAM1,FNAM2:AC);
                      {ELEMENTE EINES VEKTORS EINLESEN}
    PROCEDURE EINLESEN(FNAM:AC);
      VAR VE: REAL;
          V : FILE OF REAL;
      BEGIN
        REWRITE(V,FNAM);
        WRITELN;
        WRITELN('EINGABE VEKTOR ',FNAM,' (BIS EOF): ');
        IF FNAM<>'V1' THEN RESET(INPUT);
        WHILE NOT EOF DO
          BEGIN
            READLN(VE); V^:=VE; PUT(V)
          END;
        CLOSE(V)
      END;
    BEGIN
      WRITELN;
      EINLESEN(FNAM1);
      EINLESEN(FNAM2);
    END;
{}
{ MISCHPROZEDUR }
{}
  PROCEDURE MISCH(VAR A,B,X:VF; FN1,FN2,FN3:AC);
               {ELEMENTENUEBERTRAGUNG VON AVEK NACH XVEK}
    PROCEDURE ZNACHX(VAR Z,X:VF);
      BEGIN
        X^:=Z^; PUT(X); GET(Z)
      END;
               {UEBERTRAGUNG RESTELEMENTE, SOBALD EINER
                DER BEIDEN FILES AUSGESCHOEPFT}
    PROCEDURE RESTBISEOF(VAR C,X:VF);
      BEGIN
        WHILE NOT EOF(C) DO ZNACHX(C,X)
      END:
    {}
    BEGIN
      RESET(A,FN1);
      RESET(B,FN2);
      REWRITE(X,FN3);
      WHILE NOT (EOF(A) OR EOF(B)) DO
          IF A^<B^ THEN ZNACHX(A,X)
                   ELSE ZNACHX(B,X);
      IF EOF(A) THEN RESTBISEOF(B,X)
                ELSE RESTBISEOF(A,X);
      CLOSE(A); CLOSE(B); CLOSE(X)
    END;
```

```pascal
{}
{ AUSSCHREIBEN DER FILES }
{}
   PROCEDURE AUSGABE(VAR A,B,X:VF;  VEK1,VEK2,VEK3:AC);
      {}
      PROCEDURE KOMPONENTEN(VAR VEKTOR:VF;  VNAME:AC);
         VAR I: INTEGER;
         BEGIN
            I:=1;
            RESET(VEKTOR,VNAME);
            WRITELN('VEKTOR ',VNAME);
            WHILE NOT EOF(VEKTOR) DO
               BEGIN
                  IF I MOD 5 = 0 THEN WRITELN(VEKTOR^:10:2)
                                 ELSE WRITE(VEKTOR^:10:2);
                  I:=I+1;
                  GET(VEKTOR)
               END;
            WRITELN
         END;
      {}
      BEGIN
         WRITELN;  WRITELN;
         WRITELN('AUSGABE DER VEKTOREN: ');
         WRITELN;
         KOMPONENTEN(A,VEK1);  WRITELN;
         KOMPONENTEN(B,VEK2);  WRITELN;
         KOMPONENTEN(X,VEK3);  WRITELN;
         CLOSE(A);  CLOSE(B);  CLOSE(X)
      END;
{}
BEGIN
   FILESV1V2('V1','V2');
   MISCH(V1,V2,V3,'V1','V2','V3');
   AUSGABE(V1,V2,V3,'V1','V2','V3')
END.
```

```
AUSGABE DER VEKTOREN:

VEKTOR V1
       10.00      20.00      30.00      40.00      50.00
       70.00      90.00     120.00     150.00

VEKTOR V2
       27.00      54.00      80.00     100.00     128.00
      180.00     230.00     295.00     380.00

VEKTOR V3
       10.00      20.00      27.00      30.00      40.00
       50.00      54.00      70.00      80.00      90.00
      100.00     120.00     128.00     150.00     180.00
      230.00     295.00     380.00
```

```
8.2/1    PROGRAM PT821;
         {}
           TYPE ZEICHEN = PACKED ARRAY[0..75] OF CHAR;
           VAR KETTE,GRUPPE,RESULT : ZEICHEN;
               KL,GL,ZIFF,ZEIN,ZANF: INTEGER;
               EINZEL,ANFANG       : CHAR;
         {}
           PROCEDURE EINGABEN(VAR KETTE,GRUPPE : ZEICHEN;
                              VAR KL,GL         : INTEGER;
                              VAR EINZEL,ANFANG: CHAR);
           BEGIN
             WRITELN; WRITELN('TEXTEINGABE (BIS EOLN): ');
             KL:=0;
             KETTE[0]:=' ';
             REPEAT KL:=KL+1; READ(KETTE[KL]) UNTIL EOLN;
             READLN;
             WRITELN; WRITELN('ZEICHENFOLGE (BIS EOLN): ');
             GL:=0;
             REPEAT GL:=GL+1; READ(GRUPPE[GL]) UNTIL EOLN;
             READLN;
             WRITELN; WRITE('EINZELZEICHEN: '); READLN(EINZEL);
             WRITELN; WRITE('ANFANGSZEICHEN: '); READLN(ANFANG);
             WRITELN
           END;
         {}
           PROCEDURE TEXTANALYSE(VAR RESULT          : ZEICHEN;
                                 VAR ZIFF,ZEIN,ZANF: INTEGER);
           VAR I,J,K: INTEGER;
           BEGIN
             I:=1;                              {TEILKETTEN-VERGLEICH:}
             REPEAT
               J:=0;
               REPEAT J:=J+1
               UNTIL (J=GL) OR (KETTE[I+J-1]<>GRUPPE[J]);
               IF (J=GL) AND (KETTE[I+J-1]=GRUPPE[J]) THEN
                 BEGIN
                   FOR K:=I TO I+GL-1 DO RESULT[K]:=KETTE[K];
                   I:=I+GL
                 END
               ELSE BEGIN RESULT[I]:='.'; I:=I+1 END
             UNTIL I>KL;
             ZIFF:=0;  ZEIN:=0;   ZANF:=0;
             FOR I:=1 TO KL DO
               BEGIN
                                                     {ZIFFERNZAHL:}
                 IF KETTE[I] IN ['0'..'9'] THEN ZIFF:=ZIFF+1;
                                             {BUCHSTABENIDENTITAET:}
                 IF KETTE[I]=EINZEL THEN ZEIN:=ZEIN+1;
                                                  {WORTANFAENGE:}
                 IF (KETTE[I-1]=' ') AND (KETTE[I]=ANFANG) THEN
                     ZANF:=ZANF+1
               END
           END;
         {}
```

```
   PROCEDURE AUSGABEN(KETTE,RESULT: ZEICHEN);
     VAR I: INTEGER;
     BEGIN
       WRITELN; WRITELN;
       WRITE('ZEICHENVERGLEICH BZGL. ');
       FOR I:=1 TO GL DO WRITE(GRUPPE[I]); WRITELN(':');
       WRITELN;
       FOR I:=1 TO KL DO WRITE(KETTE[I]); WRITELN;
       FOR I:=1 TO KL DO WRITE(RESULT[I]); WRITELN; WRITELN;
       WRITELN('ANZAHL DER ZIFFERN:',ZIFF:5); WRITELN;
       WRITELN('ANZAHL DES ZEICHENS ',EINZEL,': ',ZEIN:3);
       WRITELN;
       WRITELN('ZAHL DER WORTANFAENGE MIT ',ANFANG,': ',
               ZANF:3); WRITELN
     END;
{}
BEGIN
  EINGABEN(KETTE,GRUPPE,KL,GL,EINZEL,ANFANG);
  TEXTANALYSE(RESULT,ZIFF,ZEIN,ZANF);
  AUSGABEN(KETTE,RESULT)
END.
```

```
ZEICHENVERGLEICH BZGL. UNDE:

EIN TAG HAT 24 STUNDEN BZW. 1440 MINUTEN BZW. 86400 SEKUNDEN.
.....................UNDE...................................UNDE..

ANZAHL DER ZIFFERN:    11

ANZAHL DES ZEICHENS N:   7

ZAHL DER WORTANFAENGE MIT S:    2
```

Ein weiteres Beispiel:

```
ZEICHENVERGLEICH BZGL. ER:

EINSTEIN, ALBERT, *1879, +1955, DEUTSCH - AMERIKANISCHER PHYSIKER
..............ER..............................ER.......ER.......ER

ANZAHL DER ZIFFERN:     8

ANZAHL DES ZEICHENS 9:   2

ZAHL DER WORTANFAENGE MIT A:    2
```

Zur Einsparung von Speicherplatz lassen sich insbesondere Zeichen-Arrays als PACKED ARRAYs darstellen.

Üblicherweise wird ein Zeichen in ein Wort geschrieben. Sowohl der Zeichen-Code als auch die Wortlänge sind maschinenabhängig. Häufig hat man es beim Zeichen-Code mit einem 8-Bit-Code (z.B. 8-Bit-ASCII oder EBCDIC) und bei der Wortlänge mit 16 Bits zu tun. Speichert man also nur ein Zeichen in ein Wort, „verschenkt" man ein halbes Wort: der Speicherplatzbedarf ist doppelt so groß wie er sein müßte. Die gepackte Darstellung ermöglicht es nun, mehrere Zeichen (in obigem Fall also zwei) in ein Wort zu speichern; der Zugriff auf ein einzelnes Zeichen wird dadurch verständlicherweise aufwendiger und länger, doch nimmt man dies meist gern in Kauf für die in der Regel erhebliche Einsparung an Speicherplatz.

Die gepackte Darstellung erreicht man über eine Deklaration der Art

```
TYPE ZEICHENKETTE = PACKED ARRAY [1..n] OF CHAR;
```

(n vorher definiert).

Manchmal ist es notwendig oder zur Reduzierung der Bearbeitungszeit bei sehr häufigen Zugriffen sinnvoll, das benötigte Zeichenfeld für die Dauer der Zugriffe zu entpacken und anschließend wieder zu packen. Hierzu stellt Pascal folgende Möglichkeiten zur Verfügung:

```
Als Variable seien deklariert   VAR X:  ARRAY[1..10] OF CHAR;
                                    Y:  PACKED ARRAY[1..5] OF CHAR;
```

I und J seien vom INTEGER-Typ.

Dann bedeuten

PACK (X, I, Y); dasselbe wie   FOR J: = 1 TO 5 DO Y[J]: = X[J − 1 + I];

und

UNPACK(Y, X, I);dasselbe wie FOR J: = 1 TO 5 DO X[J − 1 + I]: = Y[J];

Allgemeiner:

Hat man X von a bis b und Y von c bis d dimensioniert, so muß gelten

$$b - a \geq d - c \quad \text{und} \quad a \leq I \leq b - (d - c).$$

Das Packen ist nicht auf den Typ CHAR beschränkt, es läßt sich auch beispielsweise auf BOOLEAN sinnvoll anwenden.

Statt der Verwendung von PACK und UNPACK ist es oft sinnvoll, eigene problemangepaßte Prozeduren zu verwenden.

```pascal
8.2/2   PROGRAM PT822;
        {}
           TYPE ZEICHEN = PACKED ARRAY[1..30] OF CHAR;
           VAR CD  : CHAR;
               TEXT: ZEICHEN;
               TL  : INTEGER;
        {}
           PROCEDURE EINGABE(VAR CD: CHAR; VAR TL: INTEGER;
                             VAR TEXT: ZEICHEN);
             BEGIN
               WRITELN;
               WRITE('CODIERUNG ODER DECODIERUNG (C/D): ');
               READLN(CD); WRITELN;
               WRITELN('TEXTEINGABE (BIS EOLN):');
               TL:=0;
               REPEAT TL:=TL+1; READ(TEXT[TL]) UNTIL EOLN
             END;
        {}
           PROCEDURE CODEDECO;
             VAR TZ,I                    : INTEGER;
                 ZWITEXT,TEXTCD,TEXTZ: ZEICHEN;
             {}
             PROCEDURE HILF(IA,TZ: INTEGER; TEXTO: ZEICHEN;
                            VAR TEXTZ: ZEICHEN);
               VAR I,J: INTEGER;
                   ZW : CHAR;
               BEGIN
                 J:=IA;
                 FOR I:=1 TO TZ DO
                   BEGIN
                     TEXTZ[J]:=TEXTO[J+1];
                     TEXTZ[J+1]:=TEXTO[J];
                     J:=J+2
                   END
               END;
             {}
             BEGIN
               FOR I:=1 TO 30 DO
                 BEGIN ZWITEXT[I]:=' '; TEXTCD[I]:=' ' END;
               TZ:=TL DIV 2;
               IF CD='C' THEN                            {CODIERUNG}
                 BEGIN
                   HILF(1,TZ,TEXT,ZWITEXT);
                   IF ODD(TL) THEN
                     BEGIN
                       ZWITEXT[TL]:=TEXT[TL]; TEXTCD[1]:=ZWITEXT[1]
                     END
                   ELSE
                     BEGIN
                       TEXTCD[1]:=ZWITEXT[TL];
                       TEXTCD[TL]:=ZWITEXT[1]; TZ:=TZ-1
                     END;
                   WRITELN; WRITELN('--ZWISCHENCODE: ',' ':4,ZWITEXT);
                   HILF(2,TZ,ZWITEXT,TEXTCD);
                   WRITELN; WRITELN('--CODIERUNG: ',' ':7,TEXTCD)
                 END
```

```
      ELSE                              {DECODIERUNG}
        BEGIN
          HILF(2, (TL-1)DIV 2, TEXT, ZWITEXT);
          IF NOT ODD(TL) THEN BEGIN
                              ZWITEXT[1]:=TEXT[TL];
                              ZWITEXT[TL]:=TEXT[1]
                           END
                         ELSE BEGIN
                              ZWITEXT[1]:=TEXT[1];
                              TEXTCD[TL]:=ZWITEXT[TL]
                           END;
          WRITELN; WRITELN('--ZWISCHENCODE: ',' ':4, ZWITEXT);
          HILF(1, TZ, ZWITEXT, TEXTCD);
          WRITELN; WRITELN('--DECODIERUNG: ',' ':5, TEXTCD)
        END
    END;
{}
BEGIN
  EINGABE(CD, TL, TEXT);
  WRITELN; WRITELN('--TEXTEINGABE: ',' ':5, TEXT);
  CODEDECO
END.
```

```
--TEXTEINGABE:     ES GRUENT SO GRUEN

--ZWISCHENCODE:    SEG URNE TOSG URNE

--CODIERUNG:       EGEU NR EOTGSU NRS
```

```
                     --TEXTEINGABE:    DISKOTHEKENFETZER

                     --ZWISCHENCODE:   IDKSTOEHEKFNTEEZR

                     --CODIERUNG:      IKDTSEOEHFKTNEERZ
```

```
--TEXTEINGABE:     EAKERITGSREA

--ZWISCHENCODE:    AKARETISGERE

--DECODIERUNG:     KARATESIEGER
```

```
                     --TEXTEINGABE:    ILVEEF LR OEGTWRIIENH

                     --ZWISCHENCODE:   IVLEE FRLO GEWTIREIHN

                     --DECODIERUNG:    VIEL ERFOLG WEITERHIN
```

```
8.2/3     PROGRAM PT823;
          {}
            VAR JAHR,WT,S: INTEGER;
          {}
            PROCEDURE KALENDER(J:INTEGER; VAR WT,S:INTEGER);
              VAR DIFF,I,JH,K,L,NSJ,R,REST,SCH,TAG,
                                          X1,X2,Z1,Z2,Z3:  INTEGER;
              BEGIN
                I:=1983;       {AUSGANGSWERT: 1.TAG 1983 WAR SAMSTAG;
                               BERUECKSICHTIGUNG DER SCHALTJAHRE:}
                TAG:=6;
                IF J>=I THEN L:=1;
                IF I>J  THEN L:=-1;
                JH:=J DIV 100;
                SCH:=0;
                NSJ:=0;
                K:=I;
                REPEAT
                  IF K MOD 4 = O THEN SCH:=SCH+1;
                  X1:=K MOD 100;          X2:=X1 MOD 4;
                  IF (X1=0) AND (X2<>0) THEN NSJ:=NSJ+1;
                  K:=K+L
                UNTIL K-1=J;
                DIFF:=ABS(J-I)+SCH-NSJ;
                Z1:=J MOD 4;        Z2:=JH MOD 4;        Z3:=J-JH*100;
                IF (Z3=0) AND (Z2=0) OR (Z1=0) AND (Z3<>0) THEN
                       S:=1
                ELSE S:=0;
                IF (S=1) AND (J>I) THEN DIFF:=DIFF-1;
                DIFF:=DIFF MOD 7;
                IF (DIFF<7) AND (J>=I) THEN WT:=TAG+DIFF
                ELSE IF (DIFF<7) AND (J<I) THEN WT:=TAG-DIFF;
                IF WT=O THEN WT:=1;
                IF WT>7 THEN BEGIN WT:= WT MOD 7 END
              END;
          {}
            PROCEDURE AUSGABE(Y,SCHALT:INTEGER);
              TYPE UMWDLG = ARRAY[O..31] OF
                            PACKED ARRAY[1..2] OF CHAR;
                   MONTEXT= ARRAY[1..3,1..4] OF
                            PACKED ARRAY[1..10] OF CHAR;
                   DATEN  = ARRAY[1..3,1..4,1..6,1..7] OF
                            PACKED ARRAY[1..2] OF CHAR;
                   TAGE   = ARRAY[1..7] OF
                            PACKED ARRAY[1..2] OF CHAR;
                   MONAT  = ARRAY[1..3,1..4] OF INTEGER;
              VAR I,J,K,L,X:  INTEGER;
                  SB       :  UMWDLG;
                  MONA     :  MONTEXT;
                  DA       :  DATEN;
                  WOTAGE   :  TAGE;
                  MON      :  MONAT;
              {}
```

```pascal
PROCEDURE INITDAT(VAR SB:UMWDLG; VAR MONA:MONTEXT;
        VAR DA:DATEN;   VAR WOTAGE:TAGE; VAR MON:MONAT);
   VAR I,J,K,L: INTEGER;
   BEGIN                              {DATUMSZAHLEN IN ZEICHEN:}
     FOR I:= 0 TO  9 DO SB[I][1]:=' ';
     FOR I:=10 TO 19 DO SB[I][1]:='1';
     FOR I:=20 TO 29 DO SB[I][1]:='2';
     SB[30]:='30';   SB[31]:='31';
     FOR I:=0 TO 2 DO
       BEGIN
         K:=0;
         FOR J:=ORD('0') TO ORD('9') DO
           BEGIN SB[I*10+K][2]:=CHR(J);  K:=K+1 END
       END;
                      {VORBESETZUNG KALENDER-ZEICHENMATRIX:}
     FOR I:=1 TO 3 DO
       FOR J:=1 TO 4 DO
         FOR K:=1 TO 6 DO
           FOR L:=1 TO 7 DO DA[I,J,K,L]:='   ';
                                       {MONATSLAENGEN:}
     MON[1,1]:=31;       MON[2,1]:=28;       MON[3,1]:=31;
     MON[1,2]:=30;       MON[2,2]:=31;       MON[3,2]:=30;
     MON[1,3]:=31;       MON[2,3]:=31;       MON[3,3]:=30;
     MON[1,4]:=31;       MON[2,4]:=30;       MON[3,4]:=31;
     IF SCHALT=1 THEN MON[2,1]:=29;

                                       {MONATSNAMEN:}
     MONA[1,1]:='JANUAR    ';   MONA[1,3]:='JULI      ';
     MONA[2,1]:='FEBRUAR   ';   MONA[2,3]:='AUGUST    ';
     MONA[3,1]:='MAERZ     ';   MONA[3,3]:='SEPTEMBER ';
     MONA[1,2]:='APRIL     ';   MONA[1,4]:='OKTOBER   ';
     MONA[2,2]:='MAI       ';   MONA[2,4]:='NOVEMBER  ';
     MONA[3,2]:='JUNI      ';   MONA[3,4]:='DEZEMBER  ';
                                       {WOCHENTAGE:}
     WOTAGE[1]:='MO'; WOTAGE[2]:='DI'; WOTAGE[3]:='MI';
     WOTAGE[4]:='DO'; WOTAGE[5]:='FR'; WOTAGE[6]:='SA';
     WOTAGE[7]:='SO';
   END;
{}
BEGIN
  INITDAT(SB,MONA,DA,WOTAGE,MON);
   FOR L:=1 TO 4 DO               {KALENDER-MATRIX BESETZEN}
     FOR I:=1 TO 3 DO
       BEGIN
         X:=1;
         FOR J:=1 TO MON[I,L] DO
           BEGIN
             DA[I,L,X,Y]:=SB[J];
             Y:=Y+1;
             IF Y>7 THEN BEGIN Y:=1;  X:=X+1 END
           END
       END;
```

```pascal
        FOR L:=1 TO 4 DO
          BEGIN                                              {AUSDRUCK}
            WRITELN;
            WRITE(' ':4);
            FOR I:=1 TO 3 DO WRITE(MONA[I,L]:18); WRITELN;
            FOR K:=1 TO 7 DO
              BEGIN
                WRITE(' ':4,WOTAGE[K]);
                FOR I:=1 TO 3 DO
                  FOR J:=1 TO 6 DO WRITE(DA[I,L,J,K]:3);
                WRITELN
              END
          END
      END;
{}
BEGIN
  WRITELN; WRITELN;
  WRITE('JAHRESZAHL FUER KALENDER (AB 1583): ');
  READ(JAHR); WRITELN; WRITELN;
  WRITELN(' ':17,'** KALENDER VON',JAHR:5,' **');
  KALENDER(JAHR,WT,S);
  AUSGABE(WT,S)
END.
```

```
                    ** KALENDER VON 1988 **


               JANUAR              FEBRUAR               MAERZ
   MO        4 11 18 25       1  8 15 22 29          7 14 21 28
   DI        5 12 19 26       2  9 16 23          1  8 15 22 29
   MI        6 13 20 27       3 10 17 24          2  9 16 23 30
   DO        7 14 21 28       4 11 18 25          3 10 17 24 31
   FR     1  8 15 22 29       5 12 19 26          4 11 18 25
   SA     2  9 16 23 30       6 13 20 27          5 12 19 26
   SO     3 10 17 24 31       7 14 21 28          6 13 20 27

               APRIL                MAI                 JUNI
   MO        4 11 18 25       2  9 16 23 30          6 13 20 27
   DI        5 12 19 26       3 10 17 24 31          7 14 21 28
   MI        6 13 20 27       4 11 18 25          1  8 15 22 29
   DO        7 14 21 28                                 ...
                                                -  8 15 22 27
   FR     1  8 15 22 29       5 12 19 26          2  9 16 23 30
   SA     2  9 16 23 30       6 13 20 27          3 10 17 24
   SO     3 10 17 24 31       7 14 21 28          4 11 18 25

              OKTOBER             NOVEMBER             DEZEMBER
   MO        3 10 17 24 31       7 14 21 28          5 12 19 26
   DI        4 11 18 25       1  8 15 22 29          6 13 20 27
   MI        5 12 19 26       2  9 16 23 30          7 14 21 28
   DO        6 13 20 27       3 10 17 24          1  8 15 22 29
   FR        7 14 21 28       4 11 18 25          2  9 16 23 30
   SA     1  8 15 22 29       5 12 19 26          3 10 17 24 31
   SO     2  9 16 23 30       6 13 20 27          4 11 18 25
```

8.2/4

```pascal
PROGRAM PAFIL5;
{}
  TYPE TEXTVAR = FILE OF CHAR;      {*AUCH ZUSAMMENGEFASST: }
  VAR F        : TEXTVAR;           { VAR F: FILE OF CHAR;  }
      ZEICHEN: CHAR;
{}
BEGIN
  WRITELN; WRITELN;
  WRITELN('TEXTEINGABE (BIS EOF): ');
  REWRITE(F);
  WHILE NOT EOF DO
    BEGIN
      READ(ZEICHEN);
      F^:=ZEICHEN;                  {*AUCH ZUSAMMENGEFASST: }
      PUT(F)                        {WRITE(F,ZEICHEN)       }
    END;
  WRITELN; WRITELN;
  WRITELN('KONTROLLAUSDRUCK: '); WRITELN;
  RESET(F);
  WHILE NOT EOF(F) DO
    BEGIN
      WRITE(F^);                    {*AUCH: READ(F,ZEICHEN);}
      GET(F)                        {       WRITE(ZEICHEN)  }
    END;
  CLOSE(F)
END.
```

```
          KONTROLLAUSDRUCK:

          HOEHER, WEITER, SCHNELLER.
```

8.2/5

```
PROGRAM PAFILE;
{}
   VAR    TEXTFILE  : TEXT;
          ZEICH     : CHAR;
{}
BEGIN
   REWRITE(TEXTFILE);                        {FILE-ANFANG SCHREIBEN}
   WRITELN; WRITELN;
   WRITELN('TEXTEINGABE: '); WRITELN;
   WHILE NOT EOF DO                                      {FILE-ENDE ?}
     BEGIN                                              {ZEILEN-ENDE ?}
       READ(ZEICH);
       WRITE(TEXTFILE, ZEICH);
       IF EOLN THEN WRITELN(TEXTFILE)          {ZEILEN-ENDE}
     END;                                           {FILE-ENDE}
{}
{        ZURUECKLESEN UND KONTROLLAUSDRUCK         }
{}
   WRITELN; WRITELN;
   WRITELN('KONTROLLAUSDRUCK: '); WRITELN; WRITE(' ');
   RESET(TEXTFILE);                               {FILE-ANFANG}
   WHILE NOT EOF(TEXTFILE) DO                    {FILE-ENDE ?}
     BEGIN
       IF EOLN(TEXTFILE) THEN                    {ZEILEN-ENDE ?}
         BEGIN
           READLN(TEXTFILE);
           WRITELN
         END;
       READ(TEXTFILE, ZEICH);                             {LESEN}
       WRITE(ZEICH)                             {AUSSCHREIBEN}
     END;
   CLOSE(TEXTFILE)
END.


       KONTROLLAUSDRUCK:

       Es gibt fuer jeden Grad des Wissens gangbare Saetze,
       von denen man nicht merkt, dass sie ueber dem Unbe-
       greiflichen, ohne weitere Unterstuetzung, auf blossem
       Glauben schweben. Man hat sie - ohne zu wissen, woher
       die Sicherheit kommt, mit der man ihnen traut. Der
       Philosoph hat dergleichen so gut wie der Mann, der da
       glaubt, das Wasser fliesse deswegen immer bergab,
       weil es unmoeglich waere, dass es bergauf fliessen
       koenne.
                                  Georg Christoph Lichtenberg
```

Beachten Sie, daß das Lesen einer Zeilenende-Markierung aus einem File bei der Ausgabe ein Blank erzeugt.

Anregung: Erweitern Sie für größere Texte das Programm zur Durchführung eines Blattvorschubs nach jeweils n Zeilen (Verwendung von PAGE(File-Name) oder ggf. einfach PAGE).

8.2/6

```pascal
PROGRAM PT826;
{}
   CONST ARBMAX  = 25;
         ZEIMAX  = 20;
   TYPE NAMEVORNAME = PACKED ARRAY[1..ZEIMAX] OF CHAR;
   VAR  BEREICH : ARRAY[1..ARBMAX] OF NAMEVORNAME;
        DATEI   : FILE OF NAMEVORNAME;
        ARBZAHL : 1..ARBMAX;
        I,J,K,LZ: INTEGER;
        L       : BOOLEAN;
        VORNAME : PACKED ARRAY[1..7] OF CHAR;
{}
BEGIN
   VORNAME:='JOHANN ';
   WRITELN; WRITELN;
   WRITELN('EINGABE DER LOHNEMPFAENGER BIS EOF-MARKE');
   WRITELN('(JE ',ZEIMAX:2,' ZEICHEN): ');
   WRITELN;
   LZ:=0;
   WHILE NOT EOF DO
     BEGIN
       FOR I:=1 TO ZEIMAX DO READ(BEREICH[LZ+1,I]);
       READLN;
       LZ:=LZ+1
     END;
                                          {FILE EINSCHREIBEN}
   REWRITE(DATEI);
   FOR I:=1 TO LZ DO
     BEGIN
       FOR J:=1 TO ZEIMAX DO DATEI^:=BEREICH[I];
       PUT(DATEI)
     END;
                                     {AUSLESEN UND AUSWERTUNG}
   RESET(DATEI);
   I:=1;
   WRITELN; WRITELN;
   WRITELN('LOHNEMPFAENGER MIT DEM VORNAMEN ',VORNAME,
           ':'); WRITELN;
   WHILE NOT EOF(DATEI) DO                        {BIS FILE-ENDE}
     BEGIN
       FOR J:=1 TO ZEIMAX DO
         BEGIN
           IF DATEI^[J]=',' THEN
             BEGIN
               L:=TRUE;                           {MARKE}
               FOR K:=J+1 TO J+7 DO
                 IF DATEI^[K]<>VORNAME[K-J]
                   THEN L:=FALSE;                  {MARKE}
               IF L THEN WRITELN(DATEI^)
             END
         END;
     GET(DATEI)
   END;
   CLOSE(DATEI)
END.
```

```
LOHNEMPFAENGER MIT DEM VORNAMEN JOHANN :

BACH, JOHANN
STRAUSS, JOHANN
```

Anregung: Das vorliegende Programm erwartet die Angabe von Name und Vorname des Lohnempfängers mit jeweils insgesamt ZEIMAX Zeichen. Ändern Sie das Programm derart ab, daß direkt hinter dem vollständigen Namen ein < RETURN > durchgeführt werden kann und die restlichen Zeichen (bis ZEIMAX) als Blanks automatisch aufgefüllt werden.

9/1

```
1:              5
2:              5      -7
3:             -1      -7
4:              9       2
```

9/2   → { * 1 * }: Reservierung Speicherplatz für neue dynamische Variable Â und „Adreß''-Zuweisung an Zeigervariable A:

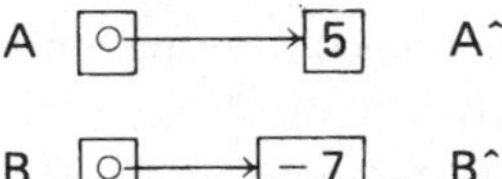

{ * 1 * } → { * 2 * }: Wie zuvor, nur bezüglich B̂ und B:

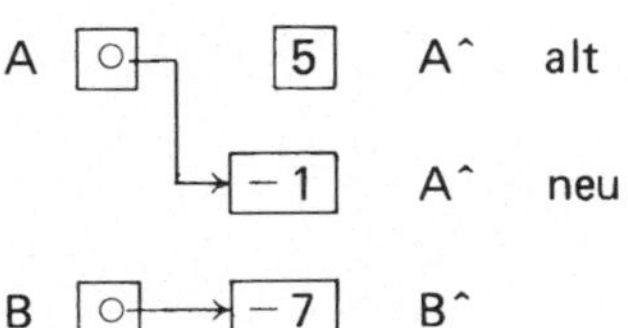

{ * 2 * } → { * 3 * }: Zeigerzuordnung A zu neuer dynamischer Variabler Â; altes Â bleibt erhalten, ist aber wegen fehlenden Zeigers nicht mehr ansprechbar:

{* 3 *} → {* 4 *}:   DISPOSE: Über Speicherplatz des jetzigen A^ kann ander-
weitig neu verfügt werden:

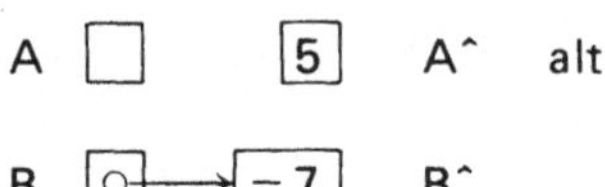

NEW: Wie → {* 1 *}:

A^ + B^ → B^:

9/3

1:	5	-2
2:	5	5
3:	C=D	NEIN
4:	-10	-10
5:	C=D	JA

9/4

| 1: | 5 | 5 |
| 2: | 1 | 1 |

9/5   Beide Deklarationsabschnitte stellen einen Datentyp zur Verfügung, der sowohl die eigentlichen Informationsdaten (WERT; hier beispielsweise vom Typ
INTEGER) als auch die Zeiger (VORWEIS) enthält.

Zu (A): Nach Pascal ist es auch erlaubt, einen Zeigertyp zu einem Typ zu
deklarieren, bevor dieser selbst deklariert ist:

```
TYPE ZEIGERVAR  =  ^ELEMENT;
     ELEMENT    =  RECORD

                   :
```

9/6

```
PROGRAM PAPOI6;
{}
  CONST IMAX    = 10;
  TYPE ZEIGERVAR  = ^ELEMENT;
       ELEMENT    = RECORD
                       WERT   : INTEGER;
                       VORWEIS: ZEIGERVAR
                    END;
  VAR TOR,HILF: ZEIGERVAR;
      I        : INTEGER;
{}
BEGIN
  TOR:=NIL;                          {INITIALISIERUNG: TOR-ZEIGER
                                      OHNE KNOTEN; NIL=NOT IN LIST}

  FOR I:=1 TO IMAX DO
    BEGIN
      NEW(HILF);                     {GENERIERUNG EINER DYNAMISCHEN
                                      HILFSVARIABLEN}

      HILF^.WERT:=I;                 {WERTZUWEISUNG AN KOMPONENTE
                                      WERT VON HILF}

      HILF^.VORWEIS:=TOR,            {ZEIGERHINWEIS DIESES ELEMENTS
                                      AUF DAVOR BEFINDLICHES}

      TOR:=HILF                      {NEUZUWEISUNG HILF-ZEIGER AN
                                      TOR-ZEIGER UND DAMIT ELEMENT-
                                      EINFUEGUNG IN LISTE}

    END;
{}
{    AUSLESEN    }
{}
  WRITELN; WRITELN;
  WRITELN('KONTROLLAUSGABE: '); WRITELN;
  HILF:=TOR;
  WHILE HILF<>NIL DO                 {DURCHSCHIEBEN DES HILFSZEIGERS
                                      DURCH DIE LISTE: "DURCHHANGELN"}

    BEGIN
      WRITE(HILF^.WERT:5);
      HILF:=HILF^.VORWEIS
    END
END.
```

KONTROLLAUSGABE:

```
   10     9     8     7     6     5     4     3     2     1
```

9/7

```
PROGRAM PT97;
{}
  TYPE ZEIGERVAR = ^ELEMENT;
         ELEMENT = RECORD
                       WERT  : CHAR;
                       VORWEIS: ZEIGERVAR
                     END;
  VAR TOR,HINTEN : ZEIGERVAR;
{}
{    EINLESEN DER ZEICHENKETTE    }
{}
  PROCEDURE ZEICHENKETTE(VAR TOR: ZEIGERVAR);
    VAR KNOTENHILF. ZEIGERVAR;
{}
    PROCEDURE ELEMENTEINLESEN(VAR HILF:ZEIGERVAR);
      BEGIN
        NEW(HILF);
        READ(HILF^.WERT)
      END;
{}
{    ZWEI-ZEIGER-METHODE:  ZEIGER AUF TOR(VORN) UND HINTEN: }
{}
    PROCEDURE HINTENANFUEGEN(HILF:ZEIGERVAR;
                              VAR TOR,HINTEN: ZEIGERVAR);
      BEGIN
        HILF^.VORWEIS:=NIL;
        IF TOR=NIL THEN                {LISTE NOCH LEER}
          BEGIN
            TOR:=HILF;
            HINTEN:=TOR
          END
        ELSE
          BEGIN
            HINTEN^.VORWEIS:=HILF;
            HINTEN:=HILF
          END
      END;
    BEGIN
      WRITELN; WRITELN;
      WRITELN('TEXTEINGABE (BIS EOLN):'); WRITELN;
      TOR:=NIL;
      WHILE NOT EOLN DO
        BEGIN
          ELEMENTEINLESEN(KNOTENHILF);
          HINTENANFUEGEN(KNOTENHILF,TOR,HINTEN)
        END
    END;
```

```
{}
{    AUSZAEHLEN DER ZEICHENKETTE    }
{}
  FUNCTION AUSZAEHLEN(TOR: ZEIGERVAR): INTEGER;
    VAR HILF: ZEIGERVAR;
        Z   : INTEGER;
    BEGIN
      Z:=0;
      HILF:=TOR;
      WHILE HILF<>NIL DO
        BEGIN
          Z:=Z+1;
          HILF:=HILF^.VORWEIS
        END;
      AUSZAEHLEN:=Z
    END;
{}
  PROCEDURE TEXT(TOR: ZEIGERVAR;
                 FUNCTION ZAHL(TORV: ZEIGERVAR): INTEGER);
    VAR HILFE: ZEIGERVAR;
    BEGIN
      WRITELN; WRITELN;
      WRITELN('TEXTAUSGABE: '); WRITELN;
      HILFE:=TOR;
      WHILE HILFE<>NIL DO
        BEGIN
          WRITE(HILFE^.WERT);
          HILFE:=HILFE^.VORWEIS
        END;
      WRITELN;
      WRITELN('ZEICHENZAHL: ',ZAHL(TOR):5)
    END;
{}
  BEGIN
    ZEICHENKETTE(TOR);
    TEXT(TOR,AUSZAEHLEN)
  END.
```



```
          TEXTAUSGABE:

          PETRA WATERKANT, GEB  V. EMDEN
          ZEICHENZAHL:     29
```

9/8

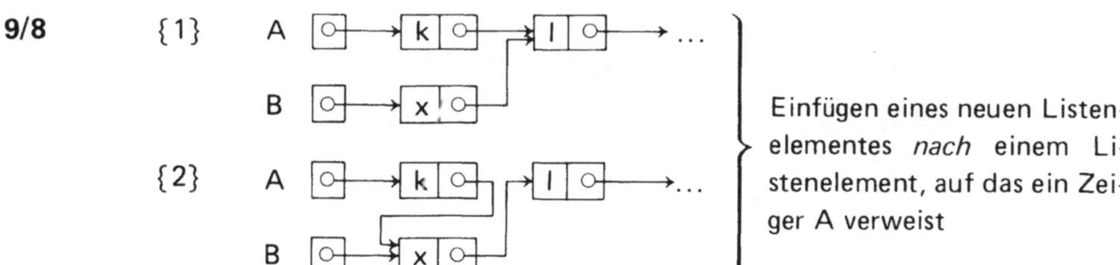

Einfügen eines neuen Listenelementes *nach* einem Listenelement, auf das ein Zeiger A verweist

9/9   Im Vergleich zur Lösung 9/8 ist jetzt keine unmittelbare Verweisangabe mehr möglich. Es bieten sich folgende Wege an:

a) Man fügt den neuen Knoten hinter den Nachfolgeknoten ein und vertauscht dann die Inhalte der WERT-Komponenten. Probieren Sie es mal!

b) Man durchmustert zuerst die Liste von Anfang an bis zum Auffinden des entsprechenden Listenverweises auf den Nachfolgerknoten:

```
PROCEDURE DAVOREINFUEGEN(K,B:ZEIGERVAR;
                           VAR TOR:ZEIGERVAR);
  VAR HILF: ZEIGERVAR;
  BEGIN
    IF K=TOR THEN BEGIN B^.VORWEIS:=K;
                        TOR:=B
                  END
            ELSE BEGIN HILF:=TOR;
                       WHILE HILF^.VORWEIS<>K DO
                         HILF:=HILF^.VORWEIS;
                       HILF^.VORWEIS:=B;
                       B^.VORWEIS:=K
                  END
  END;
```

9/10

Wenn x ein Zeiger ist, der auf ein Listenelement verweist, so beschreibt

a) den übernächsten Zeiger und

b) den übernächsten WERT-Inhalt.

```
9/11      PROCEDURE SUCHE(TOR,B:ZEIGERVAR; VAR A:ZEIGERVAR);
             LABEL 1;
             BEGIN
               A:=NIL;
               IF TOR<>NIL THEN
                 IF TOR^.WERT<B^.WERT THEN
                   BEGIN
                     A:=TOR;
                     WHILE A^.VORWEIS<>NIL DO
                       IF A^.VORWEIS^.WERT<B^.WERT THEN A:=A^.VORWEIS
                                                       ELSE GOTO 1
                   END;
             1:
               END;
```

Der aktuelle Zeigerparameter für A hat hierbei den Wert NIL, wenn ein entsprechender Vorgänger nicht existiert und das neue Element am Listenanfang eingefügt werden muß.

9/12

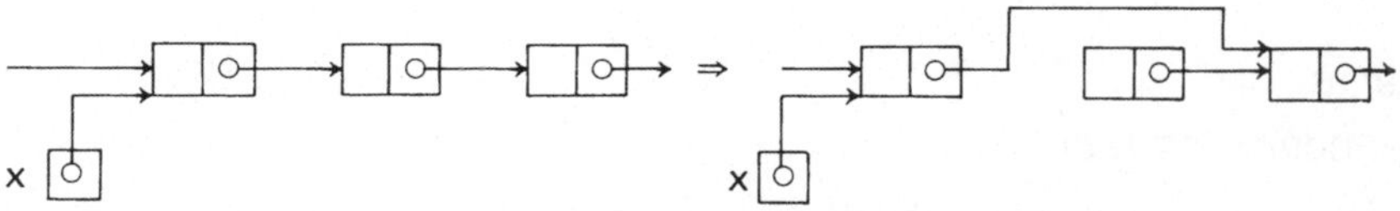

$$X^\wedge.VORWEIS := X^\wedge.VORWEIS^\wedge.VORWEIS;$$

(s. auch Lösung 9/15)

```
9/13      FUNCTION LOESCHZEIGER(TOR:ZEIGERVAR; Z:REAL):ZEIGERVAR;
             LABEL 1;
             VAR HILF: ZEIGERVAR;
             BEGIN
               HILF:=TOR;
               WHILE HILF<>NIL DO
                 IF HILF^.WERT<>Z THEN HILF:=HILF^.VORWEIS
                                  ELSE GOTO 1;
             1:   LOESCHZEIGER:=HILF
             END;
```

```
9/14      LZEIGER1:= LOESCHZEIGER(TOR,Z);
          LZEIGER2:= LOESCHZEIGER(LZEIGER1^.VORWEIS,Z);
```

```
9/15      PROCEDURE LOESCHELEMENT(LZEIGER:ZEIGERVAR;
                                  VAR START:ZEIGERVAR);
             VAR A: ZEIGERVAR;
             BEGIN
               IF START<>NIL THEN
                 IF LZEIGER=START THEN START:=LZEIGER^.VORWEIS
                 ELSE BEGIN A:=START;
                            WHILE A^.VORWEIS<>LZEIGER DO
                                A:=A^.VORWEIS;
                            A^.VORWEIS:=LZEIGER^.VORWEIS
                      END
             END;
```

Wie schon aus Lösung 9/12 ersichtlich, bedeutet das Löschen allein nicht, daß auch der Speicherplatz für dieses Element wieder verfügbar ist: der Knoten ist nur nicht mehr mit den anderen Listenelementen verkettet und somit auch nicht mehr über die Zeigerfolge erreichbar. Man bezeichnet derartige gelöschte Elemente auch als Speicherplatzleichen oder garbage (Abfall). Um die Speicherkapazität nicht mit solchen „Leichen" zu belasten, ist es sinnvoll, mit einer „Abfallsammlung" (garbage collection) diese Elemente zu erfassen und ihren Speicherplatz wieder verfügbar zu machen. Hierzu lassen sich besondere Prozeduren entwickeln. An dieser Stelle möge es jedoch genügen, auf die Speicherplatzfreigabe mittels DISPOSE hinzuweisen (vgl. Aufgabe und Lösung 9/1 und 9/2).

Die zusätzliche Speicherplatzfreigabe läßt sich in obiger Prozedur dadurch erreichen, daß man am Ende noch DISPOSE(LZEIGER) einfügt. Da der Parameter LZEIGER seinen Wert ändert, muß er dann aber als Variablenparameter deklariert werden.

9/16

```
PROGRAM PT916;
{}
  TYPE ZEIKET      = PACKED ARRAY[1..11] OF CHAR;
       FZ          = FILE OF ZEIKET;
       ZEIGERVAR   = ^ELEMENT;
       ELEMENT     = RECORD
                       NACHNAME, VORNAME: ZEIKET;
                       VORWEIS          : ZEIGERVAR
                     END;
  VAR NAMENSKETTE: FZ;
      VORNAME    : ZEIKET;
{}
  PROCEDURE EINGABE(VAR ZF:FZ);
    VAR I,J,K: INTEGER;
    BEGIN
      WRITELN; WRITELN;
      WRITELN('EINGABE DER LOHNEMPFAENGER BIS EOF-MARKE: ');
      WRITELN;
      REWRITE(ZF, 'ZA');
      WHILE NOT EOF DO
        BEGIN
          FOR J:=1 TO 2 DO
            BEGIN
              I:=1;
              READ(ZF^[I]),
              WHILE (ZF^[I]<>',') AND (ZF^[I]<>' ') DO
                BEGIN
                  I:=I+1;
                  READ(ZF^[I])
                END;
              FOR K:=I TO 11 DO ZF^[K]:=' ';
              PUT(ZF)
            END;
          READLN
        END;
      CLOSE(ZF)
    END;
```

```pascal
{}
  PROCEDURE PRUEFSCHREIB(TESTVORNAME: ZEIKET; VAR NAMEN: FZ);
    VAR TOR,HILF: ZEIGERVAR;
    BEGIN
      WRITELN; WRITELN;
      WRITELN('LOHNEMPFAENGER MIT DEM VORNAMEN ',
              TESTVORNAME, ':'); WRITELN;
      RESET(NAMEN, 'ZA');
      TOR:=NIL;
      WHILE NOT EOF(NAMEN) DO
        BEGIN
          HILF:=TOR;
          NEW(TOR);
          WITH TOR^ DO
            BEGIN
              NACHNAME:=NAMEN^;
              GET(NAMEN);
              VORNAME:=NAMEN^;
              GET(NAMEN);
              VORWEIS:=HILF
            END
        END;
      HILF:=TOR;
      WHILE HILF<>NIL DO
        BEGIN WITH HILF^ DO
          IF VORNAME=TESTVORNAME THEN
            WRITELN(NACHNAME, ', ', VORNAME);
          HILF:=HILF^.VORWEIS
        END;
      CLOSE(NAMEN)
    END;
{}
BEGIN
  VORNAME:='JOHANN        ';
  EINGABE(NAMENSKETTE);
  PRUEFSCHREIB(VORNAME, NAMENSKETTE)
END.



    LOHNEMPFAENGER MIT DEM VORNAMEN JOHANN        :

    STRAUSS     , JOHANN
    BACH        , JOHANN
```

Man beachte, daß — wie zu erwarten — die Namensfolge umgekehrt zur Eingabe wieder ausgegeben wird. Vergleichen Sie dazu die Lösung 8.2/6!

Pascal-Bibliotheksprogramm-Aufrufe

Aufruf	Wirkung
ABS	Betragsbildung
ARCTAN	Arcustangens
CHR	Ermittlung des rechnerspezifischen Zeichens zu einer vorgegebenen Zahl
COS	Cosinus (Anwendung auf Bogenmaß)
DISPOSE	Löschung und Speicherplatzfreigabe bei Listenelement
EOF	Datei-Ende (Abfrage): End Of File
EOLN	Zeilen-Ende (Abfrage): End Of Line
EXP	Exponentialfunktion
GET	Datei-Komponente lesen
LN	Natürl. Logarithmus
NEW	Anlegen einer Liste (dynamischer Verbund)
ODD	Prüfung auf Ungeradzahligkeit einer Zahl
ORD	Ermittlung der numerischen Position eines Elementes (mit 0 beginnend) sowie Umkehrfunktion zu CHR
PACK	Packen von Daten
PRED	Ermittlung des Vorgängers zu einem Element
PUT	Datei-Komponente schreiben
READ, READLN	Einlesen von Daten (ggf. mit Zeilen-Ende)
RESET	Setzung Datei auf Anfang für Eingabe
REWRITE	Setzung Datei auf Anfang für Ausgabe
ROUND	INTEGER-Bildung aus einer REAL mit Aufrunden
SIN	Sinus (Anwendung auf Bogenmaß)
SQR	Quadrat
SQRT	Quadratwurzel
SUCC	Ermittlung des Nachfolgers zu einem Element
TRUNC	Ganzzahliger Teil einer REAL (ohne Aufrundung) als INTEGER
UNPACK	Entpacken von Daten
WRITE, WRITELN	Ausgabe von Daten (ggf. mit Zeilen-Ende)

Anwendungsbeispiele hierzu ergeben sich aus dem Sachwortregister.

Liste der Parallel-Aufgaben für den Technisch-naturwissenschaftlichen Pascal-Trainer, den FORTRAN-Trainer und den Technisch-naturwissenschaftlichen BASIC-Trainer

Die sprachlichen Eigenarten machen es an etlichen Stellen erforderlich, Aufgaben zu ergänzen, wegzulassen oder umzustellen. Um dennoch ein leichtes Auffinden der gleichen Aufgabe in einem anderer Trainer zu ermöglichen, wird nachstehend eine Parallel-Liste der jeweiligen Zuordnungen zusammengestellt. Die angegebenen Aufgaben wurden größtenteils wörtlich, bisweilen auch mit geringfügigen Anpassungsänderungen übernommen.

Pascal	FORTRAN	BASIC	Pascal	FORTRAN	BASIC
3.1/1–11	3.1/1–11	3.1/1–11	4.1/22	4.2/26	4.2/26
3.2/1	3.2/30	3.2/1	4.1/23	3.1/15	3.1/12
3.2/2	3.2/32	3.2/3	4.1/24	4.2/24	4.2/24
3.2/3	3.2/35	3.2/5	4.2/1–5	4.2/1–5	4.2/1–5
3.2/4	3.2/29	3.2/4	4.2/6	4.1/17	4.1/6
3.2/5	3.2/36	3.2/6	4.2/7	4.2/6	4.2/6
3.2/6	3.2/37	3.2/7	4.2/8	4.1/25	4.1/13
3.2/7	3.2/38	3.2/8	4.2/9	4.2/7	4.2/7
3.2/8	3.2/39	3.2/9	4.2/10	4.2/8	4.2/8
			4.2/11	4.2/9	4.2/9
4.1/1	4.1/1	4.1/1	4.2/12	4.2/10	4.2/10
4.1/2	4.1/3	4.1/2	4.2/13	4.2/12	4.2/12
4.1/3	4.1/8	4.1/3	4.2/14	4.2/13	4.2/13
4.1/4	4.1/15	4.1/4	4.2/15	4.2/14	4.2/14
4.1/5	4.1/16	4.1/5	4.2/16	4.2/15	4.2/15
4.1/6	4.1/17	4.1/6	4.2/17	4.2/18	4.2/18
4.1/7	4.1/18	4.1/7	4.2/18	4.2/19	4.2/19
4.1/8	4.1/20	4.1/8	4.2/19	4.2/20	4.2/20
4.1/9	4.1/21	4.1/9	4.2/20	4.2/22	4.2/22
4.1/10	4.1/22	4.1/10	4.2/21	4.2/23	4.2/23
4.1/11	4.1/23	4.1/11	4.2/22	4.2/25	4.2/25
4.1/12	4.1/24	4.1/12	4.2/23	4.2/31	4.2/31
4.1/13	4.1/26	4.1/14	4.2/24	4.2/32	4.2/32
4.1/14	4.1/27	4.1/15			
4.1/15	4.1/28	4.1/16	5.1/6	5.2/15	6.3/4
4.1/16	4.1/29	4.1/17	5.1/7	4.2/27	4.2/27
4.1/17	4.1/30	4.1/18	5.1/8	4.2/28	4.2/28
4.1/18	4.2/11	4.2/11	5.1/9	4.2/29	4.2/29
4.1/19	4.2/16	4.2/16	5.1/10	6.2/6	6.2/1
4.1/20	4.2/17	4.2/17	5.1/11	6.2/7	6.2/2
4.1/21	4.2/21	4.2/21	5.1/12	6.2/1	6.2/3

Pascal	FORTRAN	BASIC	Pascal	FORTRAN	BASIC
5.1/13	4.2/33	4.2/33	5.1/33	5.2/22	—
5.1/14	4.2/34	4.2/34	5.1/34	4.2/47	5.1/9
5.1/15	4.2/35	4.2/35	5.1/35	6.3/9	6.3/8
5.1/16	4.2/36	4.2/36	5.2/2	4.1/18	4.1/7
5.1/17	4.2/37	4.2/37	5.2/3	4.1/1	4.1/1
5.1/18	4.2/38	4.2/38	5.2/4	4.2/26	4.2/26
5.1/19	5.2/13	4.2/39	5.2/5	4.1/17	4.1/6
5.1/20	4.2/45	4.2/40	5.2/6	4.1/31	—
5.1/21	6.3/3	6.3/1	5.2/7	4.2/43	4.2/45
5.1/22	4.2/46	5.1/3	5.2/8	6.2/3	6.3/6
5.1/23	4.2/39	4.2/42	5.2/10	4.1/26+4.2/30	4.2/30
5.1/24	4.2/40	4.2/43	5.2/11	5.2/12	4.2/41
5.1/25	4.2/41	4.2/44	5.2/12	4.2/42	—
5.1/26	5.2/2	4.2/46	5.2/13	6.3/11	7
5.1/27	5.2/8	4.2/47			
5.1/28	5.2/17	4.2/48	8.1/2	4.2/11	4.2/11
5.1/29	5.2/18	4.2/49	8.2/1	7.1/1	5.1/1+6.3/7
5.1/30	5.2/19	4.2/50	8.2/2	4.2/49	5.1/2
5.1/31	5.2/14	6.3/2	8.2/3	6.3/7	6.3/5
5.1/32	5.2/11	6.3/3			

Sachwortregister

Das Register umfaßt die Bezugsaufgaben und -lösungen nur in einer Auswahl. Außerdem sind Aufgabenstellungen besonderen Inhaltes auch in ihrer thematischen Abkürzung (wie z.B. ,,Kalender") aufgeführt. Es werden die zugeordneten Aufgaben-Nummern angegeben, ein vorangestelltes ,,L" markiert insbesondere den betreffenden Lösungsvorschlag; bisweilen erfolgt auch ein umfassenderer Kapitelverweis.